户牖管见集

吴传户 著

浙江工商大學出版社
ZHEJIANG GONGSHANG UNIVERSITY PRESS

图书在版编目(CIP)数据

户牖管见集 / 吴传户著. — 杭州 ：浙江工商大学出版社，2021.6

ISBN 978-7-5178-4500-3

Ⅰ. ①户… Ⅱ. ①吴… Ⅲ. ①法学教育—中国—文集 Ⅳ. ①D92—4

中国版本图书馆 CIP 数据核字(2021)第 097267 号

户牖管见集

HUYOU GUANJIAN JI

吴传户 著

策划编辑 郑 建
责任编辑 郑 建
责任校对 李远东
封面设计 浙信文化
责任印制 包建辉
出版发行 浙江工商大学出版社
(杭州市教工路 198 号 邮政编码 310012)
(E-mail:zjgsupress@163.com)
(网址:http://www.zjgsupress.com)
电话:0571-88904980,88831806(传真)
排 版 杭州朝曦图文设计有限公司
印 刷 浙江全能工艺美术印刷有限公司
开 本 710mm×1000mm 1/16
印 张 17.5
字 数 286 千
版 印 次 2021 年 6 月第 1 版 2021 年 6 月第 1 次印刷
书 号 ISBN 978-7-5178-4500-3
定 价 69.00 元

浙江工商大学出版社营销部邮购电话 0571-88904970

自　序

我的父辈是农民，通过艰辛劳作来维持家庭生计。我的小学在老家盖竹村完全小学就读，至四年级时，遇到“文化大革命”，学业中止，辍学闲家。及1970年春，盖竹村调来了一位老牌大学毕业的中学教师，办了盖竹首届半农半读初中班。所谓半农半读，即由大队安排6亩耕地为学农基地，学生每个星期上午劳动，下午上课。初始报名者有50多人，最终坚持到毕业只剩12人。

实事求是说，在初中毕业的12人中，我的学习成绩是比较优秀的。1973年春，升高中全县统一招考，若按正常录取，就读庆元中学应该是没有问题的。但是，由于我的祖父是地主成分，盖竹大队革委会班子不同意推荐，而其他人阶级成分好，成绩比我差的3个同学，因大队同意推荐则收到了庆元中学录取通知书，而我却没有。知道自己未被录取，顿觉前途被画上了句号。

当时我虽年少，但不屈服命运的“人为安排”。于是，我亲自“三上”区委陈情，阐述“出身不由己，道路可选择”的理由并表达要求上高中的强烈愿望，终获区委出具给庆元中学建议录取的公函，我才终遂高中“梦想”。但比起正常入学者整整迟了1个月！之所以谓之“梦想”，是因为我上这个高中来之不易，也因此决定了我今后的人生命运。

入读庆元中学后，我倍加珍惜来之不易的两年高中读书机会。我暗自下决心：努力学习，成绩争优。故做到上课认真听讲，作业及时完成，每天下午上完课，必到学校阅览室阅览报纸刊物，因此我的作文在当时班里算是写得好的。记得所写作文常被语文老师作为范文在讲台上读给全班同学听。当然我的其他课如数学、化学、英语等科目的成绩也是很不错的。至高二，在班委改选时,我被推选为班级学习委员。整个庆元中学我们这一届高中就录取两个班,仅100来个学生,当时我的成绩在班里为前两三名,如果像如今可以应届高考的话,我考上大学应该是没有问题的。

1975年1月我高中毕业,由于学习成绩优秀,被庆元中学留校作为代课老师。第二年即1976年,盖竹村党支部书记要求我回老家做初中班民办语文教师,与大队党支部书记同等工分,一年4800分。1976年10月“四人帮”被粉碎,1977年国家恢复高考制度,我参加县里初试,被录为庆元中学集中复习的对象。但又因祖父成分问题,公社分管教育的副书记林某某当面对我说:“你不要去参加复习了。”于是集中复习我参加不了,直接影响了自我复习效果。我心里想,即使笔试上线,政审也同样过不了关,故1977年高考未能如愿。1978年,阶级成分政策开始宽松,但我为了能实现“农转非”身份,决定报考高中中专,当时国家教育人才青黄不接急需培养中学老师,在高中中专中,除了邮电、公安等几个特别专业,其他成绩最好的就被录取到师范。我以超过浙江龙泉师范学校录取总分数线72分的高分被龙泉师范学校录取读中文专业,毕业后为中学老师。就读龙泉师范学校时,我在班里两年连任副班长,三个学期均被评为三好学生。

1980年7月,我从师范毕业,被分配到新村中学任教,1982年,被调到庆元中学担任初三语文课教学。1984年,经组织推荐并参加全国统一高考,被浙江省委组织部委托温州师范学院办学的干部专修班录取并读中文专业,在校期间的1985年10月,我加入中国共产党。1986年7月毕业,被组织派到青竹乡参加整党工作,同年12月整党工作结束,被组织部分配到荷地区委任秘书。1987年3月,因工作需要又被组织调到庆元县委党校工作,直至退休。

1983年至1986年,正值国家政治体制改革,党中央要求干部队伍要年轻化、知识化、专业化。庆元县委组织部从乡镇和机关选拔了一批培养对象到县委党校读两年制的脱产中专。当时全国情况一样,有专业文凭的老师可谓青黄不接,教育系统不肯放人,行政部门教师出身的少之又少,我大学毕业到荷地区委任秘书前就已经是中学教师,组织部为了办好自己招录培养的这个全日制中专班,只好把刚到荷地区委任秘书3个月的我,调至党校一边负责教务工作,一边担任中专班语文课教学工作。

自　序

我在党校工作期间，除了认真负责教务工作和兼课担任教学工作外，还不忘拓展法律专业学习。1987 年，我开始自修法律。1996 年，我参加全国统一律师资格考试取得了律师资格，自此开始兼职律师职业。县委党校于 1986 年开始举办函授中专和两年全日制脱产干部中专班，于 1993 年开始招录函授大专班，于 2000 年开始招录函授本科班，从中专到本科，语文和法律等科目均由我执教，为全县培养了上千名干部学员，我的教学水平得到了学员们的一致高度认可。我的《谈谈如何提高面授辅导课的质量》一文在浙江省委党校《函授导刊》上发表，引起了党校系统同行的关注和重视。2001 年 1 月，我被党校系统高评委评聘为高级讲师。回想过往，我把自己的青春和才华都献给了党的干部教育事业，问心无愧。

我在党校工作的 20 多年间，写了不少资政理论文章，包括在各级刊物上发表的论文及研讨会获奖论文，其中譬如《从反腐败谈纪检监察体制的缺陷与改革措施》《司法腐败的原因及防治措施浅探》《〈梅花〉与〈山园小梅〉之比较》等，都是较有影响力的省级或国家级论文；作为县委讲师团成员，写了不少宣讲稿；在连续担任 4 届县政协委员的 20 年间，为县委和县政府建言献策，写了不少提案，且多个被评为一号重点提案；另外还有专题调研报告和政协大会发言；等等。我所写的文章跨度时间长，文中反映了不同时期党的政策、理论观点。退休后，好友劝我将之前撰写的文字选编成书，故我怀揣“功不唐捐，玉汝于成”之初心，终将之编辑成册。

书中文字，可以仁者见仁，智者见智，但毕竟是我倾注脑力劳动的成果，虽或鄙俗，亦觉自珍。希冀这些文字可以留给自己的后人，抑或能为亲朋、好友得闲偶阅之，则为幸甚！

是为序。

吴传户

2020 年 6 月

目 录

第一篇 学术论文

第二篇　课题调研

第三篇　建言献策

第四篇　时政纵横

第五篇　撷择小文

第一篇

学 术 论 文

《梅花》与《山园小梅》之比较

摘　要：梅花品性耐寒，有生命力；高洁，不混芳尘。在《梅花》与《山园小梅》这两首诗里，诗人林逋正是通过对这一梅品的备至称赞，从而寄托了诗人自己的高洁情怀。但前人大都推崇《山园小梅》，并以之作为写梅花的名作。这恐怕有些偏颇，笔者不甚赞同。笔者认为这两首诗均应属脍炙人口、传之久远的名篇。如果细加比较，在意境、语言与表现方法等方面，《梅花》也许比《山园小梅》更胜一筹。故做此"比较"谈。

关键词：梅花；意境；语言；表现方法；比较

林逋(967—1028)，字君复，钱塘(今浙江杭州市)人。他一生过着隐逸生活，不仕不娶，结庐西湖之孤山，二十年足不及城市，日以种梅养鹤为乐事，因而有"梅妻鹤子"之称。后人称之"和靖先生"。喜为诗，长于五七言律，其诗风格淡远，尤以咏梅诗著称。《梅花》与《山园小梅》就是他的两首七言咏梅名作。诗如下：

梅　花

吟怀长恨负芳时，为见梅花辄咏诗。
雪后园林才半树，水边篱落忽横枝。
人怜红艳多应俗，天与清香似有私。
堪笑胡姬亦风韵，解将声律角中吹。

山园小梅

众芳摇落独暄妍，占尽风情向小园。
疏影横斜水清浅，暗香浮动月黄昏。
霜禽欲下先偷眼，粉蝶如知合断魂。
幸有微吟可相狎，不须檀板共金尊。

梅花品性耐寒，有生命力；高洁，不混芳尘。在《梅花》与《山园小梅》这两首诗里，诗人正是通过对这梅品的备至称赞，从而寄托了诗人自己的高洁情怀。

但前人大都推崇《山园小梅》，并以之作为写梅花的名作。这恐怕有些偏颇，笔者不甚赞同。我认为这两首诗均应属脍炙人口、传之久远的名篇。如果细加比较，在某些方面，《梅花》也许比《山园小梅》更胜一筹。

首先，意境有高下。文艺作品强调意境的创造，中国传统文艺批评也往往以意境的高下来衡量作品的优劣。所谓意境，就是“文艺作品中所描绘的生活图景和表现的思想感情融合一致而形成的一种艺术境界，能使读者通过想象和联想，如身入其境，在思想感情上受到感染”。[①]《梅花》这首诗，其意境是较为积极的。诗人以抒怀入笔，首联“吟怀长恨负芳时，为见梅花辄咏诗”是直接抒情。诗人长恨自己辜负了梅花盛开的美好时光，因此只要一见到梅花开放，就要将它写入自己的诗篇。原因是对梅花实在太爱了。如此直抒胸臆，表达了诗人赋予梅花多么真挚的情感。第二联“雪后园林才半树，水边篱落忽横枝”，笔调明快，一个“才”，一个“忽”，这两个时间副词用得极妙。“才半树”似写“梅雪争春未肯降”；而“忽横枝”却写出了梅花仿佛在一夜之间就突然开放，把梅花斗雪豪放的神姿极致地描绘了出来。“人怜红艳”那是庸人之见识，“天与清香”才是梅花之本来品质。正因如此，对梅花，岂我独爱？“堪笑胡姬亦风韵，解将声律角中吹”，即使塞外的“胡姬”也爱之至深。全诗从“情”到“景”，又从“景”到“议”，情景交融，托物言志，从南及北，境界壮阔，格调高亢。

《山园小梅》首联写梅花耐寒奇姿；次联渲联之；三联借“霜禽”偷眼，“粉

① 《辞海》(缩印本)，上海：上海辞书出版社，1989 年，第 2291 页。

蝶”断魂作衬以赞梅；尾联寄托诗人的隐逸志趣，揣品全诗意境，似有消极避世之嫌。第一联写了在“众芳”早已凋零的严冬里，唯有梅花能“独暄妍”，这说明梅花虽有生命力，却“寒心未肯随春态”，[①]它只能是“占尽风情向小园”，其境界和情趣仅囿于“小园”里。这也正是诗人自己处世的写照，有如元末明初画家王冕在《白梅》中所写那样“冰雪林中著此身，不同桃李混芳尘”。诗人这种超逸出世、孤芳自赏的思想在《山园小梅》尾联又可得到很好佐证：“幸有微吟可相狎，不须檀板共金尊”，这里诗人把梅花拟人化，并以独能与之“相狎”为足。故统观全诗，诗人没有《梅花》中那样对梅花由己爱推及世人亦爱的积极入世的格调和境界。

因此，从“意境”这一点上来说，笔者以为《梅花》要比《山园小梅》高一些。

其次，语言与表现方法亦不同。《梅花》用粗犷明快的语言、正面抒情的笔法来写梅花。整首诗的风格显得投笔粗犷，不假雕琢，雄厚博大，俊伟清新。而《山园小梅》则用笔细腻、含蓄，采用了侧面衬托的手法。首联“众芳摇落独暄妍，占尽风情向小园”，诗人将梅花与“众芳”相比，通过“独”和“占尽”两词突出了梅花的生命力。第二联“疏影横斜水清浅，暗香浮动月黄昏”，横斜的疏影衬以清清的浅水，浮动的暗香衬以朦胧的月色。此联确实逼真地写出了梅花的姿态和幽香。正如南宋王十朋评说的那样“暗香和月入佳境，压尽今古无诗才”。其工笔所凿，无愧传为千古绝唱。第三联“霜禽欲下先偷眼，粉蝶如知合断魂”，从霜禽、粉蝶对梅花的倾慕，并因之偷眼、断魂，侧面衬托了梅花的高洁、可爱。尾联“幸有微吟可相狎，不须檀板共金尊”，“相狎”（相互亲近）与“不须”，说明诗人与梅在精神上契合，同时也表现了诗人不苟世俗、高洁自好的避世思想。

以整首诗而言，《山园小梅》写得较为具体实在，尤以三四两句如是：用清水来反映小梅的横斜疏影，用朦胧的月色来陪衬梅花的清香，把上与下、动与静、色与香巧妙地交织糅合在一起，起到互相映衬的效果，鲜明地反映了梅花俊俏姿态和清幽香气。个中虽不乏朦胧，但是给人以具体实在的印象。

---

① 苏轼：《红梅》《苏轼诗集》，北京：中华书局，1982 年，第二十一卷 1106 页。

《梅花》虽没有像《山园小梅》有“疏影横斜水清浅，暗香浮动月黄昏”那样广为世人所公认的名句，语言也不及它精工、别致，然而揣味全诗意境，我却认为《梅花》以朦胧的艺术效果取胜。唐代李商隐写朦胧诗如《锦瑟》，林逋也袭其朦胧遗风而用之，这在《梅花》中就得到了很好的体现。如：“为见梅花辄咏诗”，使我们仿佛感觉到诗人一见到梅花就抑制不住自己为之“咏诗”的感情。“水边篱落忽横枝”中的“忽”字极妙地点出梅花开得快，放得猛。从中我们仿佛看到整个大地虽然被大雪封冻，而梅花却已“忽然一夜清香发，散尽乾坤万里春”[①]的景象了。“天与清香似有私”，使我们似觉到梅花的高洁、幽香是由于大自然的偏私而赋予的。诗人对梅花是如此地爱，由于爱而产生的想象又是那样的丰富，以至情思由江南飞到塞外，仿佛见到塞外的“胡姬”也因懂得对梅花的爱而从“角中”吹出赞美之音。整首诗的“意”“境”“情”“景”都显得似真非真，蕴藉朦胧，使人读了如嚼橄榄，品味无穷，收到了“言有尽而意无穷”的艺术效果。

两首诗，两种语言和不同的表现方法，虽各得其宜，各尽其妙，但是我更赞赏《梅花》那种朦胧美、雄俊气和积极入世的精神。

（原载于《丽水师专学报》1993 年第 1 期，
1998 年 11 月入选《中国高等教育论丛》）

① 王冕：《白梅》，《王冕诗选》，杭州：浙江文艺出版社，1984 年，第 143 页。

如何提高面授辅导课的质量

在党校函授教育的教育者与受教育者之间，教育者处于矛盾的主要方面，起主导作用。函授的教学任务主要是通过有限的课堂面授时间来完成的。因此，教育者课堂教学质量如何，直接关系到受教育者对该门课程的知识掌握效果。

本文试就此问题，结合本人多年的函授教学实践，谈几点体会：

一、要讲好课，必须熟练掌握教材，变“书本教材”为“心中教材”

要教好课首先必须备好课，只有熟练地掌握教材，把课备深了，把书备薄了，变书本教材为心中教材，即对所任课程做到“成竹在胸”，上起课来才能收到良好效果。比如，关于“干部写作知识”和“经济法”两门课程的课堂教学，我坚持首先阐述学习该课的目的、意义和作用，然后导入课本按该课知识体系对每个章、节的内容做简要的阐述。这样能使学员对整个教材的体系布局、内容安排有个系统的初步认识。第二堂课再与学员同步使用教材，对每个章、节进行有详有略、主次有序的讲解。本人认为教师备课认真到位，教学方法得当，使学员形成对该课学习意义的共识，从而使学员端正学习态度，激起学习的责任感，教学中就能师生“共鸣”，取得很好的教学效果。

二、要讲好课，必须有扎实的专业知识和过硬的基本功

学校对教师的要求是一专多能。本人大学中文专业毕业，后来又自修了法律专业，取得了司法部授予的律师资格证书。平时担任兼职律师业务，

代理过各类案件。应该说上中文专业课和法律课都是轻车熟路。

三、要讲好课，必须分清主次，取舍有度，重点突破

《干部写作知识》分上下两篇：上篇是写作基础知识，讲课时要进行要点性、概要性的讲解，少展开；下篇是文体写作知识，其中对行政公文如“命令（令）、议案、决定、指示、公告、通告、通知、通报、报告、请示、批复、函、会议纪要”这 13 个文种的知识有详略、有重点地讲。

一是对公文格式、公文要素及其所处的位置要详细地讲。具体做法就是，根据公文的“发文机关、秘密等级、紧急程度、发文字号、签发人、标题、主送机关、正文、附件、印章、成文时间、附注、主题词、抄送机关、印发机关、印发时间”这 16 个要素，在黑板上设计公文格式写出板书，即这 16 个要素各自所处的位置（当然一个公文，并不要求 16 个要素同时具备），让每个学员心中都有一个清晰的公文格式图。

二是对 13 个文种有重点地讲。日常工作生活中，如“报告”“请示”“函”使用频率高，且容易混淆错用，因此就重点地讲。具体做法是，把 3 个文种放在一起进行异同辨析。

1. 请示与报告的辨析。请示与报告均属上行文，都有必要的情况叙述，格式上也有一些共同之处。正因为二者比较相近，所以在使用中混淆不清的现象较为普遍，主要表现为：该用请示的错用报告；“请示报告”合并使用；报告中夹带请示事项或请示中汇报工作过程；等等。为纠正上述现象，规范使用文种，有必要弄清它们之间的区别：①行文目的不同。请示是为了听取上级决策意见，解决工作中亟待处理但又无权或无力处理的问题，故祈请上级答复；报告是为了使下情上达，取得上级的支持与指导，并不要求直接批复。由于目的不同，所以使用的尾语也不相同。②行文时间不同。请示必须在事前行文，否则就是“先斩后奏”；报告则不受时间限制，事前、事中和事后都可以行文。③内容含量不同。请示一文一事，篇幅相对较短；报告不限一文一事，内容较复杂，篇幅较长。④结构安排不同。请示的结构较稳定，3 个部分缺一不可；报告的布局安排较灵活，不拘一格因文而异。⑤处理办法不同。上级机关受文后，对请示负有答复之责，对报告则一般不做答复。

2.函与请示的辨析:函与请示同是请求批准,但行文对象不同,使用的文种也不同。如果是向上级机关提出,应当用请示;如果是向不相隶属机关提出,则应当用函。目前,平行机关之间请求批准使用请示或报告的现象屡见不鲜。究其原因,有以下两个方面:发函机关认为求人办事,用函不足以表示尊重,怕影响问题的解决或者曾因用函行文碰过钉子,于是为了好办事而改用报告、请示;收函机关认为使用平行文函来请求批准是小看了自己,于是搁置拖延,故意刁难。总之,关键在于对函这一文种的性质、作用了解和钻研不够,造成了认识上的误区。通过对这3个文种进行重点详细的讲解辨析,在今后工作中就可以减少使用上的错误了。

四、要讲好课,必须理论联系实际

《干部写作知识》下篇有诉讼文书一章,主要是介绍各类诉讼文书的格式及其写法。对此,根据教材并结合平时本人代理过的各类案件,对该部分知识予以讲解,因此,有理论、有实际,让学员听了觉得贴近实际,更易于掌握。课后,以导刊1998年第7期52页所给的经济合同履行纠纷内容为材料,要求学员根据所学知识写一份800字左右的民事诉状作为作业之一上交批改,要求格式正确,写清事实、理由及请求,有法律依据。

在《经济法教程》中,本人认为《中华人民共和国公司法》《中华人民共和国外商投资企业法》《中华人民共和国反不正当竞争法》《中华人民共和国产品质量法》《中华人民共和国消费者权益保护法》《中华人民共和国经济合同法》等法律知识与人们日常生活和工作事务关系密切,每个人都难免会涉及,且要运用这些方面的法律知识解决实际问题,故对这些章节我就重点地讲,并结合生活中的案例和自己曾经代理经办过的案件进行讲解。由于本人有实际办案的经历,讲该课既有理论又有实际,做到理论联系实际,所以学员对该门课兴趣足,兴致高,收效也就明显。

五、要讲好课,必须讲究讲课的艺术性,以增加可听性

现实生活中经常可以看到这么一种情形,有的人在台上做报告,做演

讲，富有激情、号召力和感染力，究其原因就是讲话有艺术性。本人认为，课堂教学是一门科学也是一门艺术，课堂教学效果的好坏，直接反映了一个教师的教学能力的高低。作为一个教师如果讲课缺乏科学性、艺术性，没有激情、没有节奏，没有抑扬顿挫，从头到尾平平淡淡，照本宣科，讲课必然是索然无味，学员听了自然也就没有兴趣。若“以其昏昏”而要“使人昭昭”是不可能的。课堂教学尤其要注意和讲究语言的表达力和感染力，上课一定要注意紧紧抓住学员的注意力，使其集中到自己所讲的内容上，不暇分心。教与学若能密切配合，课堂教学就能收到明显的效果。

（原载于浙江省委党校《函授导刊》1998 年第 9 期，
《处州论坛》1999 年第 1 期）

农村精神文明建设中存在的问题及对策

农村社会主义精神文明建设是中国社会主义精神文明建设的重要组成部分。正如邓小平同志所指出的:“中国有百分之八十的人口住在农村,中国稳定不稳定,首先要看这百分之八十稳定不稳定,城市搞得再漂亮,没有农村这一稳定的基础是不行的。”因此,加强农村精神文明建设,不仅是稳定农村的需要,而且是稳定全国的需要,只有广大农民群众安居乐业,才能有一个全国政治稳定的局面,才能实现建设社会主义市场体制框架的战略决策,才能把我国社会主义建设事业向前推进。然而,要使农村有个稳定的政治局面,就要看农村精神文明建设搞得怎么样。农村精神文明建设有成效,农村就稳定,农民群众就能安心生产,社会主义市场经济建设就有希望。

随着市场经济的不断发展,近几年来,农村物质文明建设取得了很大的成就,广大农村发生了翻天覆地的变化,农民群众的物质文化生活有了很大的提高,对农村精神文明建设起到了积极的推动作用。但是,我们也不能否认,农村精神文明建设还存在一些突出的问题。

(1)思想道德建设失范。农村许多人对理想道德和优良传统作风等不太讲了,认为现在农村不再需要讲“毫不利己、专门利人”“自力更生、艰苦奋斗”“为人民服务”的社会主义时代精神了,甚至就是敬老爱幼、扶贫济困、朴实善良、为人正直等中华民族的传统美德,似乎也可以弃之不顾了。相反,“金钱万能”“一切向钱看”等腐朽的思想观念,却在滋生蔓延。

(2)封建迷信活动、陈规陋习和社会一些丑恶现象沉渣泛起。近几年来,一些农村的封建迷信活动越来越严重,算命、测字、卜卦、求神拜佛、看风水、建庙宇、修宗祠、筑坟墓等现象到处可见,搞得一些农村乌烟瘴气,鸡犬不宁。

(3)赌博风盛行。有些农村常年有人利用各种形式参与赌博行为,甚至有的村不分男女老少,几乎“全民皆兵”,老的六七十岁,少的才是十几岁的中小学生,大赌的输赢额高达几万元。

(4)红、白喜事越办越阔气。在农村绝大多数人,无论是办喜事还是办丧事,无论自身条件如何,总得热热闹闹大办一番,大办的花费几万元,小办的也要花上几千元,有的困难户无可奈何地负上一身债。

上述问题的存在,表明农村社会主义精神文明建设任务还十分艰巨。如果不认真解决这些问题,任其泛滥,那就将严重腐蚀人们的肌体和灵魂,破坏社会风气,削弱党和政府的威信,丧失社会主义制度的优越性,影响改革开放和经济建设的顺利进行。

出现以上这些问题的原因是多方面的:一是有些领导干部的工作指导思想有偏差。他们偏重于搞经济建设,对精神文明建设只是提倡而没有实际行动;有的领导干部和一部分群众只考虑眼前的利益,其短期行为思想严重而不为长远的利益打基础;有的领导干部存在虚荣心,只重视看得见的表面现象的建设,对那些无形的、却与群众生活息息相关的事和对群众的思想教育不够重视。二是拜金主义思想严重。随着市场经济的建设和发展,助长人们“一切向钱看”的拜金主义倾向,把金钱作为判别是非、善恶的标准,信奉“有钱能使鬼推磨”等论调。只要有钱,什么集体主义、人生的价值、道德良心等统统都可以抛到九霄云外。三是农村农民群众的文化科学知识贫乏,文化素质偏低,对党的路线、方针、政策理解不深透,对改革开放出现的一些现象和局部发生的一些事产生错误的认识,对事物的发展缺乏预见性,造成是非分辨不清。

要解决上述问题,必须抓好以下几方面的工作:

(1)提高思想认识,处理好两个文明的关系。人的行为是受思想支配的,领导干部的思想认识程度和他的工作思路是否正确直接影响着决策是否合理。精神文明建设应当放在什么位置、怎样处理两个文明的关系,这是基层干部特别是领导干部必须解决的思想认识问题。从社会发展最终动力的角度讲,生产力是决定因素,坚持以经济建设为中心,精神文明服从并服务于经济建设,为这个中心提供服务和创造条件,这是历史唯物主义的一个基本观点。但是意识对物质具有反作用,科学社会主义创始人一样注重物质生产与精神生产，注重物质文明与精神文明的协调发展和社会的全面进步，因而从建设有中国特色的社会主义的内容来说，两个文明实际上是一个整体的概念，是一个问题的两个方面。邓小平同志明确指出："物质文明与精神文明都搞好，才是有中国特色的社会主义。"并一再强调："两手抓，两手都要硬。"因此，搞好农村精神文明建设，首先必须要求基层领导干部有正确的认识。就经济抓经济，最终也是抓不好经济的。在市场经济条件下，市场竞争不仅是经济实力的竞争，而且是智力的竞争，是人的素质的竞争。只有提高人们的思想道德素质和文化科学素质，建立良好秩序，创造优美环境，才能增强凝聚力，提高向心力，发展生产力。

精神文明与物质文明的关系如车之两轮、鸟之两翼。物质文明为精神文明提供物质基础，使精神文明建设有个可靠的物质保证；精神文明为物质文明提供智力支持和精神支柱，对物质文明起着巨大的反作用。两者互相影响，互相渗透，相辅相成，不可分割，不可偏废。否则，社会主义建设事业就会受到挫折。

(2)加强基层干部的思想和理论修养。基层干部是党的方针、政策在广大农村得到贯彻落实的桥梁和纽带，同时也是广大群众向上反映问题的代言人。因此，基层干部的思想素质和理论素质，直接影响到党的方针、政策的贯彻落实，直接体现着党和政府在群众中的威望。如果基层干部自身的思想不好，道德品质差，理论水平低，对党的方针、政策理解不深透，没有办事原则，党性修养不强，不但贯彻不好党在农村的各项方针、政策，而且还会严重影响党和政府的形象，农村工作就难以开展。因此，只有加强基层干部的思想道德修养和提高政策水平，以"三个代表"的要求指导思想行动，坚持讲学习、讲政治、讲正气，才能正确引导群众，说服群众，教育和影响群众，才能带领广大群众勤劳致富奔小康，搞好农村各项建设。

(3)加强思想道德教育。思想道德教育是农村精神文明建设的核心问题和主要内容。在农村开展思想道德教育，内容是多方面的，但笔者认为主要应加强以下几个方面的教育：一是要加强世界观、人生观、价值观的教育。利用各种形式大力宣传孔繁森、韩素云、李素丽、陈金水、杨东海、李向群等具有鲜明时代特征的先进典型人物，以他们感人的事迹和高尚的精神，教育和激发广大群众，特别是广大青少年，使之坚定共产主义信念。二是开展

“双思教育”，教育广大农民“致富思源，富而思进”，使广大农民知道致富全靠党的改革开放政策，富而不忘再接再厉，破除小进即满、小富即安的思想，形成先富帮后富、走共同富裕道路的觉悟。三是要加强开展“五爱”教育和一些有意义的活动，使广大农民群众更好地处理国家、集体和个人三者关系，做到个人利益服从国家和集体利益，积极上交各种集体提留和国家任务。四是加强宣传党的方针、政策和法律，教育广大农民群众遵纪守法，自觉执行党的方针政策，使广大群众更能识大体，顾大局。五是加强中华民族传统美德诸如家庭美德、社会公德等教育，开展评比“好媳妇”“好儿子”等活动，发扬尊老爱幼、男女平等、夫妻和睦、勤俭持家、邻里团结、扶贫济困、助人为乐、讲信修睦、重义守信的优良传统，大力提倡“毫不利己、专门利人”“自力更生、艰苦奋斗”等时代精神。

(4)加强成人文化科学教育。江泽民总书记在党的十五大报告中指出：“建设有中国特色社会主义，必须着力提高全民族的思想道德素质和科学文化素质，为经济发展和社会全面进步提供强大的精神动力和智力支持。”近几年来，各级政府对成人教育比较重视，做了大量的工作，取得了一定的成绩。但是也有不少人(包括一些领导干部)只是重视普通教育，对成人教育漠不关心，有些地方对成人教育只是应付上级检查，做做表面文章。这种思想对于提高全民素质是很不利的。

农民文化素质偏低是农村滋生封建迷信的主要根源。人们对一些社会现象和生老病死无法用科学进行解释，只能依托唯心主义思想盲目理解，造成人云亦云，受骗上当。农村农民文化偏低主要是中、老年人的文化偏低。要提高农村总体文化科学水平，在现阶段除抓好普通教育之外，还必须重视成人教育，这是提高农村农民科学文化水平的主要途径。那么如何才能搞好成人教育呢？笔者认为：一是基层领导干部要充分认识到成人教育的重要性，把成人教育工作列入政府议事日程，从思想上、行动上真正重视成人教育，扎扎实实分期分批抓好。二是成人教育要结合农村实际，根据农村各项生产情况，举办一些业务培训班，使之既生动又实用，能为广大农民群众所接受。只有这样，才能逐步提高农民文化科学素质，为农村精神文明建设扫除思想障碍。

(5)社会治安综合治理要常抓不懈。加强社会治安综合治理，是农村精神文明建设的重要手段。江泽民同志指出：“农村社会治安状况对于农村乃至全国的稳定与发展都有着极其重要影响。”农村的社会治安搞不好，农村社会不稳定，整个社会就不稳定，改革开放和现代化建设的进程就会受到阻碍。

各级党委、政府一直没有放松抓社会治安综合治理工作，特别是通过多年来的严打，取得了很大成效。但是，有些地方抓的力度还不够，抓一阵放一阵，社会恶势力仍然十分严重地干扰着农村经济的发展。因山林、水利、土地等权属纠纷案件继续增多，由此而引发的群众性械斗案件时有发生；赌博风的盛行，已成为农村不稳定的主要因素之一。这些问题的存在，严重扰乱农村正常的生产、生活秩序，威胁农民群众生命财产的安全，严重影响农村的建设、发展和稳定。因此，坚决打击农村犯罪活动和恶势力，加强社会和家庭监督，利用法律手段相配合，严格遏制赌博风，是农村精神文明建设一项十分重要而紧迫的工作。

(6)建立丧葬制度，改革殡葬方式。近年来，农村不但沿袭了几百年来的传统丧葬方式，而且越办越阔气，绝大多数的人都要花费大量的财力、人力，大搞迷信活动。有些家庭一场丧葬负债几千元甚至上万元，坟墓越做越讲究，占地面积越来越大，有的地方还出现青少年占坟地，人未死甚至还很年轻就建好坟墓。这样下去人们可用土地将越来越少，环境污染越来越严重。这种现象对人均土地少的中国来说是一大忧患，对农村精神文明建设也是十分有害的。为了改变这种现状，笔者认为，应制定一套切实可行的丧葬制度，对殡葬方式进行改革，逐步改革广大农民的丧葬观念。这对农村精神文明建设将会起到事半功倍的作用，是一项功在当代利在千秋的事业。

党的十四届六中全会决议指出：“切实把精神文明建设提高到更加突出的地位。”江泽民在党的十五大报告中又强调指出：“精神文明建设要切实加强，各个方面相互配合，实现经济发展和社会全面进步。”这都说明党中央十分重视社会主义精神文明建设。然而，要解决农村社会主义精神文明建设中存在的突出问题，光靠中央的重视是不够的，要依靠各级党委政府和全国人民的统一认识，共同努力，才能逐步解决，抓出成效。

［原载于《处州论坛》1997 年第 2 期，
2000 年入选浙江省一级期刊《浙江社会科学》(特刊)］

谈谈如何当好新形势下的驻村干部

驻村干部是乡镇党委、政府联系群众的桥梁和纽带，是基层乡镇的“特派员”、农村工作的指导员、农民致富的服务员。驻村干部既要及时将党的方针政策、上级的指示精神传达给广大人民群众，确保党的方针政策在农村的贯彻实施，协助村“两委”制订村级社会经济发展计划，随时了解掌握、关心人民群众的疾苦，解决群众所关心的热点难点问题，又要将人民群众的呼声及时反映到上级党委政府，同时为农村工作科学决策提供真实可靠的决策依据，为农民致富奔小康提供更加实在的服务。

如何才能更好地发挥驻村干部的作用，真正做到上为党和政府分忧、下为群众百姓解难，当一名让上级党委政府放心、令村干部和人民群众称心的驻村干部呢？笔者认为，应从以下 3 个方面加以努力。

一、加强学习提高自身素质

要加强政治理论学习，不断提高政策水平。一名新时期的乡镇干部首先必须加强政治理论学习，以提高政治敏感性，坚定政治立场。加强政治理论学习，提高政策水平，是乡镇驻村干部做好农村工作的前提条件。只有加强政治理论学习，用马列主义、毛泽东思想来武装头脑，用邓小平建设有中国特色的社会主义理论来指导工作，系统而全面地掌握党在农村的方针政策，我们的工作才不会偏离方向，目标才更明确，党的方针政策才能在农村顺利得以贯彻实施。

要加强科学文化学习，提高做农村工作的能力。驻村干部必须要加强科学文化的学习，在具备良好的政治素质的基础上，还要有丰富的科学文化知识来充实自己，使自己有丰富的知识内涵，经得起新时代的挑战，做到会干、会讲、会写，这样才能用科学的理论指导工作，又在工作中不断总结经验，克服在工作中的盲目性、主观性和简单性，使工作方法更活、办法更多、效果更佳。

要加强经济理论的学习，要学经济、懂经济，提高当指导员的能力。要搞经济建设，不学经济不行，不懂经济不行。以往的一些驻村干部曾存在这种弊端，抓农业生产头头是道，然而一涉足经济工作便没了主意。如何抓好山区经济，抓好新农业经济，使农业走上产业化、市场化的道路，更值得驻村干部去刻苦钻研去探索。只有懂经济，才能围绕经济建设这个中心抓好工作，当好农民致富奔小康的指导员。

二、摸清底子，厘清思路，摆正位置，履行职责，为村“两委开展工作出谋献计，当好引路人

首先，摸清底子，厘清思路。要摸清一个村的地理、人情、耕地、山林等资源，及经济发展状况等村情民情。对照实际厘清工作思路，明确工作目标，落实工作措施。这样才能有的放矢地指导这个村的工作，才能发挥引路人的作用。

其次，摆正位置，履行好职责。驻村干部既然是党委政府指派负责一个村工作的，就要认真履行好各项职责，督促村两委完成好各项任务，为村两委开展工作鼓足劲、撑好腰，协助村两委解决一些棘手的问题。

最后，农村工作千头万绪，这更要求驻村干部发挥“万金油”的特殊功效，做好方方面面的工作。要协调好村两委的关系，以创“五好”为载体，增强以党支部为核心，村委会为依托，共青团、民兵、妇女等组织密切配合的凝聚力工程建设，鼓舞村干部的工作士气，增强他们的工作事业心、责任感、使命感，要为村干部撑腰。旗帜鲜明、理智大胆地为村干部开展工作“披荆斩棘”，使村干部感受到有党和政府作为坚强后盾。

三、放下架子，当好公仆，与群众交朋友，当好服务员

一是放下架子。到群众中去，与群众交朋友，做到思想贴近群众，感情

上联系群众，工作上为了群众。应该向孔繁森同志学习，把他的朴实无华的品质、扎根群众之中的作风贯穿到我们的驻村工作当中。为群众办实事、谋利益，这样干部才会受群众欢迎，群众才会支持我们，才能使我们的事业更加有成，才能把人民的事情办好。

二是想群众所想，急群众所急。驻村干部虽然调动频繁，不论时间长短，驻一个村就应为这个村的群众考虑，时刻把这个村群众的利益放在心上。过去一些驻村干部工作不深入，对群众有益的工作做得不多，只限于收粮收款，导致一些群众抵触情绪较大，对乡镇驻村干部欠好感，致使上级的一些方针政策没有得到很好落实，一些任务不能按时完成，甚至无法完成。这些问题的存在，除了因个别群众觉悟不高外，与驻村干部的工作也不无关系，要改变这种状况，从驻村干部自身做起是非常重要的，只要我们下村多了，为群众想的事多了，为群众办的事多了，就会得到群众的拥护。

三是要坚持同吃、同住、同劳动，当好服务员。党和政府一贯倡导，驻村干部要与农民同吃、同住、同劳动，但真正坚持的却不多。在驻村干部中，“走校”现象比较普遍，要做到“三同”，必须走下去、蹲下来，有任务时，集中精力抓落实，没有任务时，耐心细致搞调研。与群众同吃，能增进感情交流，改变干群关系；同住，能探讨发展计策，解决疑难问题；同劳动，能创造经济成果，致富于民。党和政府要求驻村干部“三同”，时代需要“三同”，人民渴望“三同”。随着经济的发展，社会的进步，党和群众对驻村干部的要求将更高，不仅需要脚踏实地全心全意为人民服务的“实干型”驻村干部，也需要懂科学技术、懂经济工作，能为农民致富提供技术指导和经济信息的“智能型”驻村干部，更需要能组织和带领人民建设社会主义新农村的“事业型”驻村干部。

（原载于《今日丽水》1999 年第 9 期，

《丽水日报》2000 年 2 月 16 日）

司法腐败的原因及防治措施浅探

司法腐败，即司法权力的腐败，特指执法活动和司法过程中司法机关及其人员为特殊利益而滥用法律权威或偏离公共职责的现象。其表现形式有多种多样，在现实生活中最常见的司法腐败有无视法律的统一，搞地方保护主义；讲亲情，拉关系，搞裙带，徇私枉法，干涉民事纠纷或刑事案件的处理；利用职权，袒护罪犯使之重罪轻判或使犯罪嫌疑人逍遥法外不受法律追究，或刑讯逼供，草菅人命，使无罪的人受追诉，任意侵犯公民的人身权和自由权；白吃白拿，索贿受贿，敲诈勒索，贪赃枉法；"暗箱操作"，办案不公开，执法不公正；等等。

司法腐败是一种后果极其严重的腐败。有人说：一个企业的腐败，那是树上果实的衰落；官吏的腐败，是树干的腐败，司法的腐败，则是树根的腐败。因此，司法腐败是最严重的腐败。司法机关是法律的操作或实施机构，即法律实现的中介，是国家权力的执行及自我监督部门，是实现公民、社会团体的权利并对之加以引导、监督的法制系统的组成部分。也就是说，司法机关事实上是集国家权力实施者、法律执行者、政府行政权监督者、公民权利保护者、法制观念教育者或规范行为示范者等诸多社会职能于一身的法制部门。这种特点决定了司法权力的腐败给公民、国家、社会带来的危害是严重的。对于国家权力来讲，司法腐败造成的损伤是硬伤和内伤。换句话说，即使企业、行政最腐败，只要司法不腐败，就有惩治腐败行为的希望，而一旦腐败在司法领域大面积地蔓延，它所带来的就不仅仅是社会腐败风气的加剧，或整个权力体系和法律的紊乱、失控，或国家权力的自我控制和自我约束机制的丧失，或公民维权机制的崩溃，更是对法律规范信念的轻视甚至失落。如果说行政腐败毁坏了政府在民众中的公正形象，那么司法腐败的恶果则是在民众层面上，加深了人们对规范的轻视态度，以至对法律权威的不信任和失望。它将使“法制社会”的理想离人们越来越远。

16 世纪英国著名的哲学家、思想家、大法官培根曾说过一句至理名言：“一次不公正裁判的恶果甚至超过十次犯罪，因为犯罪是无视法律，好比污染了水流，而不公正的裁判毁坏了法律，好比污染了水源。”连水源都被污染了，治理水流就变得毫无意义了。因为法官是执法的最后一道屏障，是法律能否得到公正体现的最后一道屏障，是法律尊严公正的最后保护神，人们对法律公正的希望寄存于法官的公正裁判的形象，如果这个形象都腐败了，那么老百姓对法律就失望了。

就我国而言，造成司法腐败的原因，是错综复杂的，归结起来，笔者以为以下 5 个方面当数主要因素。

(1)司法权力的地方化是导致司法腐败的体制根源。我国现行司法体制已经运行几十年，由于地方司法机关在权力的行使上要依附或不得不听命于地方党政及权力机关，所以在此地方利益与彼地方利益之间不可避免地发生冲突的情形下，不仅个案的不公成为现实，甚至在执法的指导思想上也背离了司法统一和司法公正的原则要求，致使地方保护主义的现象严重存在。

(2)司法人员乡土化是滋生司法腐败的情境诱因。司法腐败的产生，除了前述地方权力干预(地方保护主义)的原因之外，司法人员的乡土化也是一个不容忽视的重要因素。由于绝大多数司法人员均在本乡本土任职，加之中国又是一个有着重人情世故轻法理的人文传统的国度，人情关系，私欲人伦便常常困扰着司法人员。显然，在这些屡屡出现的考验面前，并非每一位司法人员都能顺利过关。于是，无视法律公正、徇私枉法、人情官司、关系个案也就出来了。

(3)司法人员素质不高是司法腐败的先天性内因。司法人员素质包括业务素质和思想品质素质。在现实中，司法队伍人员并非都是青一色的。有那么一些司法人员连起码的法律知识都未掌握，如若让其指导业务、办理案件就难免因曲解或不解法律而做出错误裁决；而有些司法人员则是因其思想品质低下，不能正确运用人民赋予的法律权力来维护国家、集体和人民的利益，维护法律的公正实施，而是利用手中特权，徇私舞弊、贪赃枉法搞司法腐败，严重损坏司法队伍的公众形象。

(4)办案不公开容易造成腐败弊端。司法中的"暗箱操作"系指办案不公开。如:以前在侦查阶段和起诉阶段,律师均不可提前介入,不利于保护犯罪嫌疑人的合法权益;法院判案审理不公开,或先定后审,先判后审,或审者不判,判者不审;判决文书的制作千案一面,缺乏认证推理,看不出判决结果的形成过程,缺乏说服力,不能使胜诉者赢得堂堂正正,不能让败诉者输得心服口服。程序上和形式上的不公开易产生司法腐败,也足以损害司法公正的形象。即便是原本正确、公正的处理,也会因其不公开而蒙上徇私舞弊的阴影。

(5)监督机制不完善难以有效遏制司法腐败的产生。没有监督的权力往往产生腐败,司法程序中透明度不高、监督不力是出现司法腐败不可忽视的外在因素。监督可以分为内部监督和外部监督。内部监督是司法机关内部的相互监督,但是,由于监督机制不完善,这种内部监督存在着种种问题。例如,对领导人的监督往往遇到很大阻力。人民检察院作为法律监督机关,它自身却缺乏必要的监督,以致出现反贪局里出贪官的丑闻。下级法院有时居然不执行最高人民法院的指令,致使某些冤假错案得不到及时纠正。外部监督是指人大监督和新闻舆论监督。但这种外部监督如人大对个案的监督也存在着缺陷,因它只能管住点,而不能管住片。新闻舆论监督也常常显得力量不足,因阻力过大而起不到监督作用。所以,如何完善监督机制,有效遏制司法腐败,实乃是司法面临的一个新课题。

笔者认为,要解决上述问题,遏制司法腐败,必须采取以下防治措施:

(1)要解决司法权力地方化问题,打破地方保护主义格局,应逐步进行司法体制上的改革。司法权是国家权力中极为重要的组成部分,在建立社会主义市场经济体制过程中,越来越显示出其强大的规范作用和引导作用,而司法的统一,则无疑是正常发挥其作用的根本要求。现行的司法体制是"条块结合,以块为主",这种体制助长了地方保护主义。由于各级司法机关都归地方党委领导,在人、财、物各方面都受制于当地政府,因而他们首先对本地方的党委领导负责,每当处理跨地区的纠纷时,往往会竭尽全力维护本地区利益。因此,在较短时间内,排除权力和利益分配上的各种障碍,打破地方保护主义格局,尽早建立起在中央集权约束下的新型司法体制,使地方各级司法机关脱离地方权力束缚是极其必要的。

(2)针对司法人员乡土化的问题,主要应从建立并落实重要司法官员异地任职和交流制度入手加以解决。普通司法人员一概异地任职或交流并不适合我国现实的国情，而对部分身居领导职位的司法官员来讲则是适宜的，也是必要的。这样做，可以在最大程度上制约因司法人员乡土化所带来的徇私枉法、人情官司、关系个案的出现。发生在张家口市的一起简单的经济纠纷案，事情本来清清楚楚，明明白白，可是由于办案人员乡土化，人情关系错综复杂，使得案件经 4 次判决 3 次裁定，历经 4 年半仍无结果。如果该院领导乃至办案人员是异地人员任职，那么在审理该案时或把案件提交审判委员会讨论时，就可以排除人情及社会关系等外界干扰，按照法律规定做出公正不阿的判决，以避免久拖无果的现象。司法官员异地任职或交流任职，尽管会增加国家和社会的一些负担，但这种负担相对于维护国家司法活动的廉洁性、公正性的目的和意义而言，则是显得利多弊少了。

(3)提高司法队伍的素质是一项紧迫的任务。江泽民总书记在 1999 年初的全国政法工作会议上明确要求，各级党委和政府都要认真研究和解决政法队伍中主要问题，以公正执法为重点，狠抓队伍的素质建设。政治思想素质的提高，有待于加强政治学习和理论修养，按司法行业要求，严格履行职责，正确运用职权，维护法律的公正实施。在业务素质方面，要严格依法办事，不断提高办案水平，实行错案追究责任制和个人错案赔偿责任制。若如是，则冤假错案即可大大减少甚至避免。如何提高司法人员的素质，让他们公正司法，实乃一项紧迫的任务。具体地说，可以实行全国司法人员任职资格统一考试制度，通过严格的考试制度，将既具有法律专业知识，又具有良好的思想品质的人录用和留用，将那些思想品质堕落、业务素质低下的诸如山西省运城地区绛县法院的那类“三盲”(文盲、法盲、流氓)人员予以坚决清退或处理，以保证司法队伍的纯洁性和高素质，保证清源固流和法律的公正实施。

(4)公开、公平、公正是防止司法腐败的前提。“包青天”的形象，作为清廉公正的象征，在中国老百姓的心中长久不衰。现代司法实践告诉我们，要实现社会正义、追求公理光靠“包青天”是远远不够的。公开、公平、公正地执法和严格遵守不可逾越的法律程序，才是防止司法腐败，保证司法公正的前提。

现实中有些法院长期在办公室里办案，使得有些法官已经连开庭都不会了。不公开审理就可能产生腐败，公开开庭是司法公正的重要环节。

最高人民法院院长肖扬在1998年底召开的全国高级法院院长会议上指出:“公开审判制度是重要的宪法原则,公开审判关键要做到公开举证、质证、认证,公开辩论、公开断理、公开裁决,反对庭审形式化。”

公开与公平是公正的前提,只有公开、公平才能保证公正。“暗箱操作”,庭外审判是与公平、公正背道而驰的。审判在公开状态下进行,才能有效地避免先定后审、先判后审,或审者不判、判者不审的司法弊端。传统的司法实践偏重实体(判决结果)而轻视程序,其实只有程序公开了,实体才能公正。不然即使判决结果是公正的,但由于程序不合法,当事人对判决结果的公正性也会缺乏信任。目前,我国法院系统根据法律规定,已开始努力追求审判程序的公开和公正。

律师提前介入是我国司法制度的重大改革,也是保证司法公开公正的一项措施。修改前的刑事诉讼法规定,律师在开庭前七天方可参与诉讼。这种规定使得律师没有足够的时间阅卷、了解案情,无法为被告充分辩护,对侦查阶段办案人员的违法行为也不能监督,不利于保护被告人的合法权益。现行刑事诉讼法规定,在侦查阶段,犯罪嫌疑人在被侦查机关第一次讯问或采取强制措施之日起可以聘请律师为其提供咨询、代理申诉和控告;被逮捕的犯罪嫌疑人,聘请的律师可以为其申请取保候审。在起诉阶段,律师作为辩护人参加诉讼,有权调查案情收集证据。律师提前介入是保障人权的有力举措,但这一制度在执行中尚有诸多阻力。例如,很多警察和检察官不允许律师提前介入会见犯罪嫌疑人,理由是可能干扰侦查。律师办理提前介入的刑事案件承担的风险很大。

1998年,“检务公开”成为当时全国关注的一个热点。检务公开的一个重要内容是,检察官在侦查、审查、起诉阶段均应向犯罪嫌疑人讲明其享有的权利和履行的义务,如:犯罪嫌疑人依法享有获得律师提供法律帮助的权利、委托辩护人的权利、取保候审的权利等。检务公开还包含着让每一位公民了解检察院工作内容、执法方式等。推行检务公开有利于公众对检察机关的工作进行监督,有助于防止腐败现象的产生。

(5)有效监督是遏制司法腐败的有力保障。权力一旦失去监督,便难以避免腐败。1998年12月24日,武汉市第十届人民代表大会常务委员会第六次会议通过《武汉市执法责任工作条例》,它系统地规定了行政机关、法院、检察院的执法责任、执法规范、执法追究等事项。随后经湖北省人大常委会批准，由武汉市人大常委会正式颁布施行。这是我国第一部全面规范执法行为的地方性法规。

过去人大对“一府两院”所办案件的监督，一方面是通过群众信访抓住典型错案，进行个案监督；另一方面是每年抽查一批执法案卷，发现错案督促纠正。然而，人大系统的这种个案监督机制使得监督的力度明显不足。因为个案监督只能管住一点，而只有法律监督才能管住一片。武汉的做法是个启迪。人们呼吁，应当像武汉那样，通过立法形式，切实加强人大系统对执法部门的监督力度。

如果人大对司法机关的监督是权力对权力的制约、监督，那么舆论监督更具有广泛的社会性。舆论监督本身就是正面对反面的斗争。“舆论压力”产生的监督作用是不可低估的，它的公开性、普遍性和代表性，以及维护公众利益的特殊作用，对任何一种执法违法的行为都是一种威慑。中央电视台“焦点访谈”是一个有力的舆论监督阵地，执法者的腐败行为一经曝光，将很快受到查处，在全国范围内起到了以儆效尤的作用。

1999 年 2 月，最高人民法院院长肖扬在北京表示，各级法院要逐步建立新闻发言人制度，定期向社会公布法院审判活动情况，自觉接受新闻舆论的公开监督。

“群众的眼睛是雪亮的。”执法者的一言一行逃不过群众的监督，每一个执法者都该明白，权力源自人民，谁要敢用人民赋予的权力去欺压人民，吃了原告吃被告——搞司法腐败，谁就难以逃脱法律的惩处。近几年来，从最高人民法院、最高人民检察院、公安部到各地司法机关，都先后设立了投诉电话，每年接到数以万计的公民举报，并据此查处了大量的执法者搞司法腐败的违法犯罪行为。此外，司法机关的内部监督，如对领导人的监督、检察院的自我监督、上下级法院的相互监督等的监督机制亟待完善。

总之，无论是内部监督，还是外部监督，监督应该无处不在，无时不在。有效的监督是防止司法腐败的重要保障，只有当所有执法者都受到严格监督并依法办事时，司法公正的目标才可能实现。

（原载于《丽水师专学报》2000 年增刊）

一个政党理论的成熟，标志着这个政党的成熟

中国共产党从诞生之时起只有五十几名党员发展到今天拥有6400多万党员的执政大党，是一个从无到有、从小到大、从不成熟到成熟的过程。从马克思主义的传播运用到毛泽东思想，从邓小平理论到“三个代表”重要思想的提出，这就是中国共产党的建设理论发展的轨迹，也是一个从无到有、从不成熟到成熟的发展过程。因此，可以这么说，一个政党的理论成熟与否，标志着这个政党的成熟与否。

马克思主义产生于资本主义自由竞争时代，是近代社会科学和自然科学发展到一定阶段的产物，是建立于科学基础之上的理论体系。马克思主义通过对资本主义生产方式蕴含的矛盾运动规律的研究，揭示了无产阶级革命和社会主义代替资本主义的历史必然性，从而成为无产阶级革命的理论武器。

马克思主义是中国共产党的理论基础，中国共产党是这个理论武器的倡导者、组织者、宣传者。党从诞生之日起，就把马克思主义写在了自己的旗帜上，也就是选择了社会主义、共产主义的方向。但是，马克思主义揭示的是人类社会发展的一般规律，而在中国的具体条件下的应用，只有靠中国共产党人独立自主地探索中国革命道路，才能使马克思主义在中国获得发展。

然而，党在成长之时，由于马克思主义传入我国历史不长，并且更多传播了属于科学社会主义范畴的阶级斗争原理，而对辩证唯物主义重视不够；由于当时中国是客观上革命形势很成熟的国家，要求中国革命者立即以全部力量从事实际的革命活动，无暇从事深入的理论研究与经验总结；又由于

中国社会历史发展的具体道路和欧洲相比具有更大的特殊性，要用马克思主义的原理来指导中国社会的实践，就特别困难，而“这乃是一件特殊的、困难的事业。这决不是如某些人所想的，只将马克思主义的著作加以熟读、背诵和摘引，就可以成的”。因而造成了党创立时的一大弱点，即理论不成熟。这种理论上的不成熟，除了表现在对马克思主义理论的学习和领会不够，甚至容易片面理解以外，更多地表现为对马克思主义的理论与中国革命实际缺乏系统的、完整的理解，对于二者的结合缺少自觉的认识，更谈不上形成自己的理论。这一弱点在很长一段时间内影响到党对中国革命道路的探索。党在大革命后期出现的右倾错误，在土地革命战争时期出现的三次“左”的错误，都源于不能把马克思主义的基本原理同中国革命的具体实践相结合，没有根据中国实际形成自己的理论并用这个理论去指导中国革命。

中国共产党把马克思主义同中国实际相结合，经历了一个在认识上、理论上从不成熟到成熟的过程。党一成立，就开始了把马克思主义同中国实际相结合的历史进程。大革命失败后，以毛泽东为代表的中国共产党人，在农村环境中把马克思主义同中国实际相结合，探索中国革命的道路，但直到遵义会议之前，就全党范围而言，党对中国的历史状况和社会状况、中国革命的特点、中国革命的规律都认识不够，是“对马克思列宁主义的理论和中国革命的实践还没有完整的统一的了解的党”。只是在经历了大革命后期和土地革命前期两次大的挫折之后，全党对于马克思主义同中国实践相结合之重要性的理论认识，才达到了较为自觉、成熟的阶段。特别是1938年党的六届六中全会上提出把“马克思主义在中国具体化”“使之在其每一表现中带着必须有的中国的特性”的任务，说明中国共产党对于把马克思主义同中国实际相结合已经上升到了理论上的自觉认识。经过延安整风，全党在思想上认清了教条主义与经验主义的危害，树立起实事求是的思想路线。尤其是以毛泽东为代表的共产党人把马克思主义同中国的具体实际相结合，独立自主地探索中国革命的道路，创立了新民主主义革命的理论，指导中国革命取得了胜利，领导人民走向社会主义道路。正如刘少奇在1946年召开的党的七大上做关于修改党章的报告，分析毛泽东为什么能够对马克思主义做出巨大贡献时候所指出的，毛泽东“具有最高的理论上的修养和最大的理论上的勇气，他在理论上敢于进行大胆地创造，抛弃马克思主义理论中那些已经过时的、不适合于中国具体环境的个别原理和个别结论，而代之以适合中国历史环境的新原理和新结论”。正因如此，以毛泽东为主要代表的中国共产党人才在新民主主义革命中完成了这件“特殊困难”的事业，实现了马克思主义同中国实际相结合的第一次历史飞跃，并由此而产生了这种结合的成熟的理论结晶——毛泽东思想。

实践是不断发展变化的，理论必须与新的实践同步发展，才能指导党的事业前进。1956 年，在社会主义改造基本完成后，进行社会主义建设就成为党的中心任务。但在中国这样一个社会发展具有很大特殊性的国家进行社会主义建设，同样是一件“特殊困难”的事业。在党的十一届三中全会以前，由于对中国社会主义建设的基本规律没有真正了解，对马克思主义的某些论断做了教条主义的理解，因此，党在什么是社会主义、怎样建设社会主义这一基本问题上走过一段曲折的道路。在经历了“文化大革命”这样的严重挫折以后，自党的十一届三中全会以来，以邓小平为第二代领导核心的中国共产党，认真总结了社会主义建设中正反两方面的经验教训，对社会主义进行了再认识，坚持实践是检验真理的唯一标准，解放思想、实事求是，把马克思主义同当代中国实际和时代特征相结合，制定了以“一个中心、两个基本点”为主要内容的党在社会主义初级阶段的基本路线，回答了什么是社会主义、怎样建设有中国特色的社会主义的问题，解决了中国社会主义发展道路、发展阶段、根本任务、发展动力、外部条件、政治保证、战略步骤、党的领导、党的建设和依靠力量以及祖国统一等一系列基本问题，贯通了哲学、政治经济学、科学社会主义等马克思主义同中国实际相结合的第二次历史飞跃，并由此形成了马克思主义同当代中国实际和时代特征相结合的更加成熟的科学成果——邓小平理论。

以江泽民为核心的党中央在科学把握世界形势发展趋势和国内社会深刻变化的基础上，全面总结国际社会主义运动和中国共产党建党以来的历史经验，高瞻远瞩，系统地提出了共产党要代表先进生产力发展要求、代表先进文化前进方向、代表最广大人民根本利益的重要思想。江泽民关于“三个代表”的重要思想的深刻阐述，包括江泽民提出并阐述的依法治国基本方略、把依法治国与以德治国结合起来的重要思想以及科教兴国战略等一系列重要观点所形成的科学的思想学说，全面揭示了党的正确领导与发展先进生产力、繁荣先进文化、实现人民群众根本利益之间的历史联系，鲜明地反映了我们党的性质任务和宗旨，充分体现了我们党所领导的建设有中国特色社会主义伟大事业的本质要求。最为重要的是，它科学地回答了在新的历史条件下建设一个什么样的执政党，怎样建设执政党这个根本性问题。“三个代表”的重要思想，是对我们党的先进性和革命性的精辟概括，丰富了马克思主义、毛泽东思想和邓小平理论的宝库，是我们党对于马克思主义在当代的创新和发展做出的又一重大理论贡献，也充分表明了中国共产党已经从成熟走向更加成熟。

（原载于丽水《党建交流》2001 年第 5 期）

论加快农村最低生活保障制度建设

最低生活保障制度是国家为帮助难以维持最低生活水平的社会成员而实行的一种社会救济制度，是最基本的群众生活保障项目。从 1993 年 5 月开始，上海市率先建立城镇居民最低生活保障制度，到 1999 年 12 月底，全国 2353 个市县中已有 667 个城市和 1682 个县建立了城市居民最低生活保障制度，占市县总数的 99.8%。然而，与城市相比，农村最低生活保障的建制步伐却显得相对缓慢、滞后。到 1999 年 12 月底，全国只有 417 个市县建立了农村最低生活保障制度，仅占市县总数的 24.4%。随着农村经济体制改革的不断深化，建立农村最低生活保障制度势在必行。

一、社会主义市场经济体制呼唤农村最低生活保障制度

(1)市场经济运行安全系统和保护系统需要最低生活保障制度。无论是农村中的“三无”人员（无生活来源、无劳动能力、无法定抚养义务人）、特困户，还是由于灾害、疾病等原因导致生活困难的，只要其收入低于最低生活保障标准，就可以得到国家和社会的救助。这就真正形成了完整的社会保障制度，形成覆盖全民的保障体系，居民生活有困难能够及时有效地解决，因而有利于化解社会矛盾，理顺群众情绪，消除社会的不安定因素，维护社会稳定。最低生活保障制度已成为我国农村经济体制改革配套的重点工程之一。不建立农村最低生活保障制度，我国农村经济体制改革就难以进一步深化，社会主义市场经济体制也不可能顺利建立起来。

(2)农村经济改革和社会发展迫切需要建立农村最低生活保障制度。随着农村改革的深入发展，农民成了独立的商品生产者，激烈的市场竞争加

大了农民农业生产的风险，破产农民将会增多；改革促进了农业生产率的提高，农村出现大量剩余劳动力，一部分人将成为失业农民；通货膨胀将使农村低收入家庭增加；工业现代化过程中可能发生的某些环境污染和社会公害以及由于人力难以防止的自然灾害，都需要最低生活保障制度来保障人们最基本的生存权。建立农村最低生活保障制度，构筑农村社会保障的最后一道坚固防线，使农村的改革和发展有安全保障。

(3)加强农村社会保障要求尽快建立农村最低生活保障制度。社会保障制度包括社会保险、社会救济、社会福利、优抚安置、社会互助和个人储蓄积累保障等几个方面。社会救济是社会保障制度中的重要组成部分，有其独特的社会作用。长期以来，农村的社会保障一直是整个社会保障的重点和难点。全国有85.2%的贫困对象分布在农村，有关资料表明，从1979年到1994年的15年间，国家和集体用于保障农村贫困户生活的社会救济和补助资金就达70多亿元，共救济6.4亿多人次。但是，由于农村的贫困对象多，负担沉重，致使保障的水平较低，难以抵挡市场经济风浪的冲击。建立农村最低生活保障制度，是新形势下农村社会保障的有力措施。

(4)农村社会救济制度的改革和发展，要求加快建立农村最低生活保障制度的步伐。传统的社会救济制度主要是采取临时救济的方式，救灾救济款发放给谁、发放多少都存在主观性和随意性，无章可循、优亲厚友的问题较为突出，因而常常出现经费被挤占、挪用的现象，加之改革开放以后的通货膨胀，严重影响农村贫困对象的生活。建立农村最低生活保障制度，是对传统社会救济制度的改革和完善，使农村社会救济制度发生重大转变，变临时救济为定期定量补助的“人头费”。低保制度对保障对象的核定十分严格，不凭村里申报，不凭个人关系，不凭领导印象，是按照家庭人均收入当年开支和贫困原因进行严格评定，张榜公布，逐级审批，一户一档规范管理，从而避免保障金发放中优亲厚友和平均主义现象的发生，强化救济工作的约束力，也增加救济投放，扩大救济面，提高对贫困对象的保障水平，形成健全的救济机制，使农村社会救济进入新的发展阶段。

(5)社会主义本质目标的实现也要求快速建立农村最低生活保障制度。社会主义国家的最低生活保障制度是社会主义公有制的本质要求，是社会主义国家社会制度中不可缺少的重要组成部分。社会主义制度的最大优越性就体现在它使全体社会成员达到共同富裕。邓小平同志指出:“贫困不是社会主义,两极分化也不是社会主义。”因此,必须通过建立农村最低生活保障制度,为人民基本生活提供保障,才有利于消除贫困,调节社会成员的收入差别,缩小两极分化,从而调动广大人民群众的积极性,增强社会凝聚力,维护社会安定团结,促进社会主义的物质文明和精神文明建设,巩固发展和完善社会主义制度。

二、关于加快农村最低生活保障制度建设的几点设想

最低生活保障制度的实施,已经产生了显著的社会效益,不仅得到党中央、国务院领导的充分肯定,也受到社会各界人民群众的普遍赞誉。人们称这项制度是“民心工程”“凝聚力工程”。可是,就全国目前情况看,由于经济、社会发展水平的差异和对这项工程认识程度的不同,各地的农村最低生活保障建制工作还存在着不少问题。一是建制步伐不够快,力度不够大。据资料显示,截至目前全国还有 1852 个市、县未建立农村最低生活保障制度,占总数的 75.6%。二是覆盖面小。多数地方还只是解决了农村中的“三无”人员问题。三是标准低,保障标准达不到当地人均水平。四是保障资金得不到落实,制度不够规范。为了保证我国农村经济体制改革的顺利进行,促进社会发展,保持社会稳定,密切党与人民群众的血肉联系,务必要加大力度,加快步伐,大力推进农村最低生活保障的建制工作。为此,笔者认为,当前应着重加强以下几方面工作。

(1)加大宣传力度,形成加快农村最低生活保障制度建设的共识。在低保障建制过程中,领导的认识必须首先到位,这是十分重要的。对低保这样一项牵扯部门多、工作范围广的创新工作,单单依靠司职部门的力量显得单薄。没有地方主要领导的协调与决策,地方财政要从成千上万份“花钱”方案里挤出一部分钱来也相当困难,更不用说一些财政赤字的地区。正是这些因素的存在,领导的认识问题才显得尤其关键。在这一点上,河北的例子就较有代表性和说服力。河北省经济并不发达,可短短的 3 年里,全省就有 6 万多城镇居民和 14 万多农村贫困居民得到最低生活保障。究其原因,关键在于河北省党政领导的高度重视和支持,他们将“低保”视为事关居民的

“生命线”，事关低收入者的生存问题，将“低保”视为国家社会稳定的大事，视为传统中国向现代中国过渡的必然产物，视为应尽的义务和责任，视为党政“一把手工程”，从而有力地推动了全省城乡居民最低生活保障制度的快速发展。由此可见，只要各级党政领导真正认识到这一制度对全局工作的影响力和重要性，作为检验党政领导贯彻落实党的“三个代表”的实绩之一，那么，建立农村最低生活保障制度的步伐定会加快。

(2)要紧张有序地推进该项工程。中国农村幅员广阔，省与省之间、地区与地区之间在经济发展、地理环境、贫困发生率等诸多方面都存在着很大差异，建立农村最低生活保障制度需要大量的资金投入，而目前国家和集体的财力也还是十分有限。因此，这是一项长期性任务，需要经过较长时间的努力，不可能一步到位，一蹴而就。必须从实际出发，结合本地区生产发展水平，采取先易后难的办法，整体规划，有计划、有步骤地分步实施，有序地推进，努力争取早日在农村普遍建立最低生活保障制度，将中国农村的社会保障制度提高到新的水平，为实现第三步战略目标和社会文明进步发挥更大的作用。

(3)多元化、多方位、多渠道地筹措资金。建立最低生活保障制度，关键是资金要落实到位。根据国发〔1997〕29 号文件精神，建立最低生活保障制度所需资金，由地方各级人民政府列入财政预算，纳入社会救济专项资金支出科目、专账管理。各级政府要加大财政投入，可实行县和乡镇分级负担的管理体制。就目前来看，我国大多数的县和乡镇财力十分有限，较难承担这一重任。以笔者所在县的 2000 年财政收支为例：2000 年，全县财政收入 5416 万元，支出 1.0762 亿元，财政缺口 5346 万元。该县 2000 年农村人均收入低于 800 元的有 9164 人，目前列入“低保”的对象只有 1482 人。正是由于财力的关系，一些地方只好暂缓建立，另一些地方则缩小覆盖面，资金得不到落实。为了切实解决资金短缺这一实际问题，笔者认为：一方面，可在省一级设立“农村居民最低生活保障专项调剂基金”，根据保障对象的分布情况、所需资金数额多少、财政状况的好坏，适当向困难地区倾斜，支援欠发达市县普及、完善这项制度；另一方面，应以政府财政为主渠道，积极扩大辅助资金的来源，如采取现金与实物相结合，也可以由县、乡、村三级财力情况分摊负担办法，可以组织捐赠、义演等慈善活动，可以依靠民间力量建立互助基金、扶贫基金,可以发扬我国家庭、亲友和邻里之间互助互济的优良传统,可以采取"一对一"结对扶贫等多形式、多方位、多渠道筹措资金,还可以通过政府制定各种优惠政策,减少财政压力,如"低保"对象免交或少交子女读中、小学学杂费、农业税、教育附加费、提留款、医疗费等一系列优惠政策。

(4)加快立法建制。为推进最低生活保障制度的建制步伐,必须加快社会救济工作的立法步伐,使这项工作有法可依、有章可循。最低生活保障制度的法规,它是国家管理低保工作的准绳,是保障低保对象基本生活的依据,是管理低保款物,防止贪污挪用等违法乱纪行为的有力武器。全国已建立最低生活保障制度的地方,都颁布了各自的相应的实施办法,还没有以法规的形式在全国确立最低生活保障制度的体系。因此,制定最低生活保障制度的法规尚需加快步伐。

(5)尽早把建制工作纳入当地经济和社会发展计划,纳入政府工作责任目标管理体系。社会主义的最终目的是实现共同富裕。关心群众的切身利益,保障人民群众基本生活权益,不仅是我国政府应尽的职责,而且是政府必须履行的义务。笔者认为,为建立农村最低生活保障制度应当建立"政府领导、民政主管、部门配合"的领导体制,即各级政府必须将建立最低生活保障制度项目纳入当地的经济和社会发展计划,纳入政府工作责任目标管理体系。各有关部门在党委政府的统一领导下,通力协作。民政部门负责政策指导、组织实施、督促检查等具体工作;财政部积极配合,落实资金,加强对资金的管理和监督;劳动人事、统计、物价等部门各司其职,各负其责,主动配合,并将各自职责量化成目标,纳入各级政府各个部门的年度考核目标,并层层签订责任状。对履行职责、完成目标好的给予表彰奖励;对未履行职责、完成目标的给予"黄牌警告",并限期完成。这样一来,既有利于提高各部门工作责任心和责任感,也有利于推动我国最低生活保障的建制步伐。1999 年 9 月 2 日,民政部在《中国社会报》上对当时全国尚未建立城市居民最低生活保障制度的 34 个县挂出了限期建立的倒计时牌。到同年 12 月底,被限期建制的 34 个县中已有 30 个县建立了城市居民最低生活保障制度,效果非常明显。这种形式值得借鉴。

(原载于《浙西南山区研究》2001 年第 3 期)

从反腐败谈纪检监督体制的缺陷与改革措施

摘　要:我党现行的纪检监察体制存在着以下缺陷:各级纪检机关受同级党委和上级纪委的双重领导,使纪委在案件查处中受同级党委许多物质条件制约;在监督体制上表现得软弱无力;纪检机关在查处权限上缺乏相应的权力;等等。对现行的纪检监察领导体制进行改革,就是要建立高效、快捷、私密的反腐公正性;同时建立反腐败统一网络,建立查访制度,赋予纪检监督机关更大的权力和手段,保证惩治腐败有效性。纪检机关也要加强权力运行者的监督和自我监督。

关键词:纪检监察;体制缺陷;改革措施

近几年来,党和政府在反腐败问题上统一认识,统一行动,采取一系列行之有效的有力措施,在反腐治贪上,取得了可喜的成绩,胡长清、成克杰等大要案的查处就是例证。但是,腐败现象仍没有从根本上得到治理,腐败问题仍然是当前社会热点问题之一。审视其原因,当然是多方面的,但其中一个重要原因是现行的纪检监察体制存在着缺陷,使反腐败机构缺乏应有的权威,没有强大的力度,缺乏对权力的有效制约。

一、现行纪检监察体制的缺陷

(一)纪检监察领导体制存在的问题

党的十一届三中全会以来,各级纪检机关由党代表大会选举产生,并由原来归同级党委一级领导改为受同级党委和上级纪委双重领导，在一定程度上强化纪检机关的相对独立性，这对加强党纪监控起了积极作用。但是纪检机关的这种相对独立性仍受到多方面的制约，如本地区、本单位利益，党委主要负责人个人素质，等等。在纪委的办公条件、人员编制、工资福利调动升迁受同级党委管辖体制下，纪委的相对独立性还要考虑自身利益，不可能很好地发挥其监督和惩处作用。政府的监察机构的级别比纪委低，其独立性更小，这种领导体制会造成许多缺陷。

一是缺乏对权力的制约。长期以来，我国形成过分集中的政治体制，在现实工作中，决策权、管理权集中在党委政府少数领导人手中，受个人素质影响很大，如果领导者能一心为公，那他的人格力量会形成廉洁自律的示范效应；如果某些人利用权力牟取私利，那他就更加要求权力集中，纪检监察机关的监督就更加苍白无力。实践证明，许多党政领导不要监督、纪检监察机关不敢监督是当前腐败现象产生的主要原因之一。

二是地方保护主义严重。纪检监察部门的主要任务是查处大要案，但许多大要案的立案需要当地主要领导审批。有的主要领导为了局部利益，轻视党性；有的违法行为即使与党纪法规的明文规定相抵触，他们也要撑起保护伞，于是一些地方集体违约、团伙违法、内外勾结走私、贩毒、卖淫、造假盛行；有的领导在对违纪干部是否立案查处的问题上，用个人感情代替法律政策，打击没有亲缘关系的腐败分子时态度坚强，对有亲缘关系或联带关系的态度暧昧，甚至千方百计地予以保护，声称“问题不大不处理”，讲过去有功要保护。查处大要案工作中主要问题是人情干扰：领导发话，上级讲情。不下决心解决纪检监察系统独立办案的问题，就很难冲破地方保护主义这张“关系网”。

(二)监督体制存在的问题

监督是纪检监察机构的一项重要职能，在现行的监察活动中存在着一些缺陷：

一是重惩处，轻监督。反腐败工作应打防结合，以防为主。我们现在的反腐败工作主要放在惩处上，而且是追惩性的，立案对象多是事实清楚明朗、人人喊打的“浮头鱼”。仅仅是打，工作很被动。我们也建立了一些预防干部违纪的监督制度，但监督力度轻而无力，看似有实是无，比如根据个人财产申报制度，即使某干部的财产超过其正常收入的几十倍，我们也很难定为财产来源不明的问题，因为他可以称从某处借款或由某亲戚捐赠，这种制度恐怕监督不了任何一个人，而新加坡规定公务员借款数额不得超过3个月的工资，否则为违法行为。

二是单向监督。监督本来是上下之间的双向监督，但现行的监督体制，纪检监察机关很难发挥其职能，把双向监督变成了上对下的监督。因为某些领导干部的监督意识不强，把纪委看作是党委的一个工作部门，把纪委的监督看作是服从党委的领导。群众说："大腐败做报告，中腐败听报告，小腐败戴手铐。"虽然这种说法过于偏激，但也不排除这种现象的存在，说明下对上缺乏监督。

三是监督散而无力。作为反腐机构，纪委本身有许多监督任务，党委政府每年要纪委监督许多工作，一些单位也要纪委参与监督。投标采购、政务公开、土地延包，甚至是计划生育，纪委四处出击，疲于应付，参与监督也仅仅是开"百宝箱"时参与，开箱前如何操作，不得而知，看似什么都要监督，实是什么都不能监督。

（三）法规制度建设存在的问题

党纪政纪规定多而杂，缺少规范性。一是法规不规范。现在一些法规是由某系统、部门起草，由人大通过，带有明显的部门利益。有些法规间出现撞车现象：在《关于共产党员在经济方面违法违纪党纪处分的若干规定》中，行贿与受贿是受同等处理的；在《最高人民检察院立案标准的规定》中，行贿与受贿的立案标准是不一样的。二是法规制度老化。我国从计划经济向市场经济转换，社会各方面的情况也发生了明显的变化，但某些条规仍处于滞后状态。如：《中国共产党纪律处分条例》竟然没有普遍存在的介绍贿赂错误，事业系统的行政处分仍沿用1957年的奖惩规定。三是法规刚性不足。很多制度内容不具体、不明确，大多是原则要求，过于笼统，一般号召多，切实可行的措施少，如"严禁、不得、应该"的语调，约束力不强，刚性不足，一些干部认为腐败的代价不大，"臭豆腐闻着臭吃着香"。四是纪律执行弹性有余。我国以前有搞运动、抓严打等非常措施，尽管威力大，但不是长久之计，毕竟有许多不足之处。处理仓促，程序不严，宽严不一，破坏法规的严肃性。反腐败不能立足于从快从重，毕其功于一役，只能立足于依法惩处，按纪律、程序办事，不搞突击行动。某些纪律执行者素质差，也人为地制造了法规弹性。

（四）查处权限存在的问题

目前，纪检监察机关还存在着监督权力与职责不相一致的情况，对某些监督对象有监督之责，而无相应的立案权和纪律处分权。在不少地方，下级纪委甚至须得到同级党委的同意，才能向上级反映情况。对某些大要案的查处须报主要领导同意，如果议而不决，就会给违纪者留下可乘之机，一则他们可以向主管领导说情，以求不立案；二则可以为违纪者串供、毁证、订立“攻守同盟”赢得时间。目前，纪检监察机关的党纪政纪处分权过小，如乡、镇级纪委只能做轻处分，重处分一般都得同级党委来回讨论，在不少地方，事实上包括轻处分在内的所有党纪处分都得经同级党委讨论同意后才能做出，这种状况不利于纪检机关相对独立地行使党纪监督惩处职能。

二、纪检监察体制的改革完善措施

要进行反腐败工作，就必须充分认识反腐败工作的紧迫性、长期性和艰巨性，用唯物主义发展观来分析新问题，不断地改革、完善反腐败体制。只有循着不断改革的思路，才能适应发展的新情况的需要，我们才能赢得反腐败斗争的胜利。

（一）实行垂直管理，保证纪检监察部门实行惩处和监督职能的独立性

监督主体的独立性是监督有效性的根本保障，因为权力本身是一种强制性的力量，如果权力监督主体失去应有的独立性，对权力的制约缺乏强制性，那么对权力机关和领导干部的监督就会软弱无力，甚至使监督主体成为权力的附庸。列宁非常重视监督机关的独立性，曾多次提出监察委员会要由党的代表大会选举产生，独立行使监察权，直接向党的代表大会负责。纵观古今中外，凡是较好发挥监察职能的都实行垂直领导的监察体制。我国

东汉时，御史中丞、司隶校尉和尚书各据一席，为“三独座”；元朝时，御史台、中书省、枢密院并列为三大府；明清时，都察院与六部为“部院并座”，都直隶皇帝统制。英国议会查弊专署直属议会，专门调查中央政府各部及某些公共团体的舞弊行为；瑞典议会监察专员代表议会监督所有行政官员和法官执行法律法令；香港廉政公署是直接隶属于香港总督的肃贪倡廉专门机构，工作权力不受干涉是廉署打击贪污腐败最有力的武器。毋庸讳言，这种监察体制是卓有建树的，我们可以借鉴这些成功的经验，建设具有中国特色的社会主义纪检监察体制。

我党纪检监察体制现行管理模式存在缺陷。纪委是党内监督的专门机关，对权力的制约有很大局限性：人事、经费、福利等受制于同级党委，对同级党委成员无查处权，对同级党委管辖的干部只有警告、严重警告等轻处分权。现行的管理体制导致权力过分集中，监督过分软弱苍白，这是腐败高发的重要原因，纪检机关由于权力受制，查办案件的能力效力很低，人民群众很不满意。

我们要建立灵敏、高效的反腐败垂直管理体制，纪检机关仍是党的内部监督机关，但对同级党委而言，纪检机关已变内部监督为外部监督。纪检机关不受同级党委的领导、牵制，只向上级纪检机关负责，独立行使案件查处职权。其垂直管理模式为：党中央—中纪委—省纪委—市纪委—县纪委。党的纪律检查机关接受党中央的领导，下一级纪律检查机关向上一级纪律检查机关负责。各级纪检机关的经费、人事等问题由上一级纪检机关解决。垂直管理的统一性、权威性是确保快捷、秘密地惩治腐败的基本要求。

(二)实行交叉办案，保证办案的公正性

在现实工作的办案中，最难以应付的是说情风，案子一来就有人找上门。在查处某些违纪案件中，我们的纪检监察干部往往与这些违纪对象不是亲戚关系就是朋友关系，不是战友关系就是同学关系，或者平时接触多、关系好，在一个小县城“抬头不见低头见”，工作中拉不开情面，严肃不起来，被检查人也有心理优势，与办案人员嘻皮笑脸、油腔滑调，不当回事，不肯如实交代问题。要解决这一问题，可实行交叉办案制度：一是地点交叉，把违纪者、证人带到外地封锁办案，避免跑风漏气，避免说情风；二是办案人员交

叉，同一市领导的县级与县级之间可交叉办案，也可由市级直接派人查案，交叉人员由市级直接调配；同一县的乡与乡之间可交叉办案，也可由县级直接派人办案，交叉人员由县级直接调配。实践证明，通过交叉办案可很快攻破违纪者的心理优势防线，同时保证办案的公正性，避免办人情案。这种同级交叉办案方式使办案者工作环境、工作对象相似，工作得心应手，针对性强。

（三）建立反腐败统一信息网络

县级以上纪检监察机关建立一条秘密信息高速公路，达到统一与交流的目的，便于各级及时掌握动态信息指导工作。一是建立上级协审制度。现在县级纪检监察机关自己本级立案的自行审理，同一种违纪行为的定性和处理档次在不同县之间有较大的差异，有畸轻，有畸重，影响党纪政纪的严肃性。通过建立县级以上案子协审制度，把案子初审后报上一级协审，达到把关和平衡的作用。同时，一些疑难案件、棘手问题可以向上报告，及时帮助解决。二是建立档案。在保密条件下，可以相互调阅，便于调查连环案、交叉案，通过相互协作，可提高办案效率，同时减少到外地办案的开支。三是经验交流。通过重大案件的相互通报，分析探讨违纪的特点、手法、表现，及时制定防范措施。四是迅速传递最新反腐信息。上情及时下达，下面迅速统一行动，下情及时上报，掌握最新情况，帮助决策分析。

（四）建立查访制度

我国从秦代一直到清代，就有御史、刺史等巡察地方的官员，负责直访地方官员情况。印度等一些国家的反腐机构的官员化装成普通老百姓，在街头巷尾收集政府官员的情况，从中理出线索，及时查处。毛泽东同志也曾多次派身边工作人员到各地调查民情。建立查访制度，就要选派一些能正确理解党的基本政策、具有克己奉公献身精神的干部，到各市县广泛接触社会，接触群众，接触当地重大问题及热点、难点问题，对地方工作进行了解调查，向上级通报。查访员不干扰地方政府，不参与当地党政管理，查访员只有调查建议权，没有处分权。其费用开支由中央直接拨款，不与地方发生经济物质联系。查访员定期调换，一旦发现其滥用权力，立即撤换。

(五)赋予纪检监察机关更大的权力和手段

我们党和国家政权建设历来重视和强调把各种纪律建设建立在自觉自愿基础上,因而对纪律的强制性重视不够。权力本身就是一种强制力量,对权力机关和领导干部只讲自律是不行的,必须赋予纪检监察机关相应的权力,以权力制约权力。

一是强化查处权。纪检监察机关应有对同级党委政府领导成员关于廉洁自律方面的调查权,有向上一级纪检监察机关的情况报告权,对同级党委政府任免的所有党员干部有立案调查权、宣布停职检查权和党纪处分权,等等。这些权力应该用条规明确下来。增加对同级党委政府领导成员的廉洁自律情况调查权和向上级纪委监察机关报告权,有利于增强领导干部的监督意识,强化监控;增加纪检监察机关的宣布停职检查权,有利于纪检监察机关冲破阻力,突破一些大要案。

二是赋予必要的强制措施。在严重违纪的党员干部拒不接受谈话时,可以用书面传唤的形式,令其到指定地点接受查询;在发现重大嫌疑者时,可以采取拘捕行为,切断其与外部联系,防止串供、订立"攻守同盟";必要时,纪检监察机关可对严重违纪者的办公场所、住所行使搜查权,以取得证据。如:新加坡调查局既是行政机构,又是执法机构,可以随时调查任何涉嫌贪污的人,并可以在没有逮捕证的情况下逮捕涉嫌者,调查涉嫌者的银行账户、股票账户及银行保险箱。现在纪检监察机关办案中主要运用手段是"两指两规",但也存在着许多缺陷,如:两规(规定的时间、规定的地点)的运用,不是监察对象不能运用,是证人不是违纪者也不能运用。如果被调查者不合作,不理、不睬、不谈,也毫无办法,不增加一些强制措施,很难调查核实有关问题。

(六)健全和严格监督制度

(1)加强纪检监察机关对权力运行监督的制度化。反腐败工作要打防结合,仅仅用禁止性法律制裁手段查一批、抓一批、杀一批,不足以从根本上消除腐败,还要立足于从制度、程序上防止腐败。邓小平同志早在1980年的《党和国家领导制度的改革》一文中就做过精辟的阐述:"我们过去发生的各种错误，固然与某些领导人的思想、作风有关，但是组织制度、工作制度方面的问题更重要。这方面的制度好可以使坏人无法任意横行，制度不好可以使好人无法充分做好事，甚至走向反面。”①过去已查出的许多腐败个案中都反映了一个问题，就是产生腐败现象，不只是腐败者的思想觉悟和素质问题，关键是一个制度问题。所以，要在党务管理、行政管理、经济管理、社会管理中通过规范的制度来有效地遏制腐败，使反腐败工作有法可依，有章可循。首先使干部监督制度全面化。保证干部选拔中监察任用干部的公开性与公正性；在党员干部中建立个人档案制度，全面显示该干部个人廉政状况，同时反映该干部的个人生活和家庭生活状况；在干部离任时，应建立离任鉴定程序，反映个人在任期内的功过是非。其次要保证监督制度的法规化。保证监督制度的运行，防止流于形式，就要以法律的强制手段达到目的。例如，新加坡的公务员有一套严格的制度，规定什么可以做、什么不可以做：公务员每年必须申报自己的财产及收入来源，不申报或来源不清，将视为贪污予以处罚；公务员向下属借款、吃请及官员太太利用丈夫地位向银行贷款，都视为贪污；官员向亲友借款不得超过本人 3 个月的工资额。尽管这些制度有些不近人情，但不搞一刀切，就不能保证制度的执行。

(2)加强对纪检监察机关自身的监督。纪检机关是执行惩治腐败的重要机关，实行垂直管理，给予纪检机关高度集中而有威慑力的查处权。在权力运行中，纪检机关也要加强自身监督和管理：一是打破终身制，实行聘任制。录用一批精英充实纪检机关，确定聘用年限，确保纪检机关的人员主力军。二是纪检人员由上级调配，定期调换工作地，防止反腐机关与地方政权滋生感情。三是成立反腐机关投诉委员会，接受党政机关、社会群众的监督，负责查处纪检机关工作人员的违纪、违法行为。如果纪检监察机关有了权威，能够有效地遏制腐败，再来探讨制约人数不多的纪检监察机关的权力，相对来说要容易得多。

（原载于《丽水师专学报》2001 年第 4 期）

① 《邓小平文选》第二卷，北京：人民出版社，1994 年，第 333 页。

理论的创新与实践的发展

——《“三个代表”重要思想学习纲要》学习体会

“三个代表”重要思想是我党在新的国际国内形势下所形成的用以指导中国特色社会主义的重大理论成果。党的十六大明确规定把它同马克思列宁主义、毛泽东思想、邓小平理论一道确立为我党必须长期坚持的指导思想,体现了我党指导思想的又一次与时俱进。党的理论发展轨迹如同党的成长过程一样,都有一个从不成熟到成熟的发展过程,而一个政党,总离不开用以指导自己实践的理论,因此,可以这么说,一个政党的理论成熟与否,标志着这个政党的成熟与否。换而言之,一个政党的理论的成熟,标志着这个政党的成熟。

马克思主义是来自欧洲无产阶级运动实践的理论结晶;毛泽东思想是以毛泽东为代表的第一代领导集体对中国革命和建设长期伟大实践的理论结晶;邓小平理论是以邓小平为代表的第二代领导集体对社会主义改革开放、建设有中国特色的社会主义的伟大实践的理论结晶;“三个代表”是以江泽民为代表的第三代领导人在继续改革开放,特别是近 10 多年的建设中国特色社会主义伟大实践的理论结晶。任何正确的理论都来自实践,但反过来又要去指导实践,为实践服务。时间的一维性告诉我们,时代总是向前发展的,而人们的实践也是发展的。因此,我们学习“三个代表”重要思想不能停留在领导布置要我们学、为学习而应付学习的表面上,而应该是我自己需要学,要用理论指导实践,从而不断解决实际问题。

一、选择一条道路,即中国特色社会主义道路

党的十六大报告指出:“我们主张维护世界多样化,提倡国际关系民主

化和发展模式多样化。”“世界上的多种文明，不同的社会制度和发展道路应彼此尊重。”2400多年前的孔子说过：“君子和而不同。”意思是当时诸侯各国虽发展不同，政治主张不同，但都应当和睦相处，以“仁”治国。

2002年10月25日，江泽民同志在访美期间与乔治·布什总统会谈时，引用了孔子“君子和而不同”这句话，并赋予新的含义和时代要求。众所周知，马克思主义的经典著作里把资本主义比作是“腐朽”的、“没落”的东西，是“社会主义的前夜”，无产阶级是资本主义的“掘墓人”，但是时至今日，资本主义还在显示出它的生命力。作为资本主义国家代表的美国，他们在东欧剧变和苏联解体后，也曾提出过要在一定时间内解体中国社会主义，但时至今日，中国特色社会主义不仅没有被瓦解，相反地，由于中国特色社会主义道路的成功，同样地显示出它无限的生机和活力。正如党的十六大报告指出的“我们维护世界的多样性，提倡国际关系的民主化和社会模式的多样化”，不强求同一，各国都有根据自己的国情来确定和选择自己道路的权利。中国选择走有中国特色的社会主义道路，是由中国的国情决定的。

二、实现一个目标，即“在新世纪头20年实现全面建设小康社会的奋斗目标”，这里要很好地理解和把握“全面”两个字

“小康”是一个中国式的概念，它在中国文化传统中，源远流长。“小康”一词最早出自《诗经》。《诗经·大雅·民劳》中说：“民亦劳止，汔可小康。”至西汉，经学家戴圣编纂的《礼记·礼运》一书描述了一种理想的社会状态——“小康”状态，称：“今大道既隐，天下为家，各亲其亲，各子其子，货力为已。大人世及以为礼，城郭沟池以为固。礼义为纪，以正君臣，以笃父子，以睦兄弟，以和夫妇，以设制度，以立田里，以贤勇知，以功为己……是为‘小康’。”

在这里，“小康”是与“大同”相对的一种社会状态或理想，大同是财产公有、政治民主、社会文明、保障健全、秩序稳定的理想社会状态（或谓共产主义社会）。而“小康”则要低一个层次，是财产私有、生活宽裕、上下有序、家庭和睦、讲究礼仪的社会状态。当然古人对这种“小康”理想，是建立在当时生产力还很落后的情况下，反映了长期处于贫困状态的普通百姓，对衣食无忧生活的一种向往。

而我们的小康是建设现代化要求水准的"小康"。邓小平是在1979年12月6日日本首相大平正芳访问中国时第一次提出"小康之家",同年12月29日新加坡总理访问中国时,邓小平第二次提出并阐述了小康,之后在《邓小平文选》第二卷、第三卷中共有40多处讲到小康,如"小康日子""小康生活""小康社会"。"小康标准"是个人GDP达到800—1000美元,总之用邓小平的话说,就是"生活比较宽裕,日子比较好过"。

人们一提小康社会,往往局限于对经济生活的小康的理解,其实小康包括的内容是全面的:一是经济上实现国内GDP生产总值2020年比2000年翻两番,综合国力和国际竞争力明显增强,人民生活水平更加富裕;二是社会主义民主更加完善,社会主义法制更加完备;三是全民族的思想道德素质、科学文化素质和健康素质明显提高,形成全民学习、终身学习的学习型社会,促进人的全面发展;四是可持续发展能力不断增强,生态环境得到改善,资源利用效率明显提高。

现在有"新三步"的说法,即2010年为第一步,2020年为第二步,至2050年为第三步。到2020年的小康就不一样了,虽然还是叫小康,但其实是"殷实的小康社会"或"发达的小康社会"。

这里需要强调的是,在全面建设小康社会这个新的发展阶段上,我们党必须以高度自觉,贯彻执行"最广泛、最充分地调动一切积极因素,不断为中华民族的伟大复兴增添新力量"这样一条关系全局的战略方针。围绕这条战略方针,最根本的是要做到四个尊重:"尊重劳动、尊重知识、尊重人才、尊重创造。""营造鼓励人们干事业,支持人们干成事业的社会氛围,放手让一切劳动、知识、技术、管理和资本的活力竞相迸发,让一切创造社会财富的源泉充分涌流,以造福人民。"

三、抓好三个文明,即物质文明、政治文明、精神文明

实践证明,三个文明必须协调发展。对物质文明和精神文明论述已多,这里主要谈论政治文明。政治文明是整个社会文明系统的主导和保证,在很大程度上反映了一个社会、一个国家的总体的文明水准,其中,法制水平、民主程度是最突出的体现。法制建设是渐进的过程,民主建设更是一个长

期而渐进的过程。中国政治文明与外国尚有很大的差距，主要表现在民主与法制化程度上。

四、搞好“一项工程”

党的十六大报告这样指出：“我们必须毫不放松地加强和改善党的领导，全面推进党的建设新的伟大工程。”1939 年 10 月，毛泽东同志在《共产党人发刊词》一文中，把建设一个全国范围的广大群众性的，思想上、政治上、组织上完全巩固的布尔什维克化的中国共产党称之为党的“伟大工程”。在我们这样一个多民族的发展中大国，加强和改进党的建设，显得尤为迫切和重要。

那么在 21 世纪，我们应当怎样加强和改进党的建设呢？要做到党的十六大报告强调的“四个一定”和“三个始终”。

这就是：一定要高举邓小平理论伟大旗帜，全面贯彻“三个代表”重要思想，保证党的路线、方针、政策全面反映人民的根本利益和时代发展的要求；一定要坚持党要管党、从严治党的方针，进一步解决提高党的领导水平和执政水平，解决拒腐防变和抵御风险能力这两大历史性课题；一定要准确把握当代中国社会前进的脉搏，改革和完善党的领导方式和执政方式、领导体制和工作制度，使党的工作充满活力；一定要把思想建设、组织建设和作风建设有机结合起来，把制度建设贯穿其中，既立足于做好经常性工作，又抓紧解决存在的突出问题。在锲而不舍的努力下，保证我们党始终是中国工人阶段的先锋队，始终是中国特色社会主义的领导核心，始终是中国人民和中华民族的先锋队，始终代表中国先进生产力的发展要求，代表中国先进文化的发展方向，代表中国最广大人民的根本利益。

（原载于丽水《党建交流》2003 年第 6 期）

浅谈加强执政能力建设与提高领导水平

一、加强执政能力建设和提高领导水平的必要性和紧迫性

加强党的执政能力建设，是中国共产党执政以后必须正视和不断解决的一个重大的历史性课题。中华人民共和国成立50多年来，在领导社会主义革命、建设和改革开放的伟大实践中，我们党的执政能力和领导水平不断提高。进入21世纪，国际国内的经济政治形势发生了重大变化，我们党所处的历史方位和党的队伍状况也发生了重大变化，这对加强党的执政能力建设提出了新的挑战和要求。

从国际环境和形势看，和平与发展是当今时代的主题。世界多极化和经济全球化的趋势在曲折中发展，科技进步日新月异，综合国力竞争日趋激烈，世界力量组合和利益分配正在发生新的深刻变化。形势逼人，不进则退。在这样的形势下，各个国家、各个执政党都在思考和调整，以求趋利避害，实现本国和本民族的发展，在未来世界格局中占有一席之地。20世纪80年代末90年代初，苏联共产党和东欧一些社会主义国家的共产党，由于长期忽视执政能力建设，没能正确应对国际局势的变化，没能很快解决国内经济建设和发展问题，没能及时解决民族矛盾和社会问题，纷纷丧失执政地位，使世界社会主义遭到重大损失。上述正反两方面事实无不告诫我们，加强执政能力建设对执政党来说是至关重要和极其紧迫的重大课题。

从国内形势看，在经济体制转轨过程中，社会经济生活中的一些深层次矛盾正在进一步显露出来。我国现代化建设已经取得举世瞩目的成就，但仍处于并将长期处于社会主义初级阶段，生产力和经济、科技、教育的整体

水平还比较落后，工业化的任务还没有完成，实现现代化、赶上世界先进水平还有很长的路要走。同时，随着改革开放的不断深入和社会主义市场经济的不断发展，我国社会经济成分、组织形式、就业方式、利益关系和收入分配方式等越来越呈现出多样化的趋势。加入世界贸易组织后，我国将面对更加激烈的国际竞争。在这种新形势下，如何维护我国改革、发展、稳定的大局，保证社会主义现代化建设的顺利进行，是我们必须正视和亟待解决的重大问题。

在国际国内形势发生重大变化的背景下，我们党所处的历史方位和党的队伍状况也发生了重大变化。我们党历经革命建设和改革开放，已经从领导人民为夺取全国政权而奋斗的党，转变为领导人民掌握全国政权并长期执政的党；已经从受到外部封锁和实行计划经济条件下领导国家建设的党，转变为对外开放和发展社会主义市场经济条件下领导国家建设的党。我们党已经从建党初期只有几十个党员的小党，发展为现在拥有6000多万党员，并在一个人口众多的发展中国家执政的党。所有这些重大变化，都使进入21世纪的中国共产党面临着重大的挑战和考验。因此，党要迎接挑战，经受考验，就必须不断加强执政能力建设，提高领导水平和执政水平。

二、加强执政能力建设和提高领导水平应当做到五个“必须”

如何加强各级党组织的执政能力建设并建立起长效机制，以切实提高我们党的执政能力和领导水平呢？笔者认为，应当做到五个“必须”：

第一，必须用当代中国马克思主义的最新理论成果——“三个代表”重要思想武装头脑，这是加强执政能力建设和提高领导水平的根本要求。“三个代表”重要思想，既决定执政能力建设的基本内容，又为解决执政能力中各种问题提供理论武器，因此，要努力把握“三个代表”重要思想的科学内涵和根本要求，增强贯彻执行“三个代表”重要思想的自觉性和坚定性。

第二，必须按照党的十六大和十六届四中全会决定提出的要求，在着力提高“科学判断形势、驾驭市场经济、应对复杂局面、依法行政、总揽全局”这“五个能力”的同时，大力提高领导干部的自身素质。提高执政能力和领导水平，关键在于提高党委、政府领导班子的领导水平和工作能力。领导干部必须增强执政能力意识，牢固树立执政兴国、执政为民的理念，真正懂得自己手中的权力是谁赋予的、能干什么、不能干什么，真心实意对人民负责，竭尽全力为人民谋利益，真正做到权为民所用，情为民所系，利为民所谋。每个领导干部都要适应新形势新任务的要求，在实践中掌握新知识，积累新经验，增长新本领，把自己担负的工作与党执政的历史使命联系起来，为实现经济社会的全面发展做出自己的贡献。

第三，必须加强民主政治建设，增加党的活力，没有民主的党就没有活力，没有活力的党不可能长期执政。当抗日战争取得胜利时，爱国民主人士黄炎培和毛泽东主席的一段对话很有借鉴意义。黄炎培说："纵观历史，一个政党也罢，一个国家也罢，其兴也勃，其亡也忽，最终都难以跳出政息人亡的怪圈，将来你们共产党执政后，能否跳出这个怪圈?"毛主席经过思考后回答："能，这就是民主。"可见，"民主"何其重要。可以这么说，没有民主的党就没有活力，没有活力的党不可能长期执政。党的活力，体现在党的先进性上，体现在党的创造力、凝聚力和战斗力上，体现在广大党员干部参与党的事务的民主性、积极性、主动性和创造性上。增加党的活力，就必须发展党内民主，坚持和健全民主集中制，我们的各级党组织在政权建设中也照样有一个坚持民主问题。我们议大事、办大事、搞决策，要保证其科学性、正确性，就必须发扬民主、集思广益、透明决策，反对长官意志、武断作风和拒纳雅言。

第四，必须坚持依法执政，严格按照法律规定的范围、程序和手段行使执政权力，把坚持党的领导、人民当家作主和依法治国有机地统一起来。作为领导干部要提高领导水平，必须树立依法行政的观念。1990 年的《中华人民共和国行政诉讼法》、1996 年的《中华人民共和国行政处罚法》、1999 年的《中华人民共和国行政复议法》、2004 年的《中华人民共和国行政许可法》等的颁布实施，为我们提供了依法行政的法律准则。

第五，必须密切联系群众，依靠群众，搞好党群关系。党群关系的密切程度是党的执政能力强弱的根本指标。党的执政能力是通过各级党委和领导者执政能力来体现的，如果我们的领导干部不是密切党群关系，而是疏远群众，那就不能说有很强的执政能力，甚至可能威胁和危害执政地位。从这个角度讲，"执政"一词，表面看反映的是党和政府、党和公共权力的关系，本质上却是和党群关系密切相连的。马克思早就指出过,公共权力一旦形成,就有可能成为凌驾于社会之上的力量。因此,对于执政党来说,最大的危险是干部脱离群众。要防止这种可能变成现实,领导干部就必须在掌握权力、运用权力的同时,始终保持和群众的联系。领导干部的决策和行为是否得民心、受拥戴,党群关系是否密切,就看他的言行是否真正代表广大人民群众的根本利益,是否真正做到“权为民所用,情为民所系,利为民所谋”。要做到这一点是不容易的,但这恰恰又是对领导干部执政能力和领导水平最直接的检验。

(原载于丽水《党建交流》2004 年第 5 期)

对中国传统道德若干要素的一点认识

中华民族有5000年的历史和3000年的文明史，中华民族传统道德的形成和发展也经历了几千年的从口头传承到文字记载，其内容博大精深。但归结起来，历朝历代形成共识并在历史典籍中加以明确的道德内容主要就是“仁、义、礼、智、信”这5大要素。笔者就这5大要素谈点认识。

(1)“仁”是指同情、关心和爱护的心态，即“仁爱之心”。“仁”最早的含义是“亲人”的意思，《说文解字》中说：“亲，仁也。”又说：“仁，亲也。”主要是指家庭成员及氏族亲人之间要“亲爱”，这种“仁爱之情”仅仅局限于家庭成员之间。随着历史的演变，“仁”的含义进一步得到扩展，由“亲人”发展到“爱人”，即爱他人。老子说：“与，善仁。”意思是说与人交往要友爱，真诚，无私。孔子曾说过：“志士仁人，无求生以害仁，有杀身以成仁。”这里的“仁”已成为人生道德的最高境界。为了维护“仁”，可以“杀身”，即可以牺牲自己的生命来维护这一道德理念。

孔子是儒家思想的创始人，他的许多有关“仁”德言论永世相传，并且作为人们的行为准则加以倡导。孟子是儒家思想的继承人，他的许多言论同样体现和推崇“仁爱之心”，其中典型的有“老吾老以及人之老，幼吾幼以及人之幼”，2000多年来一直作为“仁爱”美德被人们所推崇和提倡。

(2)“义”是指正当正直和道义的气节，即“正义之气”。义的繁体字为“義”，从我从羊，它是一个会意字。古代崇尚羊的形象和涵养，意为要像羊一样温和、善良、美好。这里讲的“义”主要是指一种美好、善良的情感和气节。古人造字时如“鲜”“美”“善”这些美好的字眼都是用羊作为主要部首来构造的，这反映了人们对羊所具备美好境界的追求，并把这种境界作为中国人应该追求的品行和应该提倡的道德。

孔子极为推崇“仁德”，提倡“杀身以成仁”，而孟子非常推崇“义德”，主张“舍生取义”。可见，在“仁、义、礼、智、信”这五大要素中最重要的就是“仁”和“义”。古人云，“仁则荣，不仁则辱”“由义为荣，背义为辱”。于是表示人格气节的名言有“宁可毁人，不可毁誉”“宁为玉碎，不为瓦全”“宁可站着死，不可跪着生”。这些都是“舍生取义”之气节的描写。

自古以来，多少仁人志士，为了民族和国家利益，“舍生取义”。顾炎武的“富贵不能淫，贫贱不能移，威武不能屈”、文天祥的“人生自古谁无死，留取丹心照汗青”等名言都是“舍生取义”民族气节的最好写照；在解放战争时期，16岁的女共产党员刘胡兰，为了人民的利益，在敌人威逼利诱面前坚贞不屈，英勇就义，体现了“舍生取义”的英雄气节，是“舍生取义”的现代实践者。他们的精神永存。

(3)“礼”是指礼仪、礼貌和气节的规矩，即“礼仪之规”。“礼”最初是原始社会祭神祈福的一种习惯和仪式。随着社会的演进，“礼”的内容也有了变化。到了春秋战国时期，“礼”的内容又有了创造性的变化，人们开始将“礼”作为道德准则加以提倡。孔子有句名言：“克己复礼为仁。”这说明“礼”在道德领域已经被摆在非常重要的位置上来加以尊重、规范和倡导了。

古代著名的政治家思想家管仲，提出了“礼仪廉耻，国之四维”的治国理念。这里的“维”作纲维或基本原则解，“国之四维”即治国的四条基本原则。管仲把“礼”放在道德规范之首，表明“礼”已经由原来的一种习俗和仪式逐步地规范为一种道德教化和道德理念，升华为治国的四大要素之首。

“彬彬有礼”“礼尚往来”。中国人向来把“礼”放在重要的位置上，以礼仪之邦来表明我们是文明的，不讲礼仪是不文明的。讲究礼仪礼节，在外交上显得尤为重要。

(4)“智”是指辨是非、明善恶和知己识人的能力，即“智谋之力”。“智”作为中华传统道德的基本要素之一，很早就出现在文字记载里。孔子常说：“君子道有三，仁者不忧，智者不惑，勇者不惧。”《中庸》里有：“智、仁、勇三者，天下之大德。”大家熟悉的《论语》中有这么一句：“知之为知之，不知为不知，是知也。”意思是说，个人知识再丰富，总有不懂的问题，那么就应当有实事求是的态度，只有这样，才能学到更多的知识，才是智慧和明智之举。这里讲的“是知也”，解释为“这才是明智的，这才是智者”。

孔子在对事物认识的基础上，提升了“智”作为一种道德要求在道德规范中的地位，使之成为一个具有普遍意义的新的道德概念和价值取向，成为对人的思想道德和文明素质方面最基本的要求。

孔子为了提高整个社会的文化素质，即“智谋之力”，主张“有教无类”。孔子门下人才会聚，有3000子弟，72贤徒，如曾子、颜回、子路、子贡、季康子等都是非常出色的学生。

(5)“信”是指诚实守信、坚定可靠、相互信赖的品行，即“诚信之品”。“信”不是简单的诚实，信用才是“信”最基本的内涵。它不仅要求人们在自己行为上要诚实守信，也反映出人们对某一个事物、某一种理念认识上的坚定可靠，反映出人与人之间要相互信赖。关于“信”，早在远古时期，我们的祖先就认识了它，并且积极加以提倡，历代贤人圣哲关于“信”的强调不绝于书。《左传·僖公二十五年》记载说：“信，国之宝也，民之所庇也。”意思是说，统治者有“信”是立国之根本，是老百姓得以生存的基础。老子说“言，善信”，意即说话要恪守信用。孔子也说：“人无忠信，不可立于世。”“人而无信，不知其可。”“民无信不立。”孟子则把诚信看作是社会的基础和做人的准则，他所谓：“诚者，天之道也。”唐代名相魏徵在《贞观政要》中说：“德礼诚信，国之大纲。”《尚书》里道：“信用昭明于天下。”所有像这样对“信”的认识，对“信”的提倡，对“信”的崇拜，从古至今像一棵常青树存活于中华民族生生不息、世代繁衍的思想文化沃土中，说明“信”作为中华传统道德的重要内容，历来为人们所肯定、所推崇。

有这么一则古文，说的是“曾子杀猪”的故事：有一次曾子妻欲上街。其子闹着也要跟去，妻对孩子说：“你勿去，母归宰猪你吃。”孩子未闹，妻从市归，见曾子磨刀霍霍，妻问何故，曾子对曰：“杀猪也。”又曰：“何故杀猪？”对曰：“践诺也！”后来果宰猪，以示说话诚信。此为从小教育孩子操守信用的一个范例。

在中国历史长河中，许多人把诚信奉之至上，推崇至备，故有“一诺千金”“一言九鼎”等推崇信用的成语。

然而，诚信缺失者，自古亦有之，“狼来了”就是典型的例子。前些年高考中有这么一篇材料作文，说的是一个年轻人出门旅行，背上背了“金钱、权力、诚信、健康、美色”5个背囊，行到河边欲渡船，撑船老翁说：“年轻人，你背上背囊太重，必须去掉其中一个，否则会船沉人没的。”年轻人选择再三，最后决定丢弃“诚信”这一背囊而渡船。故事虽为虚构，但折射出当今社会诚信缺失这一社会问题，同时呼唤人们共同构筑诚信。

那么，如何看待中华民族传统道德中“仁、义、礼、智、信”5 大基本要素呢？从 5 大要素的关系看，它们之间相互关联，相互依存，相互支撑，共同构成中华民族传统道德大厦的根基，也可以说是道德大厦的支柱。从基本内容来看，“仁”主要强调的是人与人之间的互相关系，互相尊重和互相爱护的情感，是世界万物共生、和谐相处协调发展的一种道德规范；“义”是超越自我、正义正气、仗义公道的做人态度；“礼”是建立人际关系和社会秩序的一种标准和规则；“智”是人们认识自我、了解社会、解决矛盾、处理问题的眼光和能力；“信”是人们交往和处事的道德准则。“仁、义、礼、智、信”是中华民族传统道德的核心价值理念和基本要求，是我们每个人都要很好遵循的最重要的 5 种社会道德规范。

今天，在建设社会主义新农村和践行社会主义荣辱观中，我们应当很好地继承与弘扬“仁、义、礼、智、信”这 5 大中华民族传统道德，真正建立起一个“生产发展、生活宽裕、乡风文明、村容整洁、管理民主”的和谐社会主义新农村。

（原载于丽水《党建交流》2007 年第 2 期）

律师文化建设刍议

何谓文化?《辞海》解释为:“从广义来说,指人类社会历史发展过程中所创造的物质财富和精神财富的总和。”何谓律师文化?律师文化就是律师这一社会群体在社会主义政治和经济制度下,在法律服务实践中形成的,为广大律师认可并共同遵守的价值理念和行为规范的总称。它包括思想道德、价值观念、精神风貌、习俗、态度、信念、行为取向等精神产品。本文就律师文化的构成和律师文化的建设做初浅的探析,以俟同人共同研讨。

一、律师文化的构成

律师文化的构成,集中体现在律师的知识文化、精神文化、行为文化和制度文化等主要方面。

(一)律师的知识文化

作为律师,首先必须具备过硬的法学知识。律师只有熟悉掌握法学理论知识,正确理解和把握现行的法律法规,才能对现行的法律法规从立法宗旨、法律原理、文字含义、条文体系等多方面进行理解和分析,从而保证法律的正确运用。一个优秀的律师,首先必须熟悉法律,精通业务,才能正确运用法律,游刃有余地驾驭法律知识。

其次,必须具备文学知识。作为一个好律师,除了掌握应有的法律知识外,还应当有较为深厚的文化底蕴,包括语言文字功底、文学知识、历史知识、天文地理乃至民情风俗等方面的知识。有了语言文字功底和文学知识,才能有较强的语言文字表达能力,无论从书写法律文书到辩护和代理发言,都是直接受用的；同时，有了历史、天文、地理、民风民俗等方面的知识，能使一个律师臻于完美而更具人格魅力。

最后，必须具备政治知识。律师不仅是有文化知识的“法律人”，还应当是“政治人”。律师是现行国家体制下的法律工作者，在维护法律正确实施的同时，还担负着维护社会政治、经济制度稳定的使命。这就要求律师必须正确把握政治方向，维护国家利益，坚持社会正义，促进社会稳定和进步。

（二）律师的精神文化

律师的精神文化是律师群体在法律实践过程中长期受一定社会文化背景、意识形态影响而形成的一种文化观念和精神成果，解决律师以什么样的指导思想和价值观进行法律实践问题，是律师文化的核心。律师精神文化主要通过律师价值理念表现出来，包括律师价值观、律师宗旨、律师道德、律师精神等。

在社会价值观上，律师的社会价值体现在律师的整个执业活动中，律师社会价值是社会对律师行业认可的价值，没有社会的认可，就不能形成律师职业的社会价值。因此，在构建律师文化过程中，彰显律师行业的社会价值是应当遵循的原则，律师的社会价值是律师在“维护人权”“实现社会正义”“完美诠释法律文明价值内涵”“促进社会民主法制建设”等整个执业活动过程中体现出来的。

在践行宗旨上，律师执业的宗旨在《中华人民共和国律师法》第一条中就已明确，这就是“维护当事人的合法权益”“维护法律的正确实施”。

在执业道德上，律师应当做到忠于职守，仗义执言；遵守宪政，不畏权势；追求正义，睿智执着。

在精神风貌上，律师不仅是法律人，还是政治人。毛泽东主席说过：“人是要有一点精神的。”律师应有的精神风貌就是忠于法律，弘扬潜心研究专业知识和研讨业务，健康向上，积极进取，努力使自己成为学者型的律师。

（三）律师的行为文化

律师行为文化是律师群体在一定行为规范的约束下，在法律实践中产生的，是人的行为形态的实践文化，是律师文化的外显。它包括律师的辩护和代理行为、法制宣传行为、社会行为、执业规范行为等，是律师知识文化和精神文化的折射。

律师的辩护、代理行为，是指通过刑事案件的辩护行为和民事行政案件的代理行为，以维护被告人和民、行事案件当事人的合法权益，维护法律的正确实施。

律师的法制宣传行为，是指律师在接手案件到办理案件的过程中，积极开展法制宣传，教育公民自觉遵守宪法和法律，互谅互让，定纷止争，化解矛盾，维护社会法律秩序，构建和谐社会。

律师的社交行为，是指律师严肃有度，不悖《中华人民共和国律师法》和《律师执业规范》之规定的社交活动，从而提高律师的社会公信力，避免因其言、行不当而影响律师群体在社会公众中的形象。

律师的执业规范行为，是指律师按照《中华人民共和国律师法》和《律师执业规范》在法律实践中坚守职业道德，坚持社会正义，维护当事人的合法权益，维护法律的正确实施来提高社会对律师这个职业的认可程度。

(四)律师的制度文化

律师的制度文化是约束律师行为的规范性文化，是律师精神文化和行为文化的保证，包括律师制度的制定与实施、律师事务所的管理制度等。关于律师管理的各项法规、律师事务所的各项规章制度，是保障律师依法执行职务、廉洁奉公的必要手段。除了用必要的规章制度进行管理之外，更重要的是通过价值的引导，通过对人的信任和激励，培养律师良好的自我控制意识和制度能力，强化律师自觉遵纪守法的观念。

二、加强律师文化建设

律师行业有其自身的特殊性，以律师事务所为基本单位，以每一位执业律师为基本元素。因此，律师行业的文化建设必须以律师自身的专业知识和文化功底为根本，以律师事务所文化建设为基础，在司法行政管理部门和律师协会服务部门的指导和促进下进行。据此，本文认为，律师文化需要从以下 3 个方面加强建设。

(一)律师自身良好素质的培养

一个优秀的律师,必须精通业务的法律专业知识,具备驾驭语言文字能力的文化功底,同时拥有诚信、理性和睿智的品质。

熟练掌握法律知识是每位律师必须具备的基本功。打铁还得自身硬。一个执业律师,只有全面掌握并熟悉法律知识和法学理论,才能很好地运用这些知识去办理案件并保证办案质量。很难想象,一个对法律知识掌握不全、理解不深不透,甚至曲解或错解法律的律师,能够胜任案件的辩护和代理,能是一个称职的合格律师。

具有扎实的历史、文学功底是提高律师品位的重要条件。沃马特·斯考特说过:"一个律师若不懂历史和文学的话,就只能算是一个机械工,或仅是一个水泥匠。假如他能拥有一些这方面的知识,就可以大胆地称自己为建筑师了。"可见做一个真正的律师,需要具备综合素质。他不仅要有良好的法律专业知识素养,还要有广博的文化修养。在世界经济全球化、国际间法律服务市场已逐步开放的今天,增加律师的危机意识和忧患意识,加深律师的文化底蕴,提高律师队伍的品位和素质已是刻不容缓。中国律师的发展要走在专业化、学术化的道路上,还要加强各方面的文化素养,如语言文字、历史文学、科学技术、天文地理、民风民俗等。试问,无论中国还是外国,哪一个杰出的律师不是博学多才的正义之士?有的律师官司打得好,辩护精彩绝伦,源于什么?就是源于他深厚扎实的知识修养。

坚守诚信,是律师安心立命之本。丧失了诚信,律师职业也就丧失了存在的基础。诚信不仅是律师职业的最低要求,也是律师职业的显著特点。2500 多年前的孔子曾说过的"民无信不立""言必信,行必果",常言的"诚信是金""一言九鼎""一诺千金"等都无不说明和强调诚信的重要性。

理性思维是律师职业最突出的特点。作为法律人,用感性的思维方式办理案件是律师执业的忌讳。以事实为依据、以法律为准绳是任何法律人都要遵守的执业准则,律师更不例外。这就要求律师在执业过程中必须始终用理性的思维方式考虑每一个问题。日本《律师法》里有这么一句话:"律师不讲职业道德,就容易堕落成商人。"律师不能只为追求"经济利益"而不顾事实，调词架讼。律师应该持有正义和社会责任感，为构建和谐而做法律人。笔者在平时的办案中，总结并坚持“四不”原则，即“证据不足劝当事人不要打官司；邻里关系尽量避免打官司；鸡毛蒜皮的事不值得打官司；气头上不要打官司”。这也应当不失为律师理性思维方式的具体表现。

睿智是指一个人的头脑聪明，性格通达，目光深远。用这一概念来形容律师职业群体的特点和素养是再恰当不过了。律师在执业过程中要面对各种不同类型的案件、不同的委托人、不同的法律关系，这种不确定的变量促使律师在执业中最大限度地发挥自己的聪明才智，结合专业知识，对法律和相关事实迅速做出客观、准确的判断。除上述几方面外，在律师文化建设中，律师还必须重视其他相关素质的培养。

（二）良好氛围的律师事务所文化建设

优秀企业文化提醒我们，企业不养闲人和懒人。优秀企业当然懂得让员工去伸展，重视为员工提供广阔的发展空间，让他们充分发挥才能，施展抱负，这样企业才能更好地发展。

一个优秀的团队——律师事务所，如果能通过一定的文化氛围塑造某种精神，给律师以文化上的认同，这样，律师就能在这个团队里找到一种精神上的归属感和价值上的体现感。

关于律师事务所的文化建设，本文认为，应当从以下几个方面着手。

一是科学确立律师事务所的文化内容。律师事务所在确立所文化内容时，应根据事务所的发展规划与发展阶段、事务所管理现状及人力资源状况等因素，从基本规章制度中高度抽象和提炼，从而确立自己特有的所文化并以此作为事务所发展壮大的精神支持。

二是建立律师事务所的管理文化。律师事务所除了用制度进行管理使每个律师有良好的自我控制意识和自我控制能力外，更重要的是律师事务所必须创造一个良好的文化氛围，通过对价值观的引导和对人的信任，让每个律师在这个环境中得以沟通、交流，得以帮助和激励，得以塑造某种理念，以展示自己的人生价值。

三是充分发挥事务所领导人和管理层的示范作用。企业领导人的一项重要工作就是要做企业文化的“倡导者和宣传者”。道理很简单，思想不统一，企业是难以干成功的。律师事务所领导人和核心管理人员亦是如此，在倡导事务所文化方面，应当言传身教，身体力行，率先垂范。

四是律师事务所文化应当是竞争的文化。“物相竞争，适者生存。”律师行业亦是如此。没有竞争就没有活力，没有竞争就没有生存和发展，健康正当的竞争会使律师行业在良性循环的轨道上蓬勃发展，而不正当竞争会成为拦阻律师行业发展的巨大障碍。作为建立律师文化的原则之一，鼓励正当竞争可以形成市场经济条件下健康的行业文化氛围，从而推动律师行业健康、有序、稳步地向前发展。

（三）形成合力的行业文化建设

律师队伍的文化建设至关重要的一环是整个行业文化氛围的形成。行业文化建设应当是宏观的、抽象的——对全体律师和律师事务所的建设进行调控，根据国家方针，借鉴先进经验，结合各地律师工作实践，制订切实可行的发展计划和制定文化制度，从而指引整个行业文化建设方向，并从制度上保证律师行业建设的环境。文化建设首先从构建文化的个体着眼，律师行业就是要加强律师自身文化素养建设和事务所文化建设。但合力的力量才是决定性的，律师整个行业的凝聚力在文化建设中是重中之重。当前我国律师实行“两结合”的管理模式，作为管理机构的司法行政部门和服务机构的律师协会，应当为整个行业形成以文化建设为重的进步氛围，给予足够的政策倾斜和理论指导。因为律师行业文化建设跟律师执业一样，同样需要一个良好的环境。环境的营造，除了需要个体自身努力外，作为管理部门的司法行政机关和服务机构的律师协会，要转变观念，加大投入，加强制度和组织保障，其所起的作用是非常关键的。毋庸置疑，律师文化建设须依靠整个行业的倡导和驱动，才能形成风气。比如，丽水市律师协会举办的“律师文化建设”理论研讨会，就是市律协切实加强丽水市律师行业文化建设的很好举措，必将推动和促进丽水市律师文化建设的前进步伐，因而意义深远。

一个群体的社会地位蕴含着一定的文化含量。不难设想，一个没有文化底蕴和文化积淀的群体或阶层会有期望中的社会地位。因此，积极发展和努力培育律师文化，对提高律师群体的综合素质、打造律师行业品牌、提升律师的文化品位和提高律师群体的社会地位，都具有十分重要的现实意义和深远的历史意义。

（2007 年在丽水市律师协会举行的年度理论研讨会上获二等奖）

科学发展观在生态县建设中的实践

开展生态县建设和努力做好生态经济文章是庆元县贯彻落实科学发展观的重大举措和长远目标，也是充分认识县情、促进全县经济社会可持续发展的必然选择。近几年来，庆元县委、县政府坚持科学发展观，坚持生态立县，对如何保护生态环境、发展生态经济这个课题做了富有成效的探索，并取得了显著的成绩。

一、"生态立县"已成为庆元县的发展理念

庆元县地处山区，经济发展存在许多制约因素。但历届庆元县委、县政府一直在不断探索符合庆元县特色的经济发展路子。20 世纪七八十年代形成的以木兴县发展战略使庆元县摘掉了贫困帽，但却造成了森林资源的掠夺性破坏。20 世纪 80 年代中期以来，香菇经济蓬勃兴起，为庆元县赢得了"中国香菇城"的美誉，极大地促进了全县经济社会的发展。20 世纪 90 年代中后期，香菇经济严重滑坡，香菇生产消耗大量木材，也使庆元县的林业资源日渐短缺，生态环境遭到破坏。同时，作为工业经济两大支柱产业的造纸厂和染料化工厂因污染问题而先后关闭。经过深刻的反思和反复的调查研究，庆元县开始意识到自己最大的优势是良好的生态环境，只有充分发挥生态环境的优势，才能找到正确的发展道路。庆元地处三江源头，距东海海岸线仅 200 千米，是夏季热带风暴袭击大陆的第一道天然屏障。恢复、保护和不断改善生态环境，不但关系到庆元自身的发展，而且关系到下游浙、闽两省近千万人口的生存和发展。从庆元实际出发，县委、县政府决定走生态效益型经济发展道路，从 1998 年申请建设生态示范区，到 2004 年全面启动生

态县的建设，全县上下始终坚持“生态立县”的发展战略，举全县之力抓好生态保护和建设。由于历届领导认识一致，思路明确，政策连贯，把生态建设作为贯彻落实科学发展观和解决山区农民脱贫致富的重要载体来抓，经过多年的努力，庆元县在生态建设上逐渐形成共识，“生态立县”的发展战略成效日益凸显。

二、生态资源得到有效保护

庆元县紧跟时代发展的要求，把保障和促进人与自然和谐发展作为生态建设最重要、最根本的时代重任，把以生态建设为主的林业发展战略作为林业建设的出发点和根本目标，并提出林业分类经营的发展战略，编制林业两大体系建设目标，即到2015年建设公益林110万亩，商品林90万亩，兼用林40万亩。从2000年起，庆元县全面启动了林业生态体系建设，从此结束了单纯“以木材生产为主”的林业发展模式，迈向了“以生态建设为主”的林业建设新征程。不断加大资源培育与保护力度，森林资源总量不断持续增长，至2007年，全县造林更新面积7.34万亩，封山育林扶持面积447.93万亩，林木抚育面积16.3万亩；至2007年，全县林业用地面积达251.69万亩，其中有林地面积从1994年的207万亩增加到2007年的245.3981万亩，活立木蓄积从1997年的478.3万立方米增加到2007年的846.25万立方米；至2007年，全县界定生态公益林面积90.0515万亩，其中重点生态公益林面积59.8565万亩（国家级生态公益林面积15.8226万亩，省级生态公益林面积44.0339万亩），一般（县级）生态公益林面积30.1950万亩，生态公益林面积占林业用地面积的35.76%。

在布局上，按照“因害设防、生态优先”的原则，重点加强对自然保护区、江河源头和重要交通干线的保护，把封山育林作为发展山区经济、建设良好生态环境的重要措施来抓；开展了生物多样性保护工程，根据“强化资源保护、积极繁育发展、合理开发利用”的方针，以野生动物栖息地、野生动物原生地保护为基础，以百山祖国家级自然保护区、省级自然保护区建设为重点，以森林公园建设、林木良种基地建设为载体的生物多样性保护管理体系已经建立，一个布局合理、结构完善、功能齐全的生态体系粗具规模；实施退耕还林和阔叶林发展工程，至2007年，全县实施退耕还林2.2万亩，实施阔叶林改造0.5万亩。明确林业在庆元县生态建设中的首要地位的同时，大力实施了一批生态保护和建设工程，如下山脱贫、河道整治、“十村示范百村整治”、农村用户沼气建设工程等，各级领导对生态建设的重视程度进一步加强，人民群众的保护意识进一步提高，资金投入的力度进一步加大，全县的生态环境进一步改善。

三、生态产业经济不断凸显

(1)优化提升食用菌产业。为解决面临的市场、资源、生态环境等诸多问题，巩固优化提升食用菌这一传统优势产业，庆元县积极应对，采取了一系列措施：一是加强资源的培育，大力营造菇木林基地，实现资源的永续利用，以维护生态平衡；二是稳定限产，香菇生产规模做到与资源总量相适应，与市场规模相适应，近年来年产量控制在8000万袋；三是依靠科技进步大力开展节能降耗，如以草代木制菇、废菌棒的综合利用等，减少污染，降低成本；四是优化结构，提高质量，减轻资源压力，增强抵御市场风险能力。多年来相继开发出花菇、灰树花、杏鲍菇、蘑菇、草菇、姬松茸等几十个品种，且特色品种比例不断提高；五是开展香菇原产地域保护工作，2002年，国家质检总局正式宣布对庆元香菇实施原产地域产品保护；六是实施标准化生产，逐步引导香菇生产向无公害、有机方向发展，建立有机香菇生产示范基地，推广香菇标准化生产。正如庆元县第六届香菇节暨香菇生产区县市长会议所达成的《2005庆元共识》所言：“食用菌产业发展要走标准化之路，走可持续发展之路。”近几年来，这一系列举措，使得庆元这一传统优势产业获得了可持续发展，并逐步实现从香菇生产大县向食用菌王国的战略性转变。

(2)大力培育生态效益型经济。立足实际，充分发挥资源优势和生态优势，致力于发展生态效益型经济，实现在保护中加快发展、在发展中加强保护的目标。把加快毛竹产业的发展作为庆元县实现农业增效、农民增收的主要途径。通过精心培育，毛竹产业得到飞速发展，竹林面积从2000年的28.5万亩增加到现在的39.2万亩，毛竹蓄积量从2000年的3000万株增长到现在的5446.8万株，每亩立竹量从2000年的105株增加到现在的141

株。竹林、竹笋加工形成了6大系列200余个品种，2007年竹业总产值达到7.6亿元，比2000年增长了6.2倍。竹林基地建设，改良了土壤，提高了肥力，减少了水土流失，使林地可持续发展能力进一步得到发挥，生态效益进一步显现。

利用高山气候优势和生态环境优势，培育形成了一批具有地方特色的新兴产业，如高山蔬菜、烤烟、茶叶、锥栗等。通过多年努力，生态效益型农业已初步形成"菌、竹、果、茶、烟、药"6大产业齐头并进、多元发展的态势。加快生态旅游业培育发展，依托良好的自然环境和"中国生态环境第一县"的品牌效应，致力于开发白山祖、廊桥、森林公园、大济古民居等旅游项目，全力将生态旅游业打造成第三产业的龙头。

(3)生态保护意识深入人心。2003年，庆元县通过了国家级生态示范区创建工作的考核验收，随后又全面启动生态县建设。根据县委、县政府的要求，全县以实施项目推进年为契机，以生态县建设规划为龙头，提出今后在国民经济和社会发展中每年实施10个项目，共规划实施66个，总投资69.95亿元。按照生态县建设规划的要求，每年选择部分对生态建设有重要意义的建设项目，作为生态县建设重点工程，以推进生态经济和环境保护基础设施建设。从"610"工程中选取22项为生态县建设重点工程项目，计划投资35.75亿元，稳步推进生态乡镇、村建设。县生态办把指导乡镇开展规划编制列为一项重要工作，通过注重规划编制过程，帮助乡镇厘清工作思路，明确目标任务，在松源镇、黄田镇生态建设规划进行评审并报批实施之后，完成百山祖、五大堡、隆宫3个乡的生态建设规划编制工作。各乡镇在规划的指导下，积极开展生态乡镇、村建设，黄田镇被命名为"省级生态乡镇"，百山祖乡被命名为"市级生态乡镇"。至2007年，全县森林覆盖率高达86.90%，居全省之冠，森林资源每年净增长36.795万立方米，实现了森林资源增长大于消耗的良性循环，使庆元县生态建设走上了健康发展之路。

(原载于丽水《党建交流》2008年第5期)

加快大济历史文化古村旅游开发

庆元县委、县政府明确指出:“要提升生态旅游产业,大力推进巾子峰、大济村、月山村等景区景点建设。”“要围绕生产性第三产业和生活性第三产业,坚持以旅游业发展为先导,以旅游业为龙头来整体提升第三产业。”庆元县大济村是省级历史文化保护区,具有深厚的历史文化积淀。大济景区在庆元“一带四区一中心”的旅游产业格局中占据重要地位,其旅游开发的成败,将直接关系到庆元县旅游业发展的大局。据此,大济历史文化古村无疑是庆元县旅游开发的重点。

2020 年 8 月 13 日摄于庆元县大济古村入口处

一、深厚的历史文化积淀决定了大济古村具有旅游开发的价值和意义

有千年历史的大济古村旅游资源非常丰富，亮点独特，概括起来有“四多”：一是进士数量多。自北宋仁宗天圣二年（1024）到南宋理宗宝祐四年（1256）的230年间，该村陆续涌现出26位进士及100余位非进士出身而涉足仕途者，故有“进士村”的美誉。二是至近宗亲的伟人多。北宋进士吴桓的长女是宋高宗第一任宰相李纲的母亲，李纲与其舅吴彦申二人于政和二年（1112）同登进士；南宋名相文天祥是濠州派许国公吴渊的外甥兼学生，与大济是至近宗亲。故此，李纲为吴彦申作墓志铭，文天祥为吴氏族谱撰序，均留下了弥足珍贵的文字。吴縠第五女即是南宋伟大爱国诗人陆游的祖母。三是驻足讲学的名人多。崇文尚礼、尊师重教的氛围吸引了许多名士流连驻足。南宋理学家朱熹、明代哲学家王阳明和清代名儒陆珑琪，都曾慕名来到大济讲学并留下了遗墨真迹。孔子南宗第74代奉祀官孔繁豪在抗战时期的1940年，曾恭护孔子夫妇圣像避隐于大济，其死后葬于大济仙宫山麓，至今墓道犹存。四是文化古迹多。大济村内至今尚保存着古地道、扁鹊庙、吴氏宗祠、双门桥、金甃街、迎旨门、牌坊、古井、古民居和完好的古墓群等名胜古迹10多处。自2000年经省人民政府批准将大济村列为“省级历史文化保护区”之后，各地游客纷至沓来。随着政府初期保护的一些投入，近年来游客人数更是与日俱增，大济历史文化古村“一日游”的脚步越来越多，要求加快开发步伐的呼声也越来越强烈。

二、开发存在的关键问题和选择景点进行前期开发的建议

存在的关键问题，归根结底就是一个“钱”字。对大济历史文化古村的保护，应当说，政府前期也给予了一些投入，但主要是用于对一些古民居修旧如旧抢救性的保护，对于开发性的投入可以说几乎没有。究其原因，不外有二：一是主观原因，即历届政府领导从思想上真正重视的程度不够，每届都存在“重宣传，轻投入”的问题；二是客观原因，即庆元财力确实有限，许多迫在眉睫关乎民生的项目资金尚且捉襟见肘，对于“只有投入，不见产出”的

旅游产业，自然只能“靠后”考虑了。

大济古代“双门桥”头，古代名士在大济讲学的场景。

现在问题的焦点是：一方面，加快旅游景区景点建设，加快旅游产业发展以带动第三产业发展是本届政府既定的方针和政策之一，应当贯彻落实；而另一方面，限于财力，一时难以安排诸如大济等景区景点开发的专项资金。大济旅游开发详规已经出台，概算开发投入资金需3000万元，以采用招商引资的方式开发。众所周知，企业投资追求的就是回报，即创造利润，明知没有利润甚至是亏本的投资企业是不干的。大济旅游开发须投入巨资，回报如何，不言而喻。因此，倘若以招商引资的形式等待投资商前来投资开发，可能性极小甚至是没有的。针对此现实，笔者为寻找破解上述难题的办法，一个多月来前后2次到大济实地调研，在大济村两委及部分村民代表参加的座谈会上，听取诉求，多方走访社会不同群体、不同对象，倾听意见，吸纳民智，集思广益。其间，还查阅了《庆元县志》及大济吴氏宗谱等史料，又专程到缙云河阳古村进行横向考察调研，寻求经验。在此基础上，针对庆元县客观实际，本文认为：大济旅游景区景点必须加快开发步伐，应当寻求政府与社会力量共融的方法来筹措资金，即政府导向投资、民间个人捐资、定点招商引资、有钱老板助资这样四管齐下的筹资方式来合力开发。并且建议首先开发和修建以下几个景点：

（一）迁建孔庙至大济村进行文化整合。孔子是世界十大伟大思想家之一，是中国教育先圣，曾有“天不生仲尼，万古如长夜”之说。庆元孔庙现孤零零荒置于二中后面，高墙围砌，面目全非。若将其迁移至大济（建于仙宫山麓，与孔子南宗第74代孙孔繁豪陵墓附近合理位置，整合为一个文化旅游景点），一则可以盘活二中地块，二则可以实现大济文化整合。迁建以后孔庙的正殿塑以孔子圣像，让游客、学子朝拜。正殿两壁镶嵌大理石，一壁其上刻以书法名家书写的孔子语录，另一壁其上刻以《论语》全文，让游客观赏记颂。另外，可将孔子语录制为书签，寄寓“文运亨通”之意，实行有偿销售，增加景点收入。该景点可用民间捐资方式进行，以旅游局牵头募捐。人们都希望自己的儿孙有出息，因而对迁建孔庙必有许多乐善好施者，此事定当可成。

（二）选择一个古地道进行挖掘开发。大济古村迄今已发现古地道口7处，地道口多设在古屋下或菜园边，大致用青砖拱筑，洞高一般为1.9—2米或1.7—1.8米，用河卵石或条石铺底，两壁间设灯台，据考察由不同历史时期所建。据大理中宅祠吴氏宗谱记载：“‘学圃’开地道有四，使聿新堂鸟园如环之宛转不绝。”《庆元县志》文艺明万历县丞吴华《济川形胜》诗：“古洞深且幽……”这里描述的即是大济古地道。这扑塑迷离的古地道令多少游客遐思神往，因此，解开这千年隐秘，让游客置身探幽以满足“不钻古地道，枉为大济客”的猎奇心理。它也必将成为大济旅游最大的亮点和卖点之一。该景点可实行单项招商引资的方式进行开发，并以单独门票制进行商业操作。

（三）修葺“接官亭”，恢复“迎旨门”和“金甃街”。接官亭、迎旨门按原貌修复，从接官亭至迎旨门段金甃街也按原貌恢复。接官亭四周种植大冠阔叶乔木以遮挡视线并增强意境，使游客在此隐约可见古村一角。仿制古代官轿5顶，以供游客乘坐。“轿夫”可由村民组成，成为“有客服务，闲时务农”的“双栖”农民，从接官亭至迎旨门，每乘可收费5—10元，与投资商比例分成。人们出游追求的是心灵的放松和心理的满足，让游客乘坐“官轿”体验一下古代官员的感受，不亦乐事？该景点可用招商引资或村民入股的形式运作。

(四)通过论证选址。先期修复大理吴氏中宅祠包括后山半月池、古墓群及幽径植被和几幢具有代表性的古民居，并向村民征集一些年代久远的生产、生活用具陈列于古民居中以供游客观赏。同时对其他有保护价值的古民居也进行必要的修旧如旧。每幢确定1—2户日常居住管理，每年给住户以适当补助。此外，将无保留价值的简易民房、灰房、猪栏、厕所等设施进行统一搬迁拆除，腾出空间美化环境。对搬迁户，政府宜统一规划建房用地，供搬迁农户统一建房使用。该项投入以政府出资为宜。

(五)疏浚"双门桥"至"蒲田桥"段溪流。清理溪床淤泥，清除两岸垃圾杂草，隔距围建石堰，溪中放养各色鲤鱼以供游客观赏；两边堤岸路面用鹅卵石铺设以方便游客步行。整理恢复溪边古井和上厅古官井，让游客体验古人深井提水的生活感受。该项投入也以政府出资为宜。

另外，要创作高质量的导游词和培训优秀的导游队伍。游客每到一个景点，少不了一听二看三感受。听就是听导游人员的解说，因此，挖掘、提升、创作高质量的导游词至关重要。文艺作品来自生活又高于生活，导游词也如此，基于真实又可高于真实。游客听了导游人员的精彩讲解，若能发自内心地"认可"或"赞叹"，这样就收到了效果。当然，要做到这样，必须培训出一支优秀的导游队伍，并深谙大济景区每个景点的历史文化内涵，在讲与听的过程中，导游与游客互动，才能使大济古村的历史文化得到更好的弘扬。

（在县政协七届三次会议大会上的发言，时任副县长胡刚对发言专门批示；并载于丽水《党建交流》2009年第2期）

庆元县“十二五”旅游业发展之我见

摘　要：庆元县“十二五”时期，随着龙庆高速公路的建成通车和衢宁铁路的开工建设以及争取温武（温州至武夷山）旅游铁路专线经过庆元，必将给庆元县旅游业带来千载难逢的发展机遇期。鉴于此，该文就庆元县旅游资源利用评价、旅游业发展存在的主要问题、应当重点开发的旅游项目及主要工作措施等问题进行探索论证。建议政府牢牢抓住发展机遇期，重视并加大对旅游项目建设的投入，以促进庆元旅游业有一个实质性的发展和突破。

关键词：庆元县“十二五”；旅游业；发展探索

“十一五”期间，庆元县旅游业坚持一手抓项目建设，一手抓宣传营销，旅游工作取得阶段性成果。2009 年，全县实现旅游人数 36.86 万人次，同比增长 32.83％；旅游总收入 1.299 亿元，同比增长 34.28％。2010 年，实现旅游人数 46.4 万人次，同比增长 25.8％；旅游总收入 1.71 亿元，同比增长 31.64％。与此同时，旅游基础设施建设不断推进，旅游服务功能不断完善，为庆元县旅游业的发展奠定坚实的基础。

一、庆元县主要旅游资源的评价、利用、分析

（1）旅游资源评价。全县旅游资源普查结果显示：庆元县有旅游资源单体 219 个，五级旅游资源单体（国家标准最高级）4 个，分别是香菇文化、月山古廊桥、百山祖、百山祖冷杉，位居全市第二；四级旅游资源单体 5 个，三级旅

游资源单体20个,二级旅游资源单体39个,一级旅游资源单体151个。其中优良级别达到29个,占总数的13.24%;普通级别190个,占总数的86.76%。旅游资源的级别和类型比例协调,有利于旅游资源的联动开发,具体表现为以下两个方面:一是资源类型丰富,优良级资源分布较集中。在219个旅游资源单体中涉及50个基本类型,占国家标准旅游资源基本类型总数的32.3%,大多数优良级旅游资源位于百山祖乡、松源镇与举水乡,分布集中。二是人文资源数量较多,且资源品质较高。在219个旅游资源单体中人文旅游资源有133个,占资源总数的60.73%,比如,庆元香菇、月山古廊桥、大济古村落等都有着较高资源品质。

(2)旅游资源利用。庆元县旅游资源丰富,但开发水平较低。一是百山祖景区在原百山祖林场建设简易游步道和旅游服务部的基础上,"十一五"期间投资1100多万元,建设百瀑沟游步道和景区公路,并对车根村进行整治,同时开展农家乐建设,具备一定的旅游接待能力:二是大济历史文化村通过对古民居、古遗址等历史遗存的修复整理,挖掘文化内涵,实现初步开放;三是巾子峰省级森林公园投资1200万元,完成景区游步道、餐饮部及游客中心建设,目前取得国家AAA级景区评定;四是月山古村落旅游区通过环境整治、文化挖掘,特别是包装"月山春晚",打造中国廊桥第一村,取得较好的效果;五是大力推介中国生态环境第一县、中国廊桥第一乡、中国香菇第一县品牌,使庆元的区域旅游影响力有了明显的提高。

(3)资源利用分析。由于投资能力不足和旅游观念滞后等,庆元县旅游开发还停留在政府导向性投资的层面,开发层次低,接待能力弱,旅游产品单一。具体表现为以下几个方面:①县内没有上档次、上规模、有一定知名度的景区,在目标市场缺乏号召力;②对外的大交通和县内通往主要旅游资源点的公路等级太低,可进入性不强;③旅游企业的数量、规模和管理水平不能适应旅游发展的要求,无法应对"黄金周"旅游高峰期和较大活动的接待工作;④对香菇文化、民俗文化、廊桥文化等地方文化挖掘不够,不能形成真正意义上的旅游产品,食用菌、山野菜、高山茶叶等普通商品有待向工艺精致、附加值高、携带便利的旅游商品过渡;⑤中心城镇在规划和建设中,对于具有旅游观光潜在价值的大型项目建设,未能统筹考虑其旅游功能。

二、庆元县旅游业发展存在的主要问题

(1)受交通瓶颈制约。交通瓶颈是影响庆元县旅游业发展的根源,这是我们从投资者、游客、专家、市民等各方收集到的一个重要信息。从庆元县旅游业发展的目标来看,“长三角”和“海西区”是我们重要的客源市场。如果庆元县的交通不能接轨“长三角”和“海西区”,那我们的旅游市场就不能与其他旅游市场接轨,庆元县的旅游资源就有被边缘化的危险。那么,无论我们的旅游资源多美,也只能是“养在”深山无人识,不能吸引投资者和游客。

(2)缺乏高效运行的组织机构。旅游资源是多方面的,有森林资源、水文资源、气象资源、文化遗产资源等,涉及多个职能部门。旅游的整体开发与资源的分块管理往往存在矛盾,在旅游开发过程中协调工作比较困难,虽然有关部门配合意识都比较强,但由于涉及部门多,工作效率不高。旅游业较发达的地区通常设立“旅游委员会”,由有关部门组成,行政决策要高效得多。

(3)旅游业发展缺少必要的原动力。旅游开发有着明显的联动和互动效应,一个景区的开发建设往往成为下一个景区开发的前提和基础,互动性很强。庆元县的旅游资源绝大多数处于待开发状态,缺少原动力。

(4)对旅游资源管理的力度不够。一方面是庆元县部分旅游资源破坏严重,旅游开发与其他产业的发展在一定程度上存在矛盾,比如,香菇产业、水电产业等都与庆元县旅游业的发展有一定冲突,有些优良旅游景观正在消失,应当引起重视;二是旅游资源的无序开发现象较严重,有些业主在一些资源点的开发上法律意识淡薄,破坏了旅游资源。

(5)资源适应的市场层面较窄,开发难度较大。庆元县的旅游资源多藏于深山乡村之中,交通十分不便,旅游资源所能适应的市场层面较窄,近期只能开发小众市场,而中远期开发大众市场难度较大。

(6)旅游资源吸引力不强,难以形成规模。庆元县有吸引力的旅游资源存量较少,总体而言,旅游吸引力不够强。百山祖国家级自然保护区、冷杉、龙桥等知名旅游资源,其保护级别虽高,但从旅游功能上看,在国内很难排

得上名次。龙岩村、月山村虽古老，但现状保存较好的古建筑已不多，古村面貌濒临消失。大济村的古建筑虽较之龙岩、月山保护得好，且为省级历史文化保护区，但与浙江其他著名的古村落相比，还是有一定的差距。

(7)人才奇缺。在激烈的市场竞争中，人才成为竞争的焦点。庆元县旅游人才极为匮乏，且由于区位较差、经济发展水平较低，对人才的吸引较弱，人才输入难度大。在人才市场的竞争弱势应引起政府的足够重视。

三、庆元县“十二五”时期重点开发利用的旅游项目及主要措施

(一)“十二五”时期重点开发利用的旅游项目

1.旅游景区

(1)百山祖景区：这个区域汇集了庆元最优良的旅游资源，在庆元4个五级旅游资源中，就有百山祖和百山祖冷杉2个在此区域；在5个四级旅游资源中，就有百瀑沟和龙岩古村落2个在此区域；百山祖区域是庆元中国生态环境第一县的核心区域，通过近10来年的宣传营销，百山祖在全国范围内有了一定的知名度，此区域的旅游开发，对庆元旅游产业和第三产业的带动力最大，须集中力量以最快的速度完成景区建设，用两三年时间建成国家AAA级景区，打造庆元旅游拳头产品(龙岩香菇文化旅游区和斋郎红色旅游区可纳入该区)。

(2)巾子峰森林公园景区：对其观光旅游产品进行重新策划包装，通过2年的努力改建成国家AAA级景区。

(3)“大济科举进士文化区”项目：以大济原有的进士文化为基础，以中国独有的科举文化的深度挖掘和展示为核心，以孔繁豪墓地引入的孔子家族的文化和思想体系为支撑并将现在位于二中校内的孔庙迁建于此，挖掘大济古地道及其文化或仿建一段大济古地道，修葺“接官亭”，恢复“迎旨门”和“金甃街”，先期修复大理吴氏中宅祠(包括后山半月池、古墓群及幽径植被)和具有代表性的古民居，修浚进士“双门桥”至“蒲田桥”段溪流。对大济历史文化古村如何开发旅游业，笔者于2009年在庆元县政协全会上曾做《政府与社会力量共融，加快大济历史文化古村旅游开发的步伐》的大会发言，

其中有专门详细的论证。

(4)双苗尖景区:双苗尖景区拥有有别于百山祖景区和巾子峰森林公园景区独特的高山草甸、高山奇石、高山湿地的景观,该景区可将箬坑村的白鹤仙岩景区并入,并结合风力发电项目共同开发,共同打造集观光、野营、户外拓展和其他特色主题旅游于一体的旅游项目。鉴于交通和该景区属于庆元与福建寿宁二县所共有,目前开发时机尚未成熟。

(5)"月山廊桥文化和乡村旅游区"项目:举水乡月山村,自古就以"举溪八景""二里十桥"而闻名,这里是全国廊桥最集中的区域,1千多米的举溪上就集中了步蟾桥、如龙桥、来凤桥、白云桥等廊桥。其中建于明天启五年即1625年的"如龙桥"为全国重点文物保护单位。该景区可以廊桥为核心,以包装打造的"月山春晚"为文化支撑,以远古冰臼群和众多的景观为依托,并结合一些农事农活的体验,全力打造以廊桥文化旅游为主线的"小桥、流水、人家"的恬然而优美的乡村旅游精品景区。

(6)"古银矿洞——百丈景区"项目:古银矿洞群位于淤上乡局下村苍岱自然村,明代开采银矿后所留,大大小小百余个,可逐步申报省级地质公园和国家级地质公园,与明代叶宗留在此领导的"矿工起义"相结合,并与屏都镇的百丈景点联合开发成一个景区。百丈景点至苍岱的10千米道路现正在规划建设中。

2. 休闲旅游

(1)"十八卡休闲度假村"项目:十八卡位于竹口镇新窑村寨后坑自然村,离县城15千米。该区域环境优雅,生态自然,溪水清澈,景色秀美,原来的村庄群众已经全部迁出,是庆元县最佳的休闲度假村投资地点。该项目已经做了初设,正在寻找有识之士投资建设。

(2)三坑溪漂流项目:三坑溪位于竹口镇,溪长11千米,无论是植被保护还是水源涵养都是目前庆元境内保护得最好的河流之一,河道平均宽30米,且水量较为充沛,从龙口村经蔡双村至岩后村河段,水流时缓时急,河水清澈见底,两岸植被茂密,是漂流项目和水上运动项目较理想的开发地。

(3)上洋湖湿地休闲度假项目:上洋湖湿地位于荷地镇,海拔1230米,湖面积20余亩,湖区四面青山环抱,植被丰富,湖边水草丛生十分茂盛,景色优美,气候宜人,可规划建设成为高山平湖避暑休闲度假区。

(4)国家级野生娃娃鱼保护区休闲观光项目:贤良镇贤良村至青林村段溪流流域,依托该区域完好的生态系统和秀丽的山水,放养一批娃娃鱼,争取申报成为国家级娃娃鱼自然保护区,并结合每年时常出没的猕猴群和宜人的气候条件等资源,建设休闲度假区。

(5)高档老年公寓或高档敬老院项目:选城郊依山傍水处建设(市场运作)。引导大都市有钱阶层将老人送到中国生态环境第一县养老或长期度假;并以优惠政策吸引上海、杭州等地大医院的老年疾病退休专家来庆元为该群体服务,平时也可在县医院坐诊为庆元市民服务。

(6)乡村旅游一村一品项目:以县域大景区为依托,对一些自然环境优美并富有特色资源的特色村,引导开展特色旅游活动,吸引不同爱好的群体,如坑西"黄粿村"、后广"吃猪肚村"、大岩"休闲垂钓村"、龙岩"香菇文化村"、杨楼"锥栗村"、余村"蜜橘村"、月山"廊桥文化村"等。

3. 观光农业

(1)林相改造项目:庆元县是中国生态环境第一县,森林覆盖率达到86%,但县域内的森林景观并不具有优势,针叶林面积几乎是阔叶林面积的3倍,为落实县域大景区的理念,林相改造、美化山体势在必行,让旅客在庆元境内处处都看到美景。该项目以县城四周山体为中心,以54、55省道为轴线,以曹岭到百山祖公路沿线为突破口,逐年分块实施,将原来的杉树林、松树林逐步改造成树种不一的阔叶景观林,美化庆元县城周边及公路沿线的山体林相。县城周边山体的改造,可融入庆元的各种文化元素,由不同树叶颜色的树种搭配组合成幅幅精美的图画,让游客无论从哪个角度看过去都是一幅绝美的山水画卷。

(2)"十里荷塘"休闲项目:以淤上乡淤上村为中心,以54省道为轴线,以现有的50亩荷塘为基础,纳入淤上村附近沿54省道的山根村、涂坑村,共同打造"十里荷塘"休闲项目,并培育"富硒莲"养生营养商品。

(3)黄田"五十万亩竹海休闲度假区"项目:该项目为2010年市林业局规划项目。

(4)百里油菜花观光项目:庆元县的山水景色以冬天最为暗淡,通过政府引导,从曹岭至庆元54省道沿线的农田冬闲里,成片种上油菜花,为庆元旅游的冬季打造一条亮丽的风景线。

(5)中国名贵树种博览园:选址位于松源镇同济新村,以“中国亚热带名贵树种培育中心”为目标,依据“以人为本”“体验式”和“生态化”的理念,突出项目的综合化、规模化、集约化、精品化和示范化,努力打造园区的“国字号”品牌,成为集林业生产科研、生态科普教育、旅游休闲度假、绿色经济示范和生态人居展示等多功能于一体的经济综合体。

(6)黄坛农业观光休闲区项目:黄坛现代农业(水干果)基地面积500多亩,水干果品种较多,可结合边上的攀龙湾区域的秀丽生态环境、茂密的森林和三级瀑布山水景光,开发为现代农业观光休闲度假区。2011年黄坛梨树园千万梨花树竞相开放的优美画面,吸引了无数摄影爱好者前来拍照。

4.文化旅游

(1)“中国廊桥文化之旅”项目:以打造天然廊桥博物馆为支撑,以后坑桥(红军桥)、咏归桥、濛洲桥、兰溪桥、月山古廊桥(兰溪桥到月山路途中的濛淤桥通过民居捐资已在原址恢复并即将建造竣工)为节点,并结合本县廊桥以及全国范围内(以浙南闽北地区为主)各座廊桥的历史、沿革、构造、营造技艺、功能等的深度文化挖掘,图文并茂地展示给游客,让游客在庆元享受到廊桥文化的独特魅力,打造“中国廊桥文化之旅”。在交通得到改善的时候,可考虑以庆元为核心,联合泰顺、寿宁等县共同纳入“中国廊桥文化之旅”线路。

(2)西洋殿(兰溪桥)休闲度假区项目:西洋殿(兰溪桥)景点毗临兰溪桥水库,自然景色优美,历史文化悠久,集香菇文化和廊桥文化于一体,可开发为文化休闲度假型旅游产品。

(3)香菇主题公园(香菇文化休闲园):拟选址于现在的生态公园区块。建成以香菇文化展示、香菇种植采摘体验、香菇饮食为主要内容,集科教、休闲、娱乐于一体的文化旅游区。

5.旅游服务

(1)“历史文化街区”项目:结合县委提出的县城“一溪二岸”商贸、景观高地项目建设,合理规划,稳步实施,建设庆元县旅游商品购物一条街和特色饮食一条街。

(2)四星级宾馆项目:沁心园对面宾馆建设用地已于11月成功挂牌,经与业主沟通,增加投资,将原定建设的四星级宾馆按五星级宾馆标准设计建造，该项目年初已通过设计，可望于2012年5月底之前开工建设。

（二）主要工作举措

（1）继续加强以县城大景区建设为核心的旅游项目建设，构建功能更加完善的大景区旅游框架，特别是要致力于建设县城“一溪两岸”休闲景观带、核心景区和具有重要支撑作用的大项目，为全力构建“华东区域性生态文化旅游休闲胜地”打下坚实的基础。

（2）着力加强旅游交通建设，对外做好区域旅游交通的连接，区内做好旅游“半小时交通圈”建设。同时，积极应对自驾游高速发展趋势，整合自然风光好且乡村风情浓郁的自驾游线路。

（3）整合“吃住行游购娱”各产业要素，推出具有菇乡特色的旅游专线，努力打造比较成熟的旅游产品，改变以往有品牌无产品现象，使我们的旅游品牌更有市场影响力，使我们的旅游产品更有市场竞争力。

（4）立足争取龙庆高速公路早日建成通车，争取衢宁铁路2011年年底开工建设，争取温武旅游铁路专线经过庆元县，让庆元交通从交通末梢地位转变成交通枢纽地位，以长三角“后花园”和浙江省拓展海西经济区旅游市场前沿为着眼点，加强对长三角地区和福建的旅游营销工作，彻底摆脱浙西南特别是庆元旅游板块边缘化的局面，使庆元县逐步成为两大经济区的休闲度假养生基地。

（5）加强旅游行业的人才队伍建设。一是致力于解决旅游行业主管部门人员少和结构不合理的现状，建立起一支与旅游业在县域经济中的地位相适应的干部队伍；二是逐步提高旅游企业从业人员的业务素质，不断提高服务水平。

本文认为，“十二五”期间，随着龙庆高速公路的建成通车和衢宁铁路的开工建设以及争取温武（温州至武夷山）旅游铁路专线经过庆元，加之党委、政府对发展旅游产业的重视和对旅游项目开发建设资金的投入，庆元旅游业将步入一个快速发展和质的提高的黄金时期。

（入选2011年丽水市理论研讨文章）

丽水地方政府管理创新案例研究

——从庆元县污水处理费调整听证会看“设置反方”在地方政府管理创新中的必要性

摘　要:在政府现行管理体制中,对重大事项的决策只根据领导的意图做可行性研究,而没有“设置反方”进行“不可行性”研究并采纳“不可行性”意见,以致重大事项决策失误的例子并不鲜见。该文采用庆元县于2011年11月25日举行的“庆元县污水处理费调整听证会”这一正面案例及2000年的“占用交通桥址建造濛洲廊桥”这一决策严重失误的反面例子,从而分析论证在现行地方政府管理创新中,政府部门在决策重大事项的时候,建立“设置反方”的论证制度,以保证重大事项科学民主决策的必要性。

关键词:地方政府;管理创新;设置反方;科学决策

一、案例追踪述评

2011年11月25日下午,庆元县发展和改革局在发改局四楼会议室召开了庆元县污水处理费调整听证会。听证会由消费者、人大代表、政协委员、政府部门、网民代表及经营者等22人参加,笔者作为县政协委员应邀参加听证。

听证会上,首先由听证人(庆元县发改局)陈述污水处理费调整方案及污水处理费成本监审结论。①污水处理费调整方案的政策依据:浙江省政府《关于进一步加强污染减排工作的通知》(浙政发〔2007〕134号),要求2007年底前所有市、县(市)城镇污水处理收费标准调整到每立方米不低于0.80元,其中经济发达地区调整到每立方米不低于1.20元,浙江省物价局、财政厅、环保厅、建设厅联合发文《关于进一步落实污水处理收费制度的通知》(浙价资〔2010〕1330号)，要求经济发达地区和经济欠发达地区的现行污水处理费平均标准分别不低于省规定的每立方米1.20元和最低标准的0.80元，且必须在2010年12月底前按规定标准调整到位。②提高污水处理收费的客观依据是：庆元县发改局价格收费科根据庆元县污水处理厂所提供的2008—2010年3年的财务报表等会计资料进行监审，加上原扩建工程投入资金1012.54万元资产已进入污水处理厂生产循环中，应列入折旧范围(按15年的年限平均法计提折旧)，结论是庆元县污水处理定价总成本为2008年160.95万元、2009年143.36万元、2010年177.10万元，单位定价成本为2008年1.06/立方米、2009年0.94/立方米、2010年1.24/立方米。按现有的污水处理收费标准明显过低，因此必须调整(提高)收费标准。

听证会上，笔者应主持人点名发表了听证意见。在发表意见前，笔者向经营者庆元县污水处理厂到会的负责人质询几点：第一，报送发改局监审科进行监审的财务报表显示自2008—2010年每年处理污水有152万吨，这3年的数据是怎么来的？(按笔者换算，1520000吨/365天＝4164吨/天，4164吨/24小时＝173.5吨/小时)第二，污水处理厂现共有几台机器在运转处理污水？第二，在召开听证会前这半个月来，笔者观察到了有机器运转在处理污水，根据这种经处理后的出水量，每日能处理多少吨污水？对于这些问题，污水处理厂到会负责人没能做很好的正面回答。质询人笔者却给了去伪求实的阐述。笔者认为：根据《浙江省人民政府督查室督查通知》浙政督字〔2011〕6号文件规定，对龙泉、松阳、云和、景宁、庆元污水处理收费标准未达到省政府的要求，必须抓紧出台每吨不低于0.80元的污水处理收费标准，并于2011年10月底前实施。据此，庆元县在原来的基础上提高污水处理费至每吨不低于0.80元是势在必行的事情。当然这个数字是一个平均综合价，从庆元县污水处理费调整方案来看，提价后庆元县居民和单位每年应当缴纳的污水处理费金额总计为250多万元。笔者的观点是：污水处理费有必要提的应当提，但提价收取了污水处理费后，污水必须进行正常的有效处理，不能污水费提价收取了，而污水照样没有进行有效处理，两个橡皮坝依旧成为污水池。同时，笔者提了两点建议：第一，提价后，每年收取了250多万元的污水处理费，自提价收取之日起污水处理厂必须进行正常的有效污水处理,还庆元一江清水向西流;第二,收取的污水处理费应当存入县财政专户由财政局监管,庆元县财政局应当会同发改局等相关职能部门成立一个日常监督检查小组,对污水处理厂的污水处理情况跟进监督,并根据污水处理厂的实际处理污水的吨位数来支付污水处理费用,以保证污水处理费取之于民用之于民。与会人员纷纷表示支持笔者的观点和建议,最后,发改局和财政局一致表态采纳笔者的建议并形成书面正式文件作为常态监督管理手段而付诸实施。至此,主持人宣布听证会结束。

二、从听证会这一案例看“设置反方”在地方政府管理创新中对科学民主决策的必要性

(一)“设置反方”论证方法的提出及其含义

听证会就是对“一个命题”听取各方面的“意见或论证”,这个意见或论证既可以是正面的,也可以是反面的,根据听证结果,得出“命题”可行与否,或者修正与否。在这里,笔者把听证会中的“反面意见”命名为“设置反方”。何谓“设置反方”?就是有意地对正方的论点提出质疑或否定,对正方的观点进行证伪。证伪对了,正方的观点便被推翻;证伪错了,便更加坐实正方观点的正确性。

(二)“设置反方”是一种有利于科学决策的论证方法

温家宝总理早在 2006 年 9 月 4 日于加强政府自身建设推进政府管理创新电视电话会议上的讲话就提出:“各级政府要把科学民主决策作为一项基本制度。要合理界定政府的决策权限,进一步健全重大事项集体决策、专家咨询、社会公示与听证、决策评估等制度。凡是涉及经济社会发展中的重大决策,必须坚持调查研究和集体决策制度,并充分听取社会各界的意见。凡是与人民群众利益密切相关的重大事项,必须实行社会公示或者听证。”[①]这里所指的“听证”,自然包含了“反面意见”,即“设置反方”。

为使项目决策科学无误,一般要进行“可行性研究”。这种研究对于决策的可行性无疑具有重要意义。但仅用这种方法所做出的决策,有时却并

不很科学，甚至可能是错误的。这是因为，一是决策者的决策思路往往早已存在于心了，循着这一决策思路所做的“可行性研究”，往往就是决策者早先的那个思路。这像是先有断案结论，再去寻找证据；先有史学观点，再去寻找史料来证明。二是由于没有反面的质疑，此种研究容易形成“一定可行”或者“必须可行”的定势思维。结果是支持正方观点的材料、论据被充分选取利用，反方的观点和论据则被忽视甚至有意被遮盖。

“偏听则暗”，这样的“可行性研究”，实际上科学含量并不高。所谓“可行”，有时实际是不可行的，一行便漏洞百出。这种事例现实中很多。这种情况说明：决策，光靠“可行性研究”是不够的，还应当有另外一种反向研究——“不可行性研究”。这是决策的重要环节，长期以来被许多决策者忽略或有意回避了，如果用正方和反方来比喻这两个研究，那么，“可行性研究”是正方，“不可行性研究”是反方。决策，应该主动“设置反方”。“设置反方”，不仅要进行决策的“不可行性研究”，还应当兼听和尊重与决策有关的不同意见，包括所谓的“异质思维”。

反方，是有意地站在正方，也即“可行性”的对立面。它的任务是对“可行性”进行严格的审查，专做批评性、否定性的思考，提出疑问，提出证伪的论据，乃至提出“可行性”实为不可行。经过反面这番辩驳，若是证伪成功，则“可行性”烟消云散；若是证伪失败，则证明“可行性”正确，决策没有失误。在这里，反方的作用：一是避免决策失误（实为一种纠错机制）；二是使原本正确的决策得到更加科学的解说，使“可行性”进一步被验证，无懈可击。这种将正、反两面放在一起让其“较真”的方法，能使决策更加周密，更加贴近实际。这是一种双保险的决策方法，能够大大提高决策的科学性。国外一些国家的议会有一项规定：在法案表决前的最后一轮辩论中，赞成者发言限五分钟，而反对者的发言则不受时间限制。其立意就是重视倾听“不可行”的意见。这种从制度上对反方发表意见加以特别保护的做法，不仅是民主元素在起作用，更是科学思维在起作用。这种对发表“不可行”意见者的尊重，是保证决策正确的极重要条件。

（三）在地方政府管理创新中，重大事项决策时应当建立“设置反方”的决策制度

“凡是涉及经济社会发展中的重大决策，必须坚持调查研究和集体决策

制度,并充分听取社会各界的意见。凡是与人民群众利益密切相关的重大事项,必须实行社会公示或者听证。”如果地方政府在管理中能够把温家宝总理“两个凡是”的指示精神贯彻于事关地方经济社会发展和人民群众利益的重大事项决策之中,把“设置反方”作为论证重大事项的常态机制,则可以大大减少政府对重大事项决策的失误概率,保证决策更加科学正确。

在政府现行管理体制中,关于重大事项的决策只根据领导的意图做可行性研究,而没有“设置反方”进行“不可行性”研究并采纳“不可行性”意见,导致重大事项决策失误的例子并不鲜见。2005 年,时任庆元县委的第一把手,为了实现其所谓的“梦幻廊桥”,根据个人的意思并凭借手中的权力,决定在庆元县松源河——庆元大桥上游 500 米处建造一座“濛洲廊桥”。概算投资 400 万元(而竣工结算时超预算 700 多万元),要求每个在职干部按职务大小来定捐款多与少。为此,笔者作为时任的县政协委员撰写提案并做了充分的论证以反对建造“濛洲廊桥”,提案全文如下:

重建濛洲桥不当施行(此为提案标题)。濛洲桥又名濛淤桥,据清光绪三年县志刻版载,濛淤又称濛洲,横跨濛淤溪上之廊桥因此得名叫濛洲桥,该桥建于元代至正年间,毁于(被乞丐烧毁)1995 年。

廊桥,在古代主要起交通桥梁作用,大多建在村尾水口,从唯心角度讲又能起到“拦风水”作用,古廊桥而今已成文物。据统计,庆元县原共有廊桥 230 多座,至今保护完好的仍有 97 座。如举水明天启五年即 1625 年建造的“如龙桥”(“如”字为动词,作“往”解。史记《鸿门宴》里“坐须臾,沛公起如厕”句的“如”字即作“往”解。“如龙桥”的“如”与“来凤桥”的“来”均为动词,对称对偶)为全国重点文物保护单位;又如五大堡西洋殿的兰溪桥建于明万历二年即 1574 年,为省重点文物保护单位。所以,如何保护好现有的古廊桥这一特色文物,才是人们需要重视的事情。

然而,濛洲廊桥既已毁之,而今又要耗巨资重建之——移建于城内松源河上(横城北路北端,横跨三漈潭至公路),这确实是一件应当慎重考虑、严格论证的事情。一是要把规划预留的交通桥址用于建造廊桥;二是省里没有拨款,县财政拮据没钱投入,光靠下达任务让广大干部职工捐资及部分社会捐款来建造。可行不可行,值得不值得?笔者认为,不应占用交通桥址来建造廊桥,捐款应当用在刀刃上,而不能用于这种社会效益不大、经济效益几乎为零的重建工程上，特此提案，建议政府慎重考虑，以不建为宜。理由如下。

(1)古廊桥于庆元县来说，不是珍稀文物，更不是唯一文物。现今仍旧保护完好的有国家级的“如龙桥”、省级的“兰溪桥”，还有其他许多县级的古廊桥。如果将现有的这些古廊桥保护好、维修好，就足以体现庆元古廊桥这一文物品牌了。所以“濛洲桥”既已毁之，就无这个必要重建之。即使像北京圆明园这样中国唯一乃至世界唯一的古建筑文物，至今也没有动议重建。

(2)不应占用已规划的交通桥址以建造廊桥。在庆元县建成区道路、桥梁规划中，早已定好把横城北路北端横跨松源河三漈潭尾建造成一座交通大桥，故而把横城北路和横城南路的路面规划设计并建造了四车道，这样的规划设计是科学合理的，是完全符合庆元县城市发展的实际和需要的，也是具有前瞻眼光的。如果把交通桥址用作建造廊桥，势必严重制约和破坏庆元县建成区的道路交通格局。

(3)若从旅游景点布局看，把三漈潭尾的交通桥址用作建造濛洲廊桥乃属孤桥景点。如果濛洲廊桥一定要建，倒不如连接咏归桥横跨松源河石龙潭至对岸，这样显得更加气派壮观。同时，符合庆元先人在此修建廊桥起到的“拦风水”和连通南北两岸的作用。自古咏归桥连接南北两岸是有据可考的：明天顺四年(1460 年)，由邑人捐资，官府补贴，从球山麓经石龟背，再跨对岸，修建屋式木桥，桥身四十间计数十丈，造型别致，名为“咏归桥”。桥名典出孔子《论语》“浴乎沂，风乎舞雩，咏而归”之句。咏归桥建桥 500 多年来，历遭洪水、大火，几经兴废，至解放时仅留南岸到石龟上的左桥。庆元县有 800 多年的制菇历史，菇民外出做香菇秋去春归，该桥被命名为咏归桥，寄寓着人们期盼和吟唱菇山的家人都能平安归来之意。廊桥建了，管理也必须跟上，咏归桥由水上公园管理人员专司负责，尚且还有许多问题，如成了乞丐避风雨和息宿的去处。常见桥头四周有尿、便迹，很不卫生，大煞风景。若濛洲桥建成后，孤零零位于一处，无人管理，卫生、防火等问题定然不堪，到时候旅游景点成了人们唾骂的东西，岂不好事变成坏事？

(4)2002 年颁布实施的《中华人民共和国文物保护法》第二十二条规定：“不可移动文物已经全部毁坏的，应当实施遗址保护，不得在原址重建，但是，因特殊情况需要在原址重建的，由省、自治区、直辖市人民政府文物行政部门征得国务院文物行政部门同意后，报省、自治区、直辖市人民政府批准。”濛洲桥要么不叫重建，若属重建，则必须按二十二条的规定报经省人民政府批准。

(5)强烈建议政府在实施建造濛洲廊桥前，召开一次有各界人士参加的听证大会，在充分论证的基础上，如若可行，则再建不迟。

笔者提案后，由政协提交县政府办理，再由县政府送达时任县委书记由其批阅。虽然县委书记批示让时任副县长和宣传部长在县政府四楼会议室召集有部分政协委员和人大代表参加的征求意见会，在会上笔者再次发表了反对建造的理由和观点，但是，时隔半年多后，濛洲廊桥还是照样动工开始建设。最终还是个别主要领导按照其个人的“意思”说了算。反对意见全部被“堙没”。实践是检验真理的标准，如今指责声、抨击声不绝于耳，如果搞个民意调查，反对建造者绝对超过 90%。因为，时至今日，全县人民都亲眼看到和亲身感受到濛洲廊桥占用了交通桥址，已经严重制约和影响了庆元县建成区的道路交通。2011 年，又有政协委员和人大代表提出要将濛洲廊桥进行搬迁，搬迁到阁门岭或者连接咏归桥。

当时如果庆元县政府能够就时任庆元县党委第一把手的个人“想法”——把交通桥址用作建造濛洲廊桥这一重大事项召开有各界代表参加的听证会，或者在全县干部群众层面进行一次广泛的问卷调查，或者在有县政协委员提案和人大代表建议案反对建造的情况下，进行一次“设置反方”的正规论证会，而不是搞形式主义的“走过场”，最终还是按个别领导的“意思”进行操作的话，也许一个错误的决策就可能得到阻止，一个形象工程、一个个人“功德”工程就可以被避免。

再有，2010 年庆元县香菇博物馆占用原庆元县委党校的新建办公楼，耗巨资投入 1700 多万元进行装修。当时也有很多人提出质疑：香菇博物馆为何不建在香菇鼻祖西洋殿旁边？若与吴三公殿组合为一个文化景点岂不更有意义吗？装修需耗资 1700 多万元吗？

在现行的地方政府管理中，对重大事项的决策，往往是按照个别长官(第一把手)的意思。缺乏科学民主，更不存在“设置反方”以进行“不可行性”论证。可见，为了避免形象工程、政绩工程、个人“功德”工程、劳民伤财工程的出现，政府管理部门在做重大事项决策的时候，有意“设置反方”进行

“不可行性”的研究论证机制，对减少决策失误以保证重大事项决策的科学性和正确性，是何等的必要！

三、“设置反方”要有制度保证

在地方政府管理创新中，对于重大事项的决策，谁来“设置反方”？当然是领导者。但领导者可以设置，也可以不设置，因人而异。“设置反方”有时是让人不舒服的。所以，敢于“设置反方”者必然是这样的人：头脑清楚、有辩证思维，懂得论证问题的规律；心胸宽广、有民主作风；对人民、对社会有高度的责任心。但是，靠个人终归不如靠制度，只有制度是刚性的、可靠的。因此，本文认为，在地方政府管理创新中要想建立高度科学的决策制度，“设置反方”这一论证环节是必不可少的。

① 2006年9月4日，温家宝在加强政府自身建设推进政府管理创新电视电话会议上的讲话。

（于2012年5月丽水市理论研讨会上获二等奖）

“四个全面”是对我党治国方略理论的又一提升

——对“四个全面”的理解及其在庆元县的实践

摘　要:“四个全面”,不只是中央治国理政的战略布局,更是我党治国方略理论的又一提升。该文从3个层次分析论证了这一观点。然后具体到庆元实践,对如何实践“四个全面”,阐述了自己的看法,同时提出了一些建议。希冀“四个全面”在实践中能够最大程度地落到实处。

关键词:四个全面;治国方略理论;庆元实践

一、对“四个全面”的理解

习近平总书记于2014年11月到福建考察调研时提出了“三个全面”,时隔一个月后的12月在江苏调研时则将先前的“三个全面”上升到了“四个全面”,即“协调推进全面建成小康社会、全面深化改革、全面依法治国、全面从严治党”,新增了“全面从严治党”。

之后,在全国政协新年茶话会上、在中央党校省部级领导干部专题研讨班上、在中央政治局会议和集体学习中、在春节团拜会上,习近平总书记一而再、再而三地不断强调,让“四个全面”成为备受国内外关注的“新提法”。

“理论在一个国家实现的程度,总是决定于理论满足这个国家的需要的程度。”——马克思《黑格尔法哲学批判导言》

笔者认为,“四个全面”,不只是中央治国理政的战略布局,同时更是我党治国方略理论的又一提升。

首先,“四个全面”,笔者将其定义为一个理论。这个理论是以习近平为总书记新一届党中央集体智慧的结晶。“四个全面”简约而不简单，说其简约是因为只有四个字——“四个全面”，说其不简单是因为“四个全面”包含了丰富的内涵，即包含了“全面建成小康社会、全面深化改革、全面依法治国、全面从严治党”这四个博大而精深的内涵。从逻辑角度讲，外延小，则内涵大，所以“四个全面”简约而不简单。“全面”是指纵向到底、横向到边全方位的“全面”。

其次，“四个全面”是一个新的重大理论，有深厚的认识论和方法论作为基础，符合哲学的辩证统一思想和伟大战略思维，是高瞻远瞩的“全局视野”和“战略眼光”。党的十八大之后的一个月中，习近平 4 次活动——参观国家博物馆《复兴之路》展览、到改革开放前沿阵地广东考察、纪念“八二宪法”颁行 30 周年并讲话、制定“八项规定”引人关注。这 4 次活动，无一不构成并对应着“四个全面”。正如习近平所说，四个全面“是从我国发展现实需要中得出来的，是从人民群众的热切期待中得出来的，是为推动解决我们面临的突出矛盾和问题提出来的”。从这个角度理解，“四个全面”是一个新的重大理论。

最后，“四个全面”理论将成为指导当前和今后相当一段时期我党工作的一个重大理论。“四个全面”，既有目标又有举措，既有全局又有重点，每一个“全面”都具有重大战略意义。发展是时代的主题和世界各国的共同追求，改革是社会进步的动力和时代潮流，法治是国家治理体系和治理能力现代化的重要保障，从严治党是执政党加强自身建设的必然要求。四者不是简单并列关系，而是有机联系、相互贯通的顶层设计。它兼顾中国特色和世界潮流，体现中国与世界的深刻互动，深化了对共产党执政规律、社会主义建设规律、人类社会发展规律的认识，是中国和中国人民阔步走向未来的关键抉择。“四个全面”将同邓小平理论、“三个代表”重要思想、科学发展观处于相同的政治地位。

二、“四个全面”在庆元县的实践

理论来自实践，反过来又指导实践，并为实践服务。“四个全面”这一重大理论、重大战略布局具体到庆元的实践，笔者认为，必须牢牢把握和坚持以下几个方面。

一是全面建成小康社会就是要牢牢把握发展的主动权。庆元县是生态环境第一县，应当根据庆元县的实际和优势，坚定不移地走“绿水青山就是金山银山”的发展战略道路，把生态优势转化为生态经济优势。根据统计数据，2014年，庆元县在生态和经济方面取得了满意的成绩。在生态方面，庆元县获得了“中国避暑胜地”称号；空气质量优良率达97%，获得全省首批、全市首个“清三河”达标县称号；生态环境公众满意度继续领跑全省，生态环境质量进一步提升。在经济方面，在市综合考核的43项指标中，有26项增幅列全市第三，其中17项列全市第一，地方财政收入增幅居全省第一。2015年，庆元县必须以“四个全面”为指导，在我国经济发展步入新常态下，牢牢把握发展主动权，继续保持昂扬向上的斗志，让生态环境进一步优化，让生态经济再上一个新台阶。

发展是硬道理，发展是主方向。发展的目的就是要提高老百姓的幸福指数，增加老百姓的幸福感。据此，庆元县必须按照省委书记夏宝龙“山区要尽快‘富’起来，更要‘美’起来”的“两美”要求，全力打造“中国避暑胜地”，做好做响“寻梦菇乡，养生庆元”这张名片，把庆元县真正建设成为宜居宜养宜旅的“富美”小山城。

2015年3月20日上午，由县委书记授权，县委宣传部长亲点了10位同志在县委四楼会议室召开座谈会，主题为“如何认识‘四个全面’及其在庆元的实践”，县委书记杜光旻自始至终参加座谈会并不时插话发言。笔者受邀参加座谈会，在谈了对“四个全面”的认识后，结合庆元实际又谈了个人观点和建议：庆元小山城的格局是“一溪两岸”。要使庆元“美”起来，出彩之笔在于做足做好“一溪两岸”这篇文章。笔者在2003年担任县政协委员期间就已专门写过一篇调研文章，提出如何建设好“一溪两岸”，建议以横跨南北两岸的5座大桥为界点，开拓南北两岸的江滨路，使之形成5个回环，以满足两岸居民走路、健身、休闲的需要。2009年调任庆元县担任县委书记的陈景飞也以官方形式提出“一溪两岸”建设，但是，直到今天，只闻口号，不见落实，老百姓多有怨言。所以，笔者借此次“四个全面”结合庆元实践座谈会之机，当面建议县委书记责成分管城建副县长，是否可以先把庆元大桥至西大桥，西大桥至阁门岭大桥北岸打通，形成两个回环。县委书记杜光旻接着插话说：

“松源溪及‘一溪两岸’是重中之重，要全力突破。知道老百姓呼声很高，也深感自己的压力很大。”并表态将会到城建局调研，责成城建局2015年先搞一个回环，一定程度上满足老百姓的民生需求。笔者认为，建设好庆元“一溪两岸”，不只是老百姓的民生需求，也是打造庆元“中国避暑胜地”和“寻梦菇乡、养生庆元”美丽事业所必须做的。

二是要坚持深化改革不动摇。党的十八届三中全会将全面深化改革的总目标，确定为“完善和发展中国特色社会主义制度、推进国家治理体系和治理能力现代化”。要使庆元经济社会发展，治理体系完善，也必须不断深化改革。农村信用社向老百姓实行林权抵押贷款制度是庆元县先试先行的改革成果，后来作为先进经验被全国各地借鉴采用。改革能够带来效力和活力。改革只有进行时，没有终止时。十八届四中全会决定全面推进依法治国。全国法院从2015年5月1日开始，将立案审查制改为立案登记制，做到“有案必立，有诉必理”，这也是法院的改革。

多年来，基于社会出现一些人无理缠访、闹访等情况，法律界一直讨论信访局应当强化还是弱化、保留还是撤销问题。2015年5月8日上午，笔者受庆元县信访局的邀请，参加了有人大、政协、机关、乡镇和社会各界人士参加的信访座谈会。座谈会上谈了本人的看法：信访局是头大而手脚小，说其头大是因为挂的是县委、县政府的牌子；说其手脚小，是因为信访局只是一个接待来访局，除了转办上级签批的信访件，接待当地的来访者外，没有任何“生杀予夺”权，与来访者所期望的落差很大，于是就出现了闹访、无理缠访甚至越级非访等问题。既然国家已经全面推进依法治国，法院自5月1日起已经将原来的立案审查制改革为立案登记制，让当事人“有诉必理、有案必理”，那么，信访局就可以被撤销归并到法院里面使其成为法院里面的一个信访庭。有人来访经接待后，进行分类疏导（指导），该走法律程序的就让来访者到立案庭进行登记立案；信访庭解答（解决）得了的就当庭解决问题而止访；由基层负责并且解决得了的问题就当场与基层对接沟通，协助解决。一切都按照全面依法治国的要求，一切都用至高无上的法律权威去规范，信访事件就会大大减少，整个社会就会稳定有序得多，国家形象也会好得多，政府成本也会减少得多。听了笔者这番观点，很多与会者都表示赞同。对于深化改革这个话题，笔者在另外的场合，就司法局与政法委这两个机构，也认为完全可以合并为一个机构，因为其功能和行使的职责、权力，大同小异，甚至没有二致。

春秋战国时期政治家、思想家吕不韦在《察今》一文中写道："治国无法则乱，守法而弗变则悖，悖乱不可以持国。世易时移，变法宜矣。时变而法不变，以此为治，岂不悲哉！"[①]所以，既然是深化改革，就应当审时度势，应改则果敢地改。

三是要坚持依法治国不动摇。2012 年 12 月 24 日是我国"八二宪法"（1982 年的宪法）颁行 30 周年纪念日，在纪念大会上，习近平发表重要讲话时强调指出："宪法的生命在于实施，宪法的权威也在于实施。"习近平还重申"任何组织或者个人，都不得有超越宪法和法律的特权。一切违反宪法和法律的行为，都必须予以追究"。习近平"八二宪法"纪念大会讲话，应运了 2014 年十八届四中全会的全面推进依法治国决定的出台。从国家层面讲，决定内容可以概括为 1 个目标、5 大体系、5 项原则、6 项任务。其中，6 项任务又分解为 180 多项子任务。

具体到庆元县，坚持全面依法治国最要紧最聚焦的就是健全依法决策机制。十八届四中全会决定强调指出："把公众参与、专家论证、风险评估、合法性审查、集体讨论决定确定为重大行政决策法定程序，确保决策制度科学，程序正当，过程公开，责任明确。"[②]只有这样，才能最大程度地避免政绩工程、形象工程、劳民伤财工程和腐败工程的产生。然而，在十八届四中全会推进依法治国的决定出台之前，且不说上述诸多"工程"在全国其他地方存在，仅就庆元县何其严重。

笔者曾连续担任 4 届县政协委员（注：没有任何别的关系，仅因笔者敢建诤言，敢说真话，履行了做一个政协委员的职责而已），在担任政协委员期间，就庆元的重大项目，不管是个人提案，还是作为课题调研组的执笔者，曾试图通过提案、课题的形式阻止或者倡议。有的问题就因地方党委"一把手"的权力太大，缺乏权力制约而建议乏力。试举两例：

（1）关于庆元濛洲廊桥。2005 年，时任庆元县委的"一把手"为了实现其个人"梦幻廊桥"，动议发起在庆元县横城北路原已规划为交通桥址的松源溪上建造木拱廊桥"濛洲廊桥"，并以官方形式要求每个领导干部都要捐款。据此，笔者提案反对，提案力陈不应将交通桥址占用为木拱廊桥的多条理由。提案后，从表面形式上看，时任党委“一把手”也曾将提案签批让时任的宣传部长和分管城建的副县长召集了几个人大代表和政协委员参加所谓的洽谈会，在洽谈会上笔者再次力陈反对建造的理由，虽然事情搁置了近半年，但最终“一把手”还是用权力和个人影响力实施了建造。建桥资金上，原来预算为400万元，到竣工结算时为1100多万元，超预算700多万元。由于庆元经过专家规划的交通格局被改变（实为破坏），以致而今庆元城内的交通状态糟糕不堪，老百姓怨声载道。若当时“一把手”动议建造濛洲廊桥时，经过如十八届四中全会决定里规定的法定程序，或许方案就可以被阻止于动议阶段。

（2）关于沁心园小区。庆元县政府于2004年成功拍卖“聚丰佳园”商住小区地块，地价为每平方米1300元。2005年，“沁心园”商住小区土地面积共计49710平方米，表面上虽说经过招投标，但因为准入投标门槛高，只有3家企业参与投标，竞标人少，容易串标，结果，49710平方米的甲级土地，以每平方米仅1040元的标底价被“贱卖”。每平方米地价反而比2004年的“聚丰佳园”低了260元。按理，根据土地交易规则，地价低于上年的不成交。该宗土地的“贱卖”不仅减少政府的收入，而且给广大市民带来严重负面“议政”影响。2006年有新县长到庆元县上任后，看见庆元土地将被买卖殆尽，心急如焚，建议政协马上搞一个深度调查，以规范土地市场。课题组共有7人，以副主席牵头并任组长，由笔者执笔，经过一个月的调查，写出了《关于有效利用土地资源，积极完善房地产市场培育和管理的调查报告》，送给杜新林县长阅批。杜新林县长看后明确表示调查报告做得很好，亲自签批：要求全县机关单位和乡镇全发，并且抓紧落实。2006年，“沁心园”北面的“丽晶城”地块，面积计14340平方米，其进行公开招投标，以每平方米3522元的价格被拍走。相比上一年的“沁心园”，政府每平方米多了2482元的收入。据此反思，比起“丽晶城”的地价，“沁心园”共计49710平方米的土地因“贱卖”而流失的资金就达1.2338亿元。可见，重大项目的行政决策如按十八届四中全会决定规定的“把公众参与、专家论证、风险评估、合法性审查、集体讨论决定确定为重大行政决策法定程序”，而使其阳光透明是何其重要和必要！

四是要坚持从严治党不动摇。抗日战争胜利前夕，民主人士黄炎培跟毛泽东主席有一段对话。黄炎培问毛泽东：“纵观历史，一个政党也罢，一个国家也罢，其兴也勃焉，其亡也忽焉，最终都没有能跳出人亡政息这个周期律。将来你们共产党执政以后，如何跳出这个周期律？”[3]毛泽东经过一个星期的思考后回答黄炎培：“从严治党，民主执政。”可见，作为一个执政党，能否做到从严治党，是关系到这个执政党能否人心所向，稳固执政的重大问题。

对于庆元，笔者建议：

(1)领导干部实行任职宣誓制。凡在庆元县任职副县级以上的领导干部或者被提任为正科级以上科局领导干部，在宪法纪念日(12 月 24 日)里，应当在上一级人大或者同级人大的监督下，左手摁着宪法，右手握着拳头进行一次宣誓仪式，以示对宪法的敬畏和敬仰，使其今后在权力和利益面前，时时警醒，筑牢贪腐底线，做一个清正廉洁的领导干部。

(2)对现行的纪检监察领导体制进行改革，这种改革不只囿于庆元，应当于全国同步进行。我党现行的纪检监察体制存在着诸多缺陷：各级纪检机关受同级党委和上级纪委的双重领导，使纪委在案件查处中受同级党委许多物质条件制约；在监察体制上表现得软弱无力；纪检机关在查处权限上缺乏相应的权力；等等。对现行的纪检监察领导体制进行改革，通过改革以建立高效、快捷、秘密的防腐领导体制；纪检机关实行垂直管理，确保防腐机构能独立行使查处权；实行交叉办案，保证办案的公正性；同时，建立反腐败统一网络，建立查访制度，赋予纪检监察机关更大的权力，保证惩治腐败的有效性。纪检监察机关也要加强权力运行者的监督和自我监督。

①《吕氏春秋》，长春：长春出版社，2013 年 1 月第 1 版，第 142 页。

②《〈中共中央关于全面推进依法治国若干重大问题的决定〉辅导读本》，北京：人民出版社，2014 年 10 月第 1 版，第 16 页。

③来源：人民网国家人文历史(2013 年 10 月 24 日)。原标题：黄炎培与毛泽东畅谈“历史周期率”。

(入选 2015 年 5 月丽水市委党校理论研讨会)

第二篇

课 题 调 研

中国香菇城的崛起与庆元农村的稳定发展

——对庆元县香菇业的兴旺带动百业兴旺的调查

一、千百年的香菇史，千百年的艰辛史

根据大量的史料考证，香菇的栽培源自中国，而源自中国的香菇又源自中国浙江龙泉、庆元、景宁三县(市)连成一片的1300平方千米的菇民区，其种菇已有800多年的历史(比日本早300年)。这里数以10万计的世世代代以香菇为业的菇民，就是这一历史的创造者。庆元县百山祖乡龙岩村——香菇之神吴三公的出生地，则是万千菇民公认的香菇发祥地。

吴三公，名昱，因其兄弟多，排行第三，被菇民尊为吴三公。查宗谱：吴氏祖先于唐代由山阴(今绍兴)迁徙至龙岩。吴三公于宋高宗建炎四年(1131)3月17日出生于龙泉、庆元、景宁三县之交的龙岩村。龙岩村现系庆元县百山祖乡管辖，全村近百户，其中吴姓占95%以上，大多系吴三公后裔。

相传吴三公世居龙岩深山密林中，以守猎与采集野生蕈菌为生，发现阔叶树倒木皮层被刀斧砍伤之后，菇便大出，且多砍多出，不砍不出。此种菇滋味甜美郁香，常食之体健少病，尤无感冒等常见病。人体皮肉被刀斧所伤之处，也以此蕈嚼烂涂抹之，颇有奇效，山民视其为神仙所助。吴三公又偶然发现，某些阔叶树朽木，虽经刀斧砍过，却经历多年而不出菇，往往发声长叹，而以斧头猛击之，数日之后，竟遍树出菇。菇民以后称此为“惊蕈”，认为是吴三公借助神力之所致。惊蕈术也为后世菇民之特殊技艺(后传入日本)而流传史册。吴三公是集万千菇民质朴、勤劳、智慧、勇敢于一身的象征。他亲身实践，发明、创造并完善了直至今天仍具有丰富科学内涵的以孢子繁

殖为核心的栽培技术——砍花法，为千百年来贫困无援的菇区菇民带来生存的希望，功不可没。这也就是菇民世代尊奉其为菇神的原因所在。相传处州籍人刘伯温（青田人，当时景宁为青田属内）顾念龙庆景三县山多田少，民甚贫苦，唯善于做菇一道，乃乘间奏请朱元璋以种菇为三县专利谋生，迄今 600 余年历史。民间一直流传“朱皇亲封龙庆景，国师讨来种香菇”。

然而，由于菇区自然条件险恶，粮食不能自给，人民生活十分贫困，历史上没有哪个朝代能给菇民以大量赈济，菇民只有依靠自己的艰辛劳动出外种菇谋生。每年农历十月末至翌年三月，菇民必须远离家乡，赴闽、赣、粤、皖、桂、湘、鄂、川、黔等地经营香菇。所谓“辣椒当油炒，火笼当棉袄，火篾当灯草；春三月断粮，夏三月借粮，秋三月缴租，冬三月上山（种香菇）”就是菇民历代生活的真实写照。菇民生活的艰难情景不难想象。菇民上山之后，“菇民区内家家户户人去屋空”“被他们留下的一群老幼，情景可怜，也有于此时散布多处以讨饭为生，在凛冽的朔风里，瑟缩着身子，期望着明春带来的佳讯”。这是 1948 年庆元县长陈国钧对菇民区惨景所做的深刻描述。直到 20 世纪 50 年代之前的数百年间，一到“枫树落叶，夫妻分别”时，形容枯槁、鹑衣百结、挑着黑锅和破棉絮结队的菇民就开始离乡背井，长途跋涉奔向闽、赣、皖等省的深山密林中，搭起茅草寮，开始生产香菇；直到“枫树抽芽，丈夫回家”时，他们又复为农民。年年如此，代代如此。借以种菇谋生的广大菇区农民，若遇香菇年情不好或菇业困难时期，则生活困难，社会也相对不稳定。

二、科技发展，菇区菇业大发展

传统的原木砍花法，不但资源浪费大，而且其产量和质量均受地理环境、气候条件、年情好坏所影响。800 多年的香菇生产史，历代菇民孕育的这一产业，在经历了漫长的艰辛和曲折道路后，适逢今日科技发达的太平盛世，使木屑袋料术代替了千百年来传统的原木砍花法，不但几十倍乃至上百倍地节能增产，而且克服了传统栽培法受地理、气候、年情等外部不利因素影响的难题。改革开放的大好形势，加之 13 亿人口的巨大消费市场，以及通上五洲四海的外销世界，使庆元香菇在短短的 10 多年以成倍增长的速度飞跃发展。现根据庆元县统计局、农经委、食用菌研究中心等单位提供的资料，将1978—1994年17年间香菇的发展情况列表如表1所示：

表1　1978—1994年庆元县香菇发展情况表

年度	产量(吨)	销售量(吨)	产值(万元)
1978	2.15	2.15	10.00
1979	36.35	36.30	180.00
1980	84.75	84.70	407.00
1981	117.80	112.00	601.00
1982	204.95	180.00	920.00
1983	235.00	203.00	1000.00
1984	240.00	220.00	1100.00
1985	320.00	300.00	1700.00
1986	395.00	375.00	2010.00
1987	465.00	400.00	2320.00
1988	640.00	520.00	3100.00
1989	744.00	632.00	3600.00
1990	1286.00	1210.00	7100.00
1991	2462.00	2382.00	1.32
1992	5000.00	4102.00	1.81
1993	6886.00	6418.50	2.36
1994	9338.00	7840.20	2.85

从表1可以看出，庆元香菇自1990年以来以迅猛的势头在飞速发展。以1994年为例，据调查，庆元县18.6956万人口中，就有12.2万人口介入香菇生产和香菇流通，一般菇农户生产6000—10000段，不少菇农户生产数万段。1994年，庆元县政府评出并表彰了十户制菇大户，其中生产数量最多的是荷地镇青社村的张绍件，其全家9口人，生产菇40000段，干菇产量3000千克，收入96000元，扣除成本后，每段获纯利1.44元，总纯利57600元，人均6400元，这让他们成为该乡的香菇生产致富大户。在流通领城中，庆元县

隆官乡的潘廷财个体户，逐年把生意做大，在香菇市场就有店面5间。1993年10月22日，潘廷财成立了“潘达公司”，注册资金800万元，其手头拥有流动资金5350万元，在广州、深圳等地开设外贸窗口，把香菇销往北美、日本、韩国、泰国、马来西亚、菲律宾等国家和地区，并与广东、江苏、上海、陕西、河北、安徽、天津、湖北、福建等省、市建立了广泛的业务联系。仅1994年，潘廷财纳税500万元，成为庆元个体创税大户。

类似庆元潘廷财潘达公司这样的香菇企业的出现，象征着中国菇民区已摆脱了历史上香菇经营的原始自然经济状态和小本经营状态，而跃入国内外大市场的经营行列。今天的菇民和香菇经营者再也不是历史上被描述的“蓬头垢面，几近乞者”地在风雨中求生存的苦难山民，而是一批掌握科学技术、有文化、有经营谋略、拥有经济实力、生活日新月异且永远和时代步伐紧密相连的新一代菇民。

为了把县城经济发展得更有特色，具有较强的接受城市幅射能力和反幅射能力，使其在激烈的市场竞争中把握主动权，占据优势，1993年春，庆元县委、县政府做出了建设庆元“中国香菇城”的决定，并采取了切实有力的措施，着手进行具有重大历史意义和现实意义的系统工程建设。政治上，庆元县取得高层人士的重视和支持：国际亚热带菌类研究协会主席，香港中文大学教授张树庭在实地考察庆元香菇历史后，得出“香菇源自中国浙江庆元”的结论，并作“香菇之源”的题词；全国人大常委会副委员长费孝通为庆元题词“中国香菇城”。孙起孟、程思远等高层领导也作了此类题词。舆论上，庆元县扩大社会影响力和知名度：自1992—1994年，连续成功举办了3届香菇节。实业上，庆元县投资10多万元重新修整香菇鼻祖——吴三公西洋殿菇神庙。于1992年1月投资1000万元建成的105000平方米的我国目前最大的香菇专业市场后，1994年6月，庆元县投资1500万元建成了我国目前规模最大设施最全的5300平方米的食用菌科研中心大楼，并于1994年11月成功举办了国际食用菌研讨会。参加研讨会的有来自美国、法国、德国、日本、韩国、泰国、越南等26个国家和地区的科技官员，从而进一步扩大了庆元和庆元香菇的知名度，使庆元香菇真正驰誉五洲，名扬四海，打入并占领国际大市场，充分显示了庆元香菇城香菇业的辉煌成就和光辉前景。

三、一业兴旺，带动百业兴旺

庆元香菇业的兴旺，带动了庆元百业的繁荣兴旺，从而发展和壮大了农村经济，稳定了广大农村农民的心。

1. 为广大农村众多闲散劳动力提供出路。“九山半水半分田”是庆元现状，农民一年到头，除了春播、秋收两季农忙外，一年有二分之一的时间是相对空闲无事的，于是广大农村出现了闲散劳力白日玩扑克、搓麻将，甚至发展为赌博的不良现象，影响社会的风气，也影响农村的稳定和发展。自1989年全县广大农村普遍推广袋料制菇业以来，出现了人人动手、户户制菇的空前景况，男女老少皆投入香菇生产。据调查统计，一段菇段从备料到菇棚出菇，中间须经26道工序。科技袋料制菇业的发展，不仅彻底解决广大农村闲散劳动力的出路问题，而且成为广大农村农民发财致富的道路。

2. 给予众多妇女以挣钱的机会。在庆元香菇流通经营领域中，诸如潘廷财有经济实力做大生意的公司或大老板还有许多。据调查，仅潘廷财一家，设在广州、深圳的外贸香菇加工场有2个，从庆元输出帮其加工外贸菇的年轻女工168人。在庆元城里，帮古田、三明和庆元老板加工外贸菇的女工达8000多人，这些工厂采取的是承包制，熟练女工一天可挣得15—20元。

3. 庆元有一支由农民组成的流通大军。这支上千人的流通大军，散布到乡下，挨家挨户向菇农手中讨价还价收购香菇，然后又将其运到县城香菇市场和老板成交。据调查，其收入相当可观，根据收购量大小不等，有的一趟即可获利几百元甚至上千元。这支流通大军常年奔赴于闽、赣、陕、皖等地收购，并与县内保持密切的信息联络，一旦行情看好，立即将收购到的香菇装车运抵庆元成交，其获利更大。当然，受行情制约，风险也不小，也常有亏本的。

4. 交通运输业特别繁忙。庆元全县共有20个乡镇，各个乡镇都已通公路，每条公路从早到晚，中巴、小四轮、三轮车来往如梭，从乡下到城里，每车货架上装着满满的、高高的、一袋袋的运抵城里成交的香菇。

5. 饮食服务业特别发展。庆元除了香菇收购大军常年来往于乡下、城里外，还有不少是菇农自己亲自送到市场上卖的，此外还有许多外地生意人在庆元。这就为饮食服务业提供了极好的发展机会。据调查,常住人口只有 3.5 万的县城,却有旅馆、宾馆 100 家,酒家 150 处,饮食服务摊点 190 个,且提供夜市服务,生意特好。

6. 制菇配套服务行业极为齐全。新建路、学后路出现了塑料薄膜筒袋加工销售街,香菇菌种制作销售街以及木屑加工销售和麦麸红糖销售街。为粉碎木屑提供切片和粉碎机、为脱水烘干香菇的烘干机的机械加工工业也得益很大。

此外,以香菇为原料的"保力生"保健药品已研制成功,并经国家批准投放市场;香菇特酿酒开发成功,并获得 1994 年国际博览会金奖,很受市场欢迎。1994 年 12 月,庆元县又与意大利签订了投资额达 730 万元的合资生产意向书。庆元以香菇为原料的深度加工、增值开发将展示广阔的前景。

庆元香菇业的兴旺和菇区的巨变,是在国家改革开放的政策扶持和全国各方面的支持下取得的。广大菇民永远不会忘记以往所走的艰苦历程。且不说千百年来菇区菇民种菇谋生的艰难历史,就是近在解放后的"十年动乱"时期,香菇业还被当作资本主义批判。广大菇民的艰苦劳动,非但得不到社会的承认,反而处处受到排斥和遏制。

研究庆元香菇业近代兴衰史与研究传统自然经济区农业经济的发展是极有意义的。香菇经济为数百年来一代代政治家、农学家所重视。刘基——一个有远见卓识的政治家,王桢——中国历史上著名的农学家,以及 1948 年的庆元县长陈国钧,他们对香菇业和菇民问题的精辟见解,是建立在对人与自然环境矛盾与统一,对森林与人类的保护与利用,对菇民生存条件的深刻剖析的基础上的一种十分成熟的观点。几百年来,一代代菇民区的命运主宰者——统治者似乎都无法违背"菇民以香菇谋生"这一命运。历史和事实已经证明,凡是违背这一规律的,菇民区经济就会发生根本性的运行紊乱,菇民生活就必受其影响,菇区广大农村就不稳定,甚至出现灾难性的后果;相反,如果顺其自然,让菇民顺利地伸展其种菇的"谋生特技",再辅以政策和政府的支持,菇区经济就会得以顺利发展,广大农村就会稳定,菇民就能安居乐业。

四、质高品优，取胜市场

庆元香菇驰誉海内外，在国内外市场上占有较大的优势。但是在竞争对手如林、市场变化万千的今天，庆元菇业的发展也不是高枕无忧、一劳永逸的事情，市场不能视我独有。据调查，1993 年，庆元香菇产量占全国的 1/5，占世界的 1/9，然而到 1994 年，庆元香菇产量只占全国的 1/7，世界的 1/9，可见全国各地乃至外部世界发展的势头都很猛。仅以龙泉县为例，1993 年，其全县袋料制菇只有 5000 万段，而到 1994 年，就发展到了 1 亿段，增长了 1 倍。1994 年末，庆元香菇价格由原来直线上升的势头，出现平抑乃至有下跌趋势。究其原因不外有三：一是全国各地迅速发展，其他国家也在发展，市场不唯我独有；二是尽管世界食用量很大，但过去由于香菇产量不大，供不应求，即使是质量平平的香菇也能找到好销路且有好价格。如今，香菇数量猛增，货源充裕，要求提高，市场需求的是色好质优的香菇，平平之统菇、薄菇在市场已不占优势；三是在外贸流通领域中，与外商成交生意，各走各的路，各唱各的调。经营者之间为了自己的销路和利益，出现互相压价的现象。日本则不同，他们组成大商团，对外统一价格，保证出口价格不受影响。

为了使庆元香菇永保不败之地，确保市场之优势，必须搞“人无我有，人有我优”的产品来占领市场。对此，庆元县委、县政府在分析了全国乃至世界香菇发展的情况后，提出了 4 点对策及措施：

1. 科技领路。现任庆元县食用菌研究所所长、高级农艺师全国“五一”劳动奖章获得者、八届全国人大代表、县人大常委会副主任吴克甸，组织一批专业科技人员，研制成功并下乡镇辅导推广生产袋料花菇。此产品于 1994 年在五大堡乡试点成功，并于 1995 年在全县推广生产。同时还研制开发出鸡腿菇、北芪菇、高环柄菇、杨树菇等人体所需的多种高营养系列香菇，深受市场欢迎，前景很好。

2. 适时调整结构。根据地理、气候、资源等条件情况，县委、县政府号召县城东部地区继续大力发展香菇，并大力推广生产花菇，西部地区则大力发展灰树花（可食可药菌类产品）。

3. 流通经营中，组成大联户集团，统一出口价格，提高香菇出口值。

4. 采取拨专款和菇农论额提留（每段提留 0.05 元）的办法，用于人造菇木速丰林种植，以保证香菇资源取之不尽、用之不竭的良性循环。截至 1995 年 3 月，全县已营造菇木林 10000 亩。

庆元菇区菇民有着吃苦耐劳的优良品质，今日的菇城菇民以科技带路，勤劳致富，吃、穿、住、行更数风流。1994 年，庆元县总产值达 6.6896 亿元，比 1993 年增长 1 倍以上。人均收入自 1991 年首次突破 1000 元后，1994 年人均达到 1600 元，连续两年居丽水地区之首。庆元农村正凭借改革开放的强劲东风和菇业富民的康庄大道大踏步地向“翻番、移位、奔小康”的目标迈步。

（丽水地委党校 1995 年“沿海山区农村发展与稳定理论研讨会”入选论文）

关于加强城镇基础设施建设和城市管理的调查报告

加强城镇基础设施建设和城市管理，对推进庆元县城市化进程，完善城市化功能，优化城市环境，促进庆元县经济社会健康有序的发展有着重要意义。县政协推进城镇化建设课题调研组第三小组，就如何“加强庆元县城镇基础设施建设和城市管理”这一课题，通过查阅资料、实地考察、个人走访、开座谈会等形式，进行调研。

一、基本概况

庆元县地处浙江西南，是浙西南欠发达地区的山区小县。全县总面积1898平方千米，辖7镇13乡，共345个行政村，756个自然村，总人口19.7万。县城松源镇是庆元县人民政府的驻地，为全县政治、经济、文化中心。据统计，至2002年末，县城总人口为4.26万，占全县总人口的22%，建城区面积368平方千米，人均用地90.6平方米/人。松源镇位于县境中部闽江源头的松源溪畔，地形自东北向南倾斜，周围群山环抱，松源溪自东向西穿城而过，形成一溪两岸带形或不规则长方形的城市格局。全城由后田大桥、庆元大桥、西大桥和刚建成的阁广岭大桥5座大桥连接松源溪两岸，将南北两岸(片)连为县城的一个整体。随着社会发展、市容的扩张、人口的增加，为满足人们日益增长的物质文化的需要，近几年来，政府投入了大量的资金，完善城镇道路交通、电力电信、教育卫生，加强给水排水、环保环卫、防洪加固、美化广场公园绿地等硬件基础设施建设和公共设施建设，使城镇面貌发生了很大的变化，大大推进了庆元县城市化建设的进程。所有这些广大干部群众是有目共睹的，并且是首肯称颂的。但是庆元县城市化建设与体现科学性、前瞻性、效益性的要求相比，仍然存在着不少问题。

二、存在的主要问题与对策

（一）县城现有的排水设施不完善

已有的排水管渠为雨污合流，污水未经任何处理，直接排入河道，使松源溪流遭受严重污染，昔日清澈见底的水质已一去不返。现今西大桥上方的橡皮坝变成了庆元县最大的污水池，水面每每漂浮着生活垃圾及其他腐殖物，水体浑浊不见底，严重影响了城市景观，贬损了菇城形象，因此，污水处理已成为亟待解决的问题。主要对策有：一是加强排污管网的建设，旧城改造、新区建设应实施雨污分流，新大楼建成应配套建设污水处理设施；二是尽快建设污水处理厂，总规划提出至 2005 年建设成日处理 1 万吨的污水处理设施，应将其列入政府的近期重点工作，尽快制定详规，落实厂址用地，多渠道筹集建设资金。

（二）城区地下管网铺设无序，杂乱无章

这里的地下管网主要指电力、电信、广电“三网”线路的地下埋设。由于过去没有坚持“先地下后地上”的城市规划原则，即使有所谓规划，但也缺乏规范性和前瞻性以及城区管网一盘棋的全局意识。各个部门的按己所需、各自为政、实用主义、短期行为，导致而今“你家铺设我家挖，今天铺设明天挖”的无序现象。整个街面、人行道面随处可见，或坑洼深壑，或堆土如山。这不仅影响市容市貌，而且给广大市民工作和生活带来不便，甚至潜存隐患。对地下管网设施的埋设，应坚持“先地下后地上”的原则，统一规划、科学设置、超前预留，避免无序和反复现象发生。

（三）庆元大桥北头桥口成为县城最大的交通“瓶颈”

该桥口地段处于仓山路、商场路、学后路三条道路进出口的交会处，由于交叉行人行车，加之路面狭窄经常发生堵车严重现象影响通行，成为县城

最大的交通“卡口”。建议根据总规划，抓紧拆除仓山路、新建路、商场路的三角地块上的所有建筑。该地块除中央部分用作建设雕塑小品公园绿地外，其余三边用于道路拓宽，以彻底解决县城最大的交通“瓶颈”。同时，将大桥东侧予以加宽建设（因大桥西侧南北两端场已建有高层“桥头堡”），然后再沿东侧从庆元饭店起拆至商业局止，拓宽路面，使松源街达到30米红线宽度的总规划要求。

（四）应建设施未予建立或未健全

1.城区消防设施不完善。①全城只有69个消火栓，且安装不规范，现有46%的消火栓已被埋压或损坏，供水压力不足，无法正常使用。②119火警专线只有2条，与消防标准不符。③府后街、后田街两个地方道路狭窄，又多被小贩占据，严重阻塞消防车辆通行。据此，需增设一条119专线；需对被埋压、损坏、供水压力不足的消火栓进行抢修；在新建路、咏归路、石龙街适当位置需增设消火栓；对工业园区、居民新区的消防基础设施应一步到位。

2.城区缺少停车场。上一轮规划中就已有规划，可时至今日仍未建立（第三轮规划中又有规划），车辆无处停放，就到处乱停乱放，影响城区交通和管理。应按规划选址，考虑尽快付诸实施，以解决停车问题。

3.残疾人设施不完善。现今，除了石龙街、松源街人行道中设置黄线地砖为盲人行走标志外，其他街路人行道上均无此设施。过去，公共设施中的行政机关的建筑通道均未设置盲人标志通道和其他残疾人的无障碍通道，即使今天建筑的公共设施，除了新建邮政大楼设有残疾人无障碍通道外，其他的如新建的财税大楼、法院大楼、工商大楼、电力大楼等均未预留和设置盲人标志通道和其他残疾人无障碍通道，给这一群体的工作、生活带来极大的不便。建议公共设施应考虑设置盲人标志通道和其他残疾人无障碍通道等设施，以确保方便这一群体的工作和生活。

4.缺乏一个青少年活动中心。而今县城人口4.26万，占全县人口的20%，而县城在校学生占全县学生数的40%。县城需建一个青少年活动中心，以满足青少年的文化娱乐、身心健康之需要。

5.洋墩片至今未纳入城管保洁区，卫生状况较差。为提高建成区卫生水平，应将其纳入城管保洁区范围。城区公厕和垃圾中转站要先有规划，并依规划定点设置，方便市民。现有的垃圾填埋场已不能满足县城发展的需要，应着眼长远规划好新的垃圾处理场。首先要选好址，城建、环保等部门共同把关，尽快落实场址；其次要建好场，要充分考虑垃圾的容量、无害化处理、资源化利用以及渗滤液的污染治理等问题。

6.城区有的加工业存在噪声、臭气等污染，诸如锯板厂、煤球厂、线条厂、门窗加工、花岗岩厂、皮鞋加工店等既是工业又是带有服务业性质的行业。因与人们的生活紧密相关，多分散在城区的不同区域，这些行业存在着噪声、臭气等污染，往往一个厂、一个店就影响到一片居民。总规划中没有明确规划，详规应考虑在县城较偏僻地段如星光路、洋墩等地段划出较大地块，相对集中安置。

（五）关乎市民身心利益的休闲场所建设不容忽视

1.位于横城路与濛洲街交会处南端的市民广场是城市品位的一个亮点，给市民提供了一个休闲娱乐的场所，但面积仅8000平方米，按广场要“广”的理念，显然太窄。现在市区人口才4万，每至周末，广场休闲、观景的市民已拥挤不堪，若以后发展至7万人，情况又将如何？据悉，广场南端地块，政府拟将拍卖出让用作高中档住宅区，果真如此，广场面积则被定格，不再有扩容空间。从长远计，广场南端地块可否预留？

2.新建的濛洲公园，又曰“水上公园”，小桥流水，倚溪而建；波光涟漪，风景独好。省重点文物保护单位“咏归桥”之“咏归”二字，典出孔子“风乎舞雩，咏而归”之语。庆元世代，男子均有外出做菇历史，历史上庆元城内唯有咏归桥为沟通松源溪两岸的水上通道。命名“咏归桥”寄寓着庆元人民吟咏外出家人平安归来之意。而今濛洲公园与咏归桥文物连为一体，平添人文景观，蕴含人文气息，凸显菇城特色。然而公园本姓“公”，但公园中央却“盘踞”着私人营利经营的瓦房建筑。既为营利经营，必为公园的污染源，市民对此反响强烈，意见不少，不能不说是濛洲公园的一大“败笔”。

3.庆元大桥至后田大桥南岸沿溪堤坝，是谓连接后田城底的“溪沿路”，虽谓为路，但断断续续，没有真正畅通。人行尚不畅通，行车更无从谈起，溪沿片宅，若遇火情，那是万般无奈的事情。故宜建造一条5—6米宽的真正“溪沿路”。一可防洪固城；二可提供市民通行、休闲步行道路；三可亮化工程，提高城市品位；四是若遇火情，特允消防车辆通行实施救火。

4. 庆元大桥至西大桥北岸段江滨路，是一处制约市民通行和休闲的隐性瓶颈路段。其中一段（原老车站宿舍区）20 世纪 50 年代建造的破落不堪的低矮瓦房依旧风雨飘摇地坐落那里，南岸观之，大煞风景，严重影响市容市貌。应立即拆除，沿岸拓宽建造一条 8—9 米宽的人行道，使两桥两岸构成一个回环走廊，以满足市民的休闲散步之需。沿岸装以豪华路灯，使南北两岸华灯交相辉映，构筑亮丽风景线。西大桥至阁门岭大桥北岸，若能建造一条 5—6 米宽人行休闲道，与江滨南路构筑个大的回环走廊，使江滨两岸构成两道亮丽的风景线，那将尽显庆元县优美的山水城市景观。

5. 开发“龙山”生态公园，寓历史文化于自然景观之中。“龙山”即为拱瑞堂、香菇阁后面这座雄伟的“龙头”之山，它东与石龙山衔接，南与薰山尖呼应，北与市子峰遥望。龙山横贯东西，驼峰起伏，活如腾龙。若该山坐落在杭州、上海定将身价无量，寸土寸金。有位离休干部曾极笔描绘了龙山的优美传说和奇险景观，寄寓了老人祈盼早日将它开发的良好心愿（《庆元纵横》20 期第 155 页有刊文）。开发龙山山地公园，总规划未予规划，建议详规予以立项，依山开辟幽径栈道，建造亭台楼阁，种植花草异木，与山脚旷地整合为一体，构筑旅游览胜的山水生态公园。新建设的市民广场和濛洲公园虽然很好，但毕竟是人工造就的景观，如将龙山开发，必将成为庆元县寓历史文化（优美的龙山传说文化）和天工造就的自然景观于一体的别具一格的山水生态文化公园。远期可考虑从石龙山纪念碑址起用石级建路至山顶，再从山顶延建至拱瑞堂龙山公园，构成石龙山—龙山—江滨路一条旅游线路，并适时开发老鼠山山地公园和禁山林山地公园。到那时，才算是真正把城缘山上的文章做活了，真正把城市的发展空间拓宽了。

6. 原党校宜予保留，不宜做整体搬迁。如若整体搬迁则成本太大，实无必要。合宜的规划是将教学楼和宿舍楼予以保留，其他建筑及旷地统一作为市民休闲用地，以达到资源共享的目的，可谓一举两得。

7. 南岸江滨路铁链护栏缺乏安全系数。市民对加固护栏呼声很高（尤以咏归桥头至西桥南端西侧地段为甚）。建议更换为石板护栏，以确保市民的安全，造福人民。

(六)城市管理亟待跟上

近年来,随着县城基础设施建设投入的加大、城市化进程的加快和宣传力度的加强,市民道德素质有了提高,但由于不是全民共同提高,所以总还有那么一些人,不注意公共道德修养,做出不文明甚至与道德相悖的行为,主要表现有:

1. 不爱护公共设施,你建设我破坏。如公共路灯、地灯被敲损;公园、景点的石桌石凳被推翻;道路树木被折断;花坛草地被践踏;有价设施被盗窃;等等。

2. 不讲公共卫生、不讲公德。如随地吐痰,乱扔果皮;乱倒垃圾,乱倾脏水;乱挖乱拉;占道设摊,占道经营;有的单位施工后,不及时清除街面的剩余泥浆、剩余沙石,影响市容,影响行人;等等。

三、几点建议

针对庆元县在城镇基础设施建设和城市管理中存在的问题,同时为了寻求并建立一种有效机制,以达到解决和预防问题的目的。建议如下:

1. 根据总规划,抓紧出台详规。对详规的修编和今后重大的公共设施项目的建设,一定要科学论证,广泛听取各方面的意见,增强民主透明度。如开论证会,不能只有分管的县领导和部门领导参加,而没有市民代表参加,不能漠视甚至拒纳市民的正确意见。因为是领导,所以大都有"服从"长官(上一级领导)意志的心理,而市民则不同,他们敢于讲真话,甚至敢于"直谏",他们的意见属于旁观者清的群众层面的意见,往往是正确的,有采纳价值。只有科学论证,广泛听取各方面的意见,做到决策民主化、科学化,才能避免长官意志、短期行为的政绩工程、折腾工程甚至是劳民伤财的工程。一旦科学论证并规划确定后,就要严格执行实施,以保证规划的严肃性和权威性。

2. 规划实施要规范。坚持基础设施先行的原则,即"先地下后地上,先道路后建筑,先配套后发展"的城市规划原则。如给水排水网、电力电信广电网、交通道路网、环卫设施网等基础设施网管的埋设,一定要科学、系统、规范、前瞻,力戒随意性、短期性、重复性、无序性。建设要分轻重缓急,关乎民生的重点项目先上,急用的先上,少花钱可办事的先上。

县城四周皆为山,发展空间受到局限。城内所能利用的土地已不多,要珍惜并合理利用好土地,不能竭泽而渔。实现城市发展,可以吸取青田等地的经验,做好区域资源组合,进行区域整合的组团式城市建设,超越行政区划的空间发展模式。当前,庆元县将会溪、五都黄田洋列入县城总规划建设发展就是一个范例。远期可考虑待打通至竹山的过境隧道后,将竹山列入组团式城市区域进行建设,以扩大城市发展的区域空间。

3. 加强城市管理力度。城市管理是一项综合性很强的工作。城市管理具有四个特点:长期性、复杂性、艰巨性、反复性。因此,必须依照城市管理的有关法律、法规,建立健全城市管理的制度和规范:一是构建城市综合执法新机制,在城区范围内,不管是处理违章建筑,还是污水排放、噪声、绿化、环境卫生、占道设摊等,都由一支队伍来管,实行联合执法管全城。二是利用各种媒体,加大宣传“创建文明城市,做文明市民”的精神文明建设的力度,以提高市民的公共意识和公德水平。三是采取“谁家的孩子谁家抱,各自门前各自管”的社区个人分包责任制和齐抓共管并举制,并实行奖惩制度,以保证城区洁化、绿化、亮化、文明化,把庆元县城真正建设成为富有山水特色的生态文明城市。

(入选县政协《调研专报》2003 年 9 月 22 日第 2 期)

庆元县农村基层组织建设和民主政治建设问题的调查与思考

6月，针对庆元县第七届村民委员会换届选举工作，庆元县委党校教师组成调研组，就庆元县农村基层组织建设和基层民主政治建设这一课题进行调研。6月7日，我们跟随县委熊副书记和组织部、民政局等单位的领导到东部的左溪、官塘、岭头、五大堡等4个乡镇进行调研，听取当地乡镇领导的情况汇报；后来本人对松源镇的北门村、西门村、南门村、街尾村的部分选民进行专门走访；之后又到县民政局对选举指导办公室负责人进行专访，通过以上不同形式不同途径对庆元县本届村民委员会选举工作进行一次较为深入全面的调查研究。现将本人的调研情况作一个书面报告。

一、基本情况

在庆元县2005年农村换届选举（即第七届村民委员会换届选举）中，县委的指导思想是非常明确的，这就是：以邓小平理论和“三个代表”重要思想为指导，认真贯彻落实党的十六大、十六届四中全会精神，围绕深入实施庆元县的“三三战略”，推进二次创业，建设“平安庆元”，严格执行选举法、《中华人民共和国村民委员会组织法》、《浙江省实施〈中华人民共和国村民委员会组织法〉办法》及《浙江省村民委员会选举办法》，各行政村党支部发挥领导核心作用，充分发扬民主，严格依法办事，选出素质优良、结构合理、办事公正、群众拥护的新一届村民委员会，为加快推进庆元县三个文明建设提供强有力的基层组织保证。从民政部门了解到，截至6月底，全县除了如左溪石塘等个别行政村因电站建设涉及政策处理问题尚须留待7月中旬以后举行选举及岭头乡葱甩村因举村外出而无法举行选举外，在全县341个行政村中，共有334个行政村进行了换届选举，占应换届总数的98%；全县共登记选民112993个，共有86734名选民参加了投票选举，参选率76.8%，有的长期外出经商、打工的选民也按期回村参加选举，甚至参加竞选，民主选举深入民心。村民委员会组织法规定的村民自治方式包括民主选举、民主决策、民主管理、民主监督都得到了充分的体现。通过竞争和角逐，每个村都相继选举出了村委会班子。但是，由于种种主客观原因，在本届村级换届选举中，仍然暴露出了不少问题，甚至出现了一些在往届选举中不曾出现的新问题。

二、存在的问题

(一)大量的劳务输出导致有的行政村参选率和"两个过半数"很难确保

庆元县是山区县，全县人口19.8万，近年来劳务输出近4万，占全县总人口的20.2%。且输出的劳务中大都是有选举权和被选举权的公民。另外，县域经济发展不平衡，东部13个乡镇相对落后，西部乡镇经济比较好，随着城市化进程的加快，东部乡镇农村外出人口占了很大的比例，且外出者大多数是选民，这对换届选举的参选率和两个过半数提出严峻的挑战。如荷地镇底墅村是该镇第二大村，本届共有选民735人，其中外出的就有412人，占了选民总数的56%，超过了一半。如党校联系所驻的大池洋村(原南峰乡所在地村)，共有选民176人，其中外出的就有113人，占了选民总数的64.2%。有个别村更是几乎全村外迁，如岭头乡的葱甩村，共有人口149人，外出竟达146人，留居在村的老、少3人2005年1月也都全部外迁到嘉善，致使该村选举无法进行。

(二)在选举的实际操作过程中，一些具体操作的法律规定不明确

"一法两办法"是村民委员会换届选举工作的主要法律依据，但是该"一法两办法"中对一些实际操作中的问题没有明确的规定和条文解释。

一是对选民的具体认定上没有具体的条文解释。仅仅以户口是否在本村为准来界定选民，容易引发许多矛盾和争议。户口外迁的情况较为复杂：有的是举家外迁，迁出后就基本不回村，就是说已没有履行本村村民的义务；有的是一家户口迁出部分，该迁出的部分有时在本村，有时又在县城或县外；有的户口迁到县城是为了子女上学，但人却常住在本村；还有的是因婚嫁户口未迁入本村或未迁出本村。如此等等都给换届选举的实际操作带来了一定的困难。如左溪镇某村，因10年前县里就已规划要建造电站，涉及山地、土地征用补偿政策，所以有的已经婚嫁到外村，但户口仍留在本村，即作为本村村民，要求分享政策征地补偿待遇。而按照《浙江省村民委员会选举办法》第十三条规定："选民应当在户籍所在地的村进行登记。有特殊情况，户籍不在本村的人员，是否在本村进行选民登记，由本村具体选举办法确定，但每一选民只能在一地登记。"根据该条规定，有的村认为已婚嫁到我村多年的，虽户口未迁来，但生活居住且生儿育女，已成为本村村民，故本村选举办法予以确认登记。而当事人及其娘家则又要求在原户籍所在村——石塘村进行登记选举，以使自已享有作为石塘村村民的一切政策待遇，而石塘村又有许多选民认为，既已外嫁，有的甚至10年之久，且对方村已确认为选民并进行了登记，不同意他们在石塘村登记选举。争来争去，因意见不统一，致使至今未能如期举行选举。

二是关于委托投票。选举法只规定"可以"委托投票，也就包括了可以不搞委托投票，据说如杭州地区就规定一律不搞"委托"选举，须其本人亲自到场投票。但由于庆元外出务工的人多，又兼路途遥远不便，如不搞"委托选票"，无法保证"两个过半数"。故规定"可以"搞委托投票。但因为委托投票容易造假和作弊，且一时对真伪难以界定，所以许多村对是否采用"委托投票"问题在村民代表会议上进行表决时，分歧很大，争论非常激烈。

（三）少数村党支部未能发挥领导核心作用

按选举法规定，村委会换届选举工作是在村党支部的领导下进行的，可以说村党支部是直接责任人，但是从调查中看出，一些行政村党支部班子整体软弱、素质偏低，在村委会换届选举中不能充分发挥应有的领导核心作用。相反地，有的行政村党支部对选举工作还起阻碍和破坏作用，如龙溪乡某村党支部书记担任本村选举委员会主任，不履行职责，竟在选举开始前的3—5分钟里突然提出辞职，致使选举无法如期进行；又如荷地镇某村党支部书记也是担任村民选举委员会主任，不主持选举工作顺利进行，却暗中鼓动一派宗族进行罢选，致使参选率不能过半而使选举无法进行。

（四）宗族观念，趋利观念明显化

一是家族、宗族派性观念明显化。我国是一个有几千年封建社会历史的国家，家族、宗族等传统的封建意识、小农意识仍在部分农村的群众思想意识中根深蒂固地存在，再加上个体素质因素，使他们在考虑问题时尚无法从大局出发。于是，部分候选人在竞选过程中，利用了选民的这种潜意识，引导选民在投票时只考虑从本家族、宗族的利益地位出发，依靠强大的血系关系网与其他候选人进行非正常竞选，而不是通过展现自身的德才表现优势进行公开竞争，把候选人个体之间的公平竞争，变成了家族、宗族之间的派性竞争，选上了是本家族、本宗族的胜利，选不上则是本家族、本宗族的失败。因此，一些矛盾和意见在选举过程中进一步明显化，甚至激化。典型的例子如五大堡乡的杨楼某村，两个候选人对两派宗族进行比较，准确地估算出一派宗族能得多少票，另一派宗族能得多少票。其中一派宗族估算出自己这族最终得票将比另一派宗族少三票时，于是就鼓动自己这派宗族的选民罢选，致使由于参选的选民没有过半数而使选举无法进行。二是经济驱动观念明显化。东部经济落后，许多村即使当上了村主任，一年到头误工费一分都拿不到，但竞争仍然激烈。这主要是封建宗派的意识影响的因素居多。而西部地区，包括松源镇在内的行政村，经济状况明显好于东部，它们虽然受宗族因素影响少于东部，但竞争显得更激烈，个中原因就是受经济利益的驱动。以松源镇为例，如南门村、西门村、北门村、街尾村等行政村拥有的资金少则上百万元，多则上千万元，如松源镇某村就有上千万元资产，其中一幢办公楼就价值200多万元，每年租金收取有20多万元，现金存款有280多万元，工业小区土地可置换560多万元。有人认为能竞争当上村主任，不仅是本事的体现，更是利益上有便宜可占。于是竞争异常激烈，拉选票几乎是掘地三尺。

(五)村民选举委员会新出现有不履行职责的情况,而且对其难以处罚

一是不作为。如龙溪乡某村,在正式选举前的3—5分钟里,村选举委员会主任突然提出辞职不干,造成选举无法如期进行。

二是乱作为。如荷地镇某村选举委员会主任,不主持大局,维持选举局面,相反地,还暗中指使一派选民罢选,使选民参选率没有过半而使选举无法进行。

而对这两个村选举委员会主任(均系村支部书记担任),除了按党的纪律罢免了他们支部书记职务外,对其行政上、经济上都难以进行处罚,如龙溪乡某村,因选举不能如期举行,那些从福建外地(乘两个专车)赶回的选民,因不能持久等待,返回后,下次选举日又要重新赶回,有的则干脆不来参加选举了。这些外来参加投票的选民的损失,全因村选举委员会主任不作为的行为造成的,本应由其承担责任,但在现实中却无法对其进行行政上、经济上的处罚。

(六)贿选现象显露化

有的行政村的候选人为了竞争选票,以送实物、有价证券,甚至送现金的手段来拉选票。如松源镇某村其中一个候选人送两桶色拉油,另一候选人就发利群超市的有价证券,明言这张券价值要多于两桶油的价值,等到选举当天早上8点前,突然通知说每券价值100元,使另一方候选人无法应对。又如松源镇某村一个候选人发两桶油,另一个候选人也发两桶油。作为选民,你发的我也收,他发的我也收,照收不误,至于到时投谁的票,则是另当别论的事情了。类似情况,西门村、街尾村、北门村照样有。据选民反映,本届村委会选举中庆元出现过一张选票1000元可买断的情况,而景宁更甚,5张选票竟以高达15000元的价格而被人买断。

《浙江省村民委员会选举办法》第四十条虽有规定“以贿赂的手段”拉选票的为违法行为。第四十一条也规定“以贿赂手段当选的,其当选无效”。但在实际操作掌握中,什么形式算作贿赂,发实物、有价证券、现金以多少价值额为起点算作是贿赂,都因没有明确的规定,在具体操作中无法界定和掌握。

(七)出现伪造选票

四山乡某村在县总工会举行选举。在选举中,有选民拿到两张应得的选票后,即将其拿到街上打字店,让打字员依样打印了两张伪造票并进行填写投票,等到唱票检票时发现收回的选票比应收的选票多出了2张,后经检察、公安、组织、民政等部门的鉴定,发现了其中两张选票为伪造票(字体稍大、方框稍大、“√×”符号稍大)。选票没有统一盖上村支部印章本身也是一个漏洞,让伪造有了可乘之机。

三、对策建议

针对庆元县在本届村民委员会换届选举过程中存在和新出现的这些问题,本文认为,要想真正贯彻落实好村民委员会组织法,以使对今后的换届选举工作有借鉴作用,应对以下几个问题进行认真的思考并予以解决。

(一)正确处理好加强领导与依法操作的关系

首先,必须加强党的领导。《中华人民共和国村民委员会组织法》第三条明确规定:“中国共产党在农村的基层组织,按照中国共产党章程进行工作,发挥领导核心工作。”第四条规定:“乡、民族乡、镇的人民政府对村民委员会的工作给予指导、支持和帮助。”这些都说明了村民委员会是在中国共产党领导下的有组织、有纪律的群众性自治组织。对那些不能起领导核心作用,相反地,还起阻碍甚至是破坏作用的村级党支部要进行整顿,对不履行职责的支部书记该撤的撤,该罢免的罢免。同时,乡镇人民政府也要积极指导、支持和帮助农村基层组织建设和民主政治建设。

其次,树立严格依法操作的理念。正如县委熊副书记在官塘站指导东部村级选举工作时指出的:“每个村有自己的选举办法,选举办法一旦制定出来,就要不折不扣地去执行,不可任意更改。倘若朝令暮改,就不能取信于民,依法操作是非常严肃的事情,只有人去适应规定(即制定后的选举办法),不能由规定来适应人。”

总之,只有把加强领导与依法操作辩证地统一起来,才能保证村民委员会选举取得成功。

(二)坚持两个原则,也即熊书记在官塘乡所指出的值得思考的两个问题

一是坚持公开、公正原则。在选举工作过程中的每个环节,一定要坚持公开、公正原则,真正体现民主选举。在具体操作中,除了在推选候选人和正式选举过程中要坚持公开、公正,实行公开唱票、计票、当场公布选举结果外,在推选选举委员会成员、村民代表等工作时也要坚持公开、公正。特别是决定一些《中华人民共和国选举法》条文中没有明确规定而由选举委员会表决规定的问题,更要注意体现公开、公正原则,让群众看得清、信得过。庆元县自 2002 年开始,就形成了一条规定:"法律法规中有规定的,按照法律法规的规定办;法律法规中没有明确规定的,按村民会议或村民代表会议的决议决定办。"特别是关于选举办法、候选人的产生办法、选民资格的认定、委托办理选举的规定,以及选民名单、外出选民名单、委托投票人名单等群众最为关心的问题,都要始终坚持先由村民代表会议表决通过,然后再逐一予以张榜公布,接受群众的监督。通过调查,我们发现有的乡镇在选举中,始终坚持公开、公正的原则,工作细致到位,选举有序进行,反之,有的乡镇坚持不够好,选举中就难免出乱子。

二是兼顾各群体利益原则。从庆元县乃至从全国各地看,农村都普遍存在着家族、宗族、弱势与强势之间的较量。而弱势宗族、弱势群体往往退避三舍,不敢问津,平时在决定重大问题上也有少发言甚至没有发言表决的机会。所以,在推选村民代表时要充分考虑到这一弱势群体的利益,让他们也有机会当村民代表,取得一席地位,也有表达他们意愿和要求的机会。甚至还可以考虑,让这一群体的人有机会进入班子成员,充分表达这一群体的意愿。如我直接参加指导选举的岭头乡莲花村,有一个老村干部向我们提出的建议颇有道理:莲花村均为吴氏,但有上房、下房之分,2002 届和本届(6 月 11 日)选举中均以下房人得以当选村主任,上房群体就有弱势和吃亏的感觉,很有失落、失败感。于是这个老干部建议村主任由下房人当(当时村主任选出,两个委员均因未过半票而决定另行选举),但两个委员中至少要有一人是由上房人当,否则今后表决问题会出现一边倒,公章也让上房的委员掌管,以起到制衡和监督的作用,有利于村务的公平、公正和公开。

(三)强化法律意识,严格依法办事

一是在选举过程中,每一个环节都必须严格按照“一法两办法”规定的程序进行。“一法两办法”没有规定,就必须按照村民会议或村民代表大会确定的选举办法执行。

二是坚持用人条件,严格把握用人标准。村民委员会是农村基层群众性自治组织,要把思想好、作风正、有文化、有本领、真心实意为群众办实事的人选进村委会班子。因此,在推选村委会主任候选人时,一定要坚持县里规定应当具备的6个基本条件,严格把好用人标准关。凡存在县里规定不能提名为村委会成员候选人的6种情况之一的,就不能提名为村委会成员的候选人。在这次调研中发现,有个别乡镇在把握村主任候选人素质关时不是很严格,如有一个乡镇将拖欠集体2万元借款8年之久不还而在竞选这次村主任前突然还了的对象,提名为村主任候选人。同是一个乡的另一行政村,把因计划生育超生被罚款8000元尚不满3个月的对象提名为村主任候选人。这些都是属于没有严格把好素质关的情况。

三是关于贿赂问题的规定。县里今后应当将《浙江省村民委员会选举办法》第四十条、第四十一条关于采取贿赂等不正当手段进行竞争选举的规定要给予具体化,对发实物、有价证券、现金算不算贿赂,以多少价值额起算作贿赂要给予明确化,以便今后选举中好操作掌握。

四是对不履行职责的处罚规定。今后再出现如龙溪乡某村的不作为情况或荷地镇某村的乱作为情况,要不要处罚,应当如何处罚,都应做出具体的规定。只有有了明确的法律规定和选举办法规定,才能使选举做到有据可依、有章可循,也才能保证选举的公正性和合法性。

(农村基层党建调研,成文于2005年7月12日)

关于有效利用土地资源,积极完善房地产市场培育和管理的调查报告

县政协根据杜兴林县长对政协委员大会发言的批示成立了课题调研组。调研组就如何“有效利用土地资源,积极完善庆元县房地产市场的培育和管理”这一课题,自4月下旬始至5月中旬,先后在建设、国土、教育、松源镇、国税、地税、聚丰佳园等十几个单位和部门召开了专题座谈会,同时还采取查阅资料、实地视察、约见各界人士座谈以及对部分人大代表、政协委员采取个人走访等形式进行了全面的调查研究。在此基础上,形成以下调查报告。

一、县房地产市场现状

(1)基本概况。庆元县总人口19.8万,其中,近几年到县外打工(含全家外迁)的有4.4850万。县建城区面积4.3万平方千米,人口4.26万。根据产权发证统计,目前县城住宅已进行产权登记的约10300户,建筑面积约132.5万平方米;未登记产权的约1300户,建筑面积约12万平方米。

(2)房地产发展简况。为培育和发展房地产业,县政府自2000年起对县城规划区内的私人建房进行冻结审批,坚持政府垄断一级土地市场,严格控制规划区内私人建房。2001年,县政府以招商引资的方式,与常山贝林房地产开发公司签订了旧城改造协议,对松源街南段旧城进行改造,成功地开发了占地面积为2.8万平方米、总建筑面积为4.2万平方米的贝林商住小区,该项目是庆元县首个真正意义上的房地产开发项目。随着城市化建设步伐的加快,庆元县房地产开发市场也进入快速发展阶段。到2005年底,已有聚

丰佳园、文昌苑、江滨花苑、沁心园、金诚佳苑等 7 家开发商进驻开发。2005 年，房地产业的相关税收为 2500 多万元，占地税收入的 44.61%。

(3)目前商品房开发项目情况。2005 年，全年“二手房”交易 362 宗，面积 5.7 万平方米，交易金额 3587 万元。

2005 年，房地产开发项目 6 个，商品房合同预售登记备案 340 份，面积 4.36 万平方米，销售金额 9021.95 万元，竣工面积 8546 平方米。2006 年聚丰佳园第四期将开盘 192 套；A 区块沁心园共 486 套，2006 年将计划开盘 230 套；B 区块金城佳苑今年开盘 103 套，包括 2005 年积压库存房屋，今年合计将有 700 多套商品房推向市场(详见附表 1)。

(4)下山脱贫新村住宅建设情况。洋墩区块第一期 198 户，为排房结构，2004 年初完成；洋墩区块第二期 566 户，其中 514 户为公寓房，面积 59917 平方米，现基本结顶。两期总建筑面积 11.4 万平方米。第三期安排在黄田洋工业园区北侧，占地 63 亩，估算住宅建筑面积 7.15 万平方米，该地块目前正在规划设计之中(详见附表 2)。

(5)私人建房情况。县城私人建房形式可归纳为三类：一是单家独户，有天有地的自建房；二是私人自建套房；三是私人联建式套房。2004—2006 年 4 月底，私人套房形式建房约 80 宗，建筑面积约 6.5 万平方米，套数达数百套。

(6)社会存量土地情况。这类土地均为住宅地，也可归纳为三类：一是农民农田征用返还地和拆迁安置地 12.89 亩(净地)；二是企业改制地 64.3 亩(毛地)；三是村级留用地 32.84 亩(毛地)。三类地合计 110.03 亩，估算可建住宅建筑面积约 18.5 万平方米，约 1682 套房屋。

(7)商品住房潜在购买力情况。①县城居民原住房为房改房，现要求旧房换新房、小套换大套的；②在乡镇工作的干部职工(包括教育、卫生及其他行业)，要求在县城购房或因工作已调进县城而需要购房的；③乡下富裕户或因子女进城读书而需在城购房的；④县外经商致富返回县城购房的；⑤调离庆元的干部职工返回家乡颐养天年而购房的；⑥县城居民因子女长大分户独立生活或因结婚成家而需购房的；⑦进城经商或打工而需购房的。

二、房地产市场存在的问题

(1)政府对土地一级市场垄断起步晚且垄断乏力。目前社会土地存量多,农民返还地、拆迁安置地、企业改制地、村级集体留用地合计为 110.03 亩,且均为住宅用地,可建住宅建筑面积约 18.5 万平方米,约 1682 套住宅,在一定程度上影响商品房市场的培育和发展。

(2)违章建房、违法交易现象有禁不止,且有抬头趋势。非房地产企业或个人变相开发商品房或以联建房形式开发套房出售现象,规避了多项费用的承担,造成开发者负担不一,竞争不公,扰乱了房地产市场的正常秩序。

(3)规范房地产业相关政策和措施不健全,市场管理相对滞后。

①聚丰佳园和 A 区块沁心园,对于这两区块的建筑容积率,在规划设计时都有规定:聚丰佳园为 1.6,沁心园为 1.76。但对这两区块在土地拍卖公告和开发合同文本中同时又都有"可以适当增加容积率"的表述,但增加多少为适当没有明确的数据限制,留下了可以"放门"和"走门"的空子和路子。现在聚丰佳园区块实际容积率为 1.85,比规划时增加了 0.25;沁心园区块实际容积率为 2.00,比规划时增加了 0.24。据调查,其他区块同样存在着不同程度增加容积率的情况。

②商品房结构户型不够合理。多为大面积户型套房,适合中、低收入消费阶层的小户型(90 平方米/套)供给不足,未能满足各消费层次的需求。同时,按照国家《城市居民居住区规划规范》规定,商品房层高须 2.8 米。据消费者反映,贝林公司商品房规划设计为层高 2.7 米,而实际层高只有 2.6 米。

③洋墩区块下山脱贫房屋流向市场交易的配套规划、措施欠缺。据反映,存在借下山脱贫对象户名登记,实为其他对象购房的情况,这使得政府的扶贫政策不能真正落实到扶贫对象的身上。另外,脱贫房交易买卖缺乏制约细则,会造成一户多购,造成隐性资产流失。

④单身者因无居房而需购房,但申请住房公积金贷款时又需房产证作抵押担保,教育界不少单身教师(包括引进的外地人才)抱怨,该政策不合理。

⑤建设与土管各自为政,给隐性房地产开发打了擦边球。没有让房地

产管理部门的专业人才参与房地产开发源头上的管理工作，如对规划住宅小区方案初审、图纸会审、商品房预售审核、物业管理用房提取等，造成事前不认真，事后互相抱怨。再是，物业管理处在起步阶段，缺乏管理经验。

(4)土地供需失衡，盘活土地有“透支”现象。前几年，庆元县地价和房价不断上扬，给人们造成了土地需求量大于供应量的错觉。于是，政府在2004年初成功拍卖聚丰佳园商住小区土地的基础上，又于2005年推出了A块和B块两期约49710平方米的拍卖土地，导致土地供应量大于需求量状况，使房地产市场供需失衡。2005年濛洲三期A区块以保底价“贱卖”就是典型一例。土地低价“贱卖”不仅减少了政府来自地价的收入，而且给广大市民和消费者带来负面的“议政”影响，更在一定程度上影响了庆元县房地产市场的培育和正常发展。

(5)对后田和府后街两块旧城：一方面，政府没有设定具体的改造规划，老百姓觉得等待改造遥遥无期；另一方面，政府又不审批准许他们原拆原建旧房改造。只堵不疏的政府行为，使得不少城镇本土农民三代甚至四代拥挤于原来那点小面积的危房和破落老房里生活的情况日益增多，农民意见较大，要求进行旧城改造的呼声迫切。

三、对策和建议

(一)加强政府对土地一级市场的垄断

(1)今后10亩以下的小块土地及零星用地政府暂不予拍卖；严格控制非经公开出让土地的二级市场；严格控制私人建房。

(2)尽量减少拆迁安置土地。今后拆迁安置时不宜再异地安置土地，鼓励和实行货币补偿拆迁政策；严禁拆迁安置用地流入市场进行私下交易。

(3)规范现有的农民返还地管理政策。一是明确农民返还地对象是被征地的行政村农民，用途是住宅用地，返还地的性质不变，还是原来的集体用地性质，绝对不能随意转为国有出让土地，只有这样才能堵死土地私下转让；二是如果已经转让的，必须按市场评估价补交土地出让金后才准予转让；三是农民返还地必须按规定审批，对未办理审批手续的农民，建议限期于 2006 年 9 月 30 日前办理有关审批手续，逾期不办理的，县土地收储中心按规定及时回收国有。

(4)合理处置企业改制地。可采取两种处置办法：一是由县土地储备中心进行收储，根据规划及项目建设需要给予安排；二是在不改变用途的前提下，根据丽署〔1998〕16 号文件精神，按市场评估结果，以优惠 60％—90％(庆元优惠 90％)的比例，交纳土地出让金后给新组建的企业。

(5)明确村集体留用地用途。其土地性质为行政划拨用地，明确并执行“不准分割、不准转让、不准商品房开发”的“三不准”政策。仅限于村级集体发展第三产业。如有既不发展第三产业又长期搁置未用的土地，建议县土地收储中心按政策规定回收。

(二)加强私人建房用地管理，加大处罚违法建房的力度

由于农民返还地政策长期延续，城市规划区私人(农民)建房的长期封堵，县城存量土地性质的多样性以及对联建房规范的手段缺乏等因素存在，近段时间以来，县城违法用地，违章建房现象日渐增多，违规开发商品房和私下转让土地行为逐步抬头。这给庆元县房地产市场培育和正常发展秩序带来不良影响。因此，必须在制度上、行动上进一步规范农民返还地、私人(农民)建房审批和联建房政策；杜绝一证多人联建的审批，严厉查处违章建筑，违法用地行为，走堵疏并举路子，既解决县城困难群众的住房困难问题，又遏制违法用地和违章建筑的行为发生，使县城私人建房走上正规轨道。

近年来出现的联建房是一种新的建房模式，其实质是改变原来私人建房有天有地形式，采取公寓式建设私人住宅，具有节约土地、提高房屋面积使用率等特点，应该说通过公开拍卖取得土地使用权的联建房行为是合法的，也应该是被鼓励的。但是，通过以私人建房用地方式审批取得土地使用权的联建行为是一种改变土地使用途径的违法行为，它造成了开发者负担不一、竞争不公的局面。这种行为如果不制止，势必对目前已经走上正轨的房地产市场造成极大的冲击，扰乱房地产市场的正常秩序。为此，建议政府职能部门：一要对目前联建房用地进行一次排查，对不是通过公开出让取得用地的联建行为予以制止；二要继续冻结县城规划区范围内私人建房用地审批制度，从源头上规范房地产市场的管理；三要加强部门之间的协作，县

城建局、国土局、工商局等部门要通力协作，以《房地产开发资质管理规定》等房地产管理办法为依据，联手查处无资质、无证照等违规开发商品房的行为。

(三)加强商品房市场管理，规范商品房开发行为

(1)今后开发商品房，对准许适当增加的容积率，应当经过严格的科学测算。在规划时，就应当有明确的数据表述。

(2)对开发商开发的商品房，应当由城建局抽调专业人才配合工程质量监督站进行质量跟踪监督管理，各项指标均应符合规划设计要求，避免“偷工减料”“房屋缩水”的“瑕疵工程”出现，以保护消费者的利益。

(3)抓紧建立健全商品房价格销售机制，严格建立商品房销售信息披露制度，增加商品房销售透明度。据调查，以庆元开发且售出的商品房为例，每平方米获利近 900 元，房地产商存在获利过厚的情况。

(4)要求今后开发商应适当增加小户型面积(90 平方米/套)的商品房，以满足中、低收入阶层的消费需求。着力解决低收入特别是困难群众的住房问题。

(四)加强物业管理

随着小区建设的完成，商品房交付使用，商品房保修期满后，开发商即不再承担维修责任。今后公用部位、公用设施设备的维修管理由谁负责由谁承担的问题亟待解决。根据兄弟县市成立物业管理企业的经验，庆元县也应尽快成立一家物业管理企业。同时，由政府批复物业维修专项资金管理办法，收取物业维修专项资金，为后期的小区物业管理做准备。

(五)强化规划，有序供地

地价和房价是房地产市场中的两个重要指标，应通过协调和平衡，使地价与房价的水平和相互关系能够准确反映市场经济的发展状况。2005 年濛洲三期 A 区块以保底价格(每平方米 1040 元)“贱卖”后，比 2004 年聚丰佳园区块地价(1300 元/平方米)每平方米还低了 260 元，导致市场认为庆元县房地产价格将会回落，使得许多购房户都处于观望、等待状态，这一定程度

上影响了庆元县房地产市场的培育和发展。同时,也给广大市民阶层对政府的"看地"行为带来负面的议政影响。建议政府今后参照外县、市一些做法,土地低于底价拍卖不成交,并在制定保底价时要求不低于上年或上次拍卖的单位参数。务必充分有效利用所剩无几的宝贵的土地资源,做到增殖、科学、有序供地,遏制"竭泽而渔"式的透支供地行为。

目前,县城2005年未销售出去的库存商品房和2006年将要开盘上市的商品房约8万平方米,共计700多套,给2006年的销售造成较大的压力。据此建议政府今后推出商品房建设用地时,要充分掌握好时机,审慎盘活土地,避免出现较大波动,影响房地产市场的稳定发展。另外,要制定下山脱贫房屋进入市场的交易规则,用土地出让金、税费杠杆来规范房屋交易秩序,避免此类二手房冲击房地产市场。

(六)进一步深化住房制度政策

由于县政府财政支付困难等原因,庆元县货币分房政策至今未能实施。建议县政府在可能的情况下,尽快解决部分国家工作人员的住房和换房(小套换大套,旧房换新房)的问题。今后可以考虑将住房公积金与商品房按揭捆绑在一起,并把所购的商品房作为公积金贷款和商品房按揭的抵押物。同时,降低捆绑后商品房首付率,将原来的首付30%降低至首付20%,且放宽无房单身者以房产证作抵押贷款的条件。

这些政策对稳定房地产市场和繁荣二手房市场将有良好的效果,能促进房地产市场的健康发展。

(七)旧城改造势在必行

鉴于目前居住在旧城居民的住房现状,建议政府可以考虑,借新农村建设政策东风,在条件许可或成熟时抓紧着手旧城改造。

(八)建立决策责任追究制

根据有关研究数据表明,可行性研究和决策阶段对投资的影响达到70%,对使用功能的影响达到80%。由此可见,决策对后来投资和使用功能的影响是决定性的,决策的失误是最大的失误,决策失误所造成的浪费是最大的浪费。据此，建议政府今后对每一个重大项目的推出，必须进行民主论证（由各界人士和专家组成）和科学决策，并建立决策责任追究制。避免“拍脑子决策、拍胸脯保证、拍屁股走人”的“政绩工程、形象工程和劳民伤财工程”的出现。

附表 1　房地产项目商品房开发情况表

项目	用地面积（m^2）	建筑面积（m^2）	总套数	已开盘套数	已销售套数	库存套数	2006 年拟开盘套数
聚丰佳苑	43618	80654	525	333	230	103	192
江滨花苑	1246	8457	68	68	16	52	
文昌苑	2490	8546	48	48	43	5	
龙湫路住宅楼	1118	7005	48	48	36	12	
石龙市场商住楼	752	3404	18	18	8	10	
南门洋住宅楼	693	3298	24	24	12	12	
沁心园	37687	75378	486				230
金诚佳苑	9157	20512	103				103
合计	96761	207254	1320	589	345	194	525

附表 2　下山脱贫农民新村住宅建设情况表

项目	用地面积（m^2）	建筑面积（m^2）	总户数	备注
第一期（洋墩下山脱贫新村）	25751	37044	198	2004 年完成
第二期（洋墩下山脱贫新村）	35515	69332	566	基本结顶
第三期（黄田洋下山脱贫新村）	43014	71500	309	正在规划设计
共计	104278	177876	1073	

（入选县政协《调研专报》2006 年 6 月 6 日第 1 期）

关于县城行政和教育资源整合的调研报告

县政协根据县委要求，就“县城行政和教育资源整合”这一课题，专门组成3个调研组分别对县行政中心、庆元中学、庆元二中是否要搬迁进行调研。调研组通过召开座谈会、走访群众、实地考察等多种形式，广泛听取各界知名人士、部门和社区干部的意见建议，在此基础上形成了本次调研结论：县行政中心不必迁建，以现址为宜，如财力允许可以进行必要的改建；庆元中学不必迁建；庆元二中应实施迁建或改建。

关于县行政中心不必迁建的理由及建议

(1)以现在的行政中心址置为县治治所历史悠久。根据清光绪三年(1877)的《庆元县志》记载：“庆元本属扬州域，周为七闽地，吴越时为东平乡，历秦、汉暨唐因之。五代时王审知据闽，改名为松源乡，属处州龙泉。南宋宁宗庆元三年(1197)吏部侍郎胡纮请于朝，以所居松源乡置县治，因以纪年为名，故名庆元县。”县衙原址即为现在的行政中心址。至今已历时812年，有悠久的历史渊源。

(2)800多年前，置县治治所于现行政中心址，据有“地利”条件。据民间人士考证，庆元得以建县后，第一任知县富嘉谋背着皇封县印，水陆并进连走3月才抵达庆元。到庆元后的第一件事就是根据庆元县治的地理条件选择治所，富嘉谋知县经过实地考察论证，认为治所西面，上有石龙山犹如长臂拢住“风水”，下有“金溪环绕”自西南向东北流向与自东向西流向的松源河水合拢，据有“聚宝、聚风水”的“地利”条件。另外，据说富嘉谋还将此地的泥土与八都的泥土做轻重比较，结果同一体积的泥土，此地的泥土重于八都的泥土，故选择治所于此，且县治治所大门朝南开启。

(3)将现在的行政中心大门朝北开改为朝南开符合自然规律。房屋坐北朝南，符合地理规律和日照规律。南宋庆元县治所(即现在的行政中心大院)的大门就是朝南开的，府后街官井就是供官方取水专用。现在，县人民政府只要将公安局、人武部宿舍、大院西侧的5幢2层房改房及官井东、西两侧的民宅依法予以征收，与府后街旧城改造同步(加快推进府后街旧城改造步伐)，将现在行政中心大院的大门朝南开。将现有的北大门或作后门，就符合自然规律的朝向。

(4)原址改建有利于节约资源。将现有的公安局办公大楼及其宿舍依法征收后，可以在其原址兴建1幢9—12层的行政办公大楼，将经贸局、科技局、科协(东门区块旧城改造本身在需搬迁之列)、教育局、农业局及其他一些需要搬迁或整合行政事业机关办公条件的都可以统一整合到该幢行政办公大楼里办公，一则改善办公条件，二则节省资源和成本，三则提高行政中心的现代品位。

(5)现有的行政中心为庆元县城区居中位置，方便人民群众办事。庆元县建成区划为一轴两中心，即松源镇和屏都镇两个中心，方便东西两面的人民群众办事。

(6)按常规来说，搬迁行政中心的目的(除非已经无法承受原办公条件)就是为了拉动迁址新建的行政中心周边的地价或房价。假设将行政中心搬迁至现在的庆元中学，且不说因整个庆中原有的教室和学生宿舍结构不适用于直接作办公使用而需重新投入巨资进行改建，即使投入巨资改建为行政中心，而现有庆元中学周边的地皮早已盘罄殆尽，楼房也早已兴建售罄，已不存在拉动周边地价或房价的意义。

(7)庆元县为欠发达地区之欠发达县，财力十分有限，可谓捉襟见肘，现阶段实在无力承受“大兴土木”之重负。如若将行政中心搬迁到庆元中学，庆元中学另选新址重建，不仅群众感情上接受不了，而且也与上级严控兴建楼堂管所的政策相悖，必然带来强烈的负面“议政”影响。

关于庆元中学不必迁建的理由及建议

(1)如果庆中的招生定位在36—45个教学班的规模，那么，庆中现有的条件已完全能满足办学要求,没必要再次迁建,或者说找不出充分的搬迁理由。

(2)自 2002 年 9 月 1 日开始,庆中已运行七年,教育教学质量已进入良性发展、稳步提高的阶段,现已逐渐被百姓认可。庆中教育关联千家万户,即使是重金铺地,百姓亦乐意。建成才七年就要再次搬迁,老百姓不会支持,这势必会影响政府在百姓心中的形象。

(3)深厚的学校文化是靠长期积淀的。换地容易,兴校难,延续良好的校园文化氛围就更难了,校园文化链的断裂,显然会给庆中带来阶段性的衰退,这种损失是无法用金钱来衡量的,直接受害者当然是庆元老百姓。

(4)如果学校在偏远地带,不利于教师队伍的稳定,不利于对学生的管理。比如早上 6 点半之前教师到校就难以保证,晚上 10 点 40 分回家对于女教师或身体欠佳的教师来说就难以保证其安全了。

(5)不利于得到庆中校友的认可。如 2002 年前毕业的校友,他们思念的更多的是老庆中(现二中),对新庆中就没什么感情,具体表现在开同学会时,都聚到老庆中,而不会到新庆中。而庆中的发展离不开校友的支持,庆中优秀学生以及贫困生也离不开校友的支持。

(6)教学用房改为政府的行政用房,虽然可以实现,但是修整幅度大,暂且不考虑巨额的改造费用,资源利用率也是很低的,可以说是浪费纳税人的财富。

(7)根据县发改局提出的初步方案,若将庆中搬到大济,则不利于大济溪和松源河县城段的水质保护。

(8)庆元二中危旧房多,搬迁迫在眉睫,应当把有限的人力、物力、财力放在最需要的地方。

(9)庆中再次搬迁的问题,只能作为远景规划,不宜提到议事日程。如果政府下决心非搬迁不可,建议由政府负责建设,然后交由学校使用,让学校安心抓教学,不要让学校再负债经营。

(10)市民广场喇叭音响有时过高对正常教学有一定的影响,应该考虑的是如何治理噪声,而不是考虑启动庆中搬迁如此浩大的工程。建议可以对西面围墙进行优化设计,组建适当的建筑物,形成隔音墙;再者只要相关管理部门加强监管,或者是拆除广告屏幕,还校园一个清净的学习场所是一定能实现的。

关于庆元二中应实施迁建或改建的理由及建议

（一）庆元二中迁建或改建的必要性

庆元二中是省级示范性初中，现有30亩不到的校园面积，有30个班级规模，1600多名学生，108名教职工。学校的现有办学条件已经远远达不到各方面的要求，主要表现在：一是学校占地面积、绿化面积、教学及辅助用房、行政及生活用房还远未达到"浙江省万校标准化建设"的标准，这在较大程度上制约了学校的发展。二是学校建筑存在严重的安全隐患。学校现有建筑物年代较久，基本没有框架结构，甚至还有些是空心墙，防震、防雷、防火等各安全条件远远达不到要求，存在很大安全隐患，如果发生地震（庆元属地震带），则会严重威胁全体师生的生命安全，学生家长对此反响较大，担忧甚多。三是建筑物布局和结构不合理。如走廊过狭、护栏过低、教室面积狭小、教室面对面布局、相互干扰等严重影响了正常教学秩序。四是学校操场、餐厅、图书馆、实验室、专用教室等教学配套场所达不到现代化教学要求。其中，操场是煤渣跑道，一到干燥的秋冬季就尘土飞扬。五是学校现在规模难以满足群众的需求，招生压力大，而现在学校又不可能再扩大规模。以上这些因素已成为严重制约学校发展的因素，因此，实施二中迁建或改建是势在必行的事情。

（二）几点建议

第一，二中的搬迁要从全县的教育大局和城区规划的高度来考虑，而不仅仅是孤立地为二中搬迁而搬迁。因此，需要考虑的首要问题是，从长远来看，庆元县的初中教育如何布局和规划。主要的观点是：随着城镇化建设的快速发展，庆元县的初中应该全部集聚在县城（包括屏都），而将乡镇的初中全部撤掉，这样将有利于教育资源的集中配置，有利于教育的均衡发展，有利于通过竞争办出人民满意的优质教育。通过对庆元县人口统计资料的分析，庆元县近几年的小升初人数多的在2200人左右，少的1800人左右，这个数据还没包括在外地打工可能返乡就读的学生。要解决这些学生的初中就读问题，那么一年大约需要40—44个班级。根据现在三中和菊隆中学的规模，每年满招是12个班，那么还有20个班待解决。因此，如果在城区内再办一所初中，那这所初中就需要有60个班级的规模。同时可能还需要为教育的发展预留一点空间。而根据教育发展规律，初中学校太大和太小都不好，太小则无规模效益，太大则给管理带来非常大的难度。所以，我们只有3种选择：一是荷地再留1所初中，县城办1所48个班的初中。该方案的缺点是东部人口可能会不断减少，荷地中学的生源会不断萎缩，同时，荷地中学的办学质量必须和县城相当。二是县城办1所60个班的初中（二中），全县形成二中、三中、菊中3所初中，解决所有生源。缺点是二中60个班级的规模太大，不利于管理。三是县城城区内办3所初中，形成城区内小学、初中、高中“四三二”的格局，这样就是再建1所初中，规模是48个班，以满足近期初中发展的需要，然后在原二中地址上拆建成1所18—24个班规模的精品初中。

第二，关于二中搬迁问题，在广泛征求各界人士的意见建议的基础上，认为第三方案比较可行，即新建1所初中（48个班规模），原址改建为1所精品初中（18—24个班规模）。

（1）如前所述，如果只建1所60个班规模的二中，则规模过大，不利于管理，不利于提高教育教学质量。因此，新建1所48个班规模的初中比较适宜，且能满足当前需求。出于安全考虑，新建学校越快越好。且新建学校基建由政府负责，建好后交由学校使用。

（2）尽可能保留现有校址，在现址建设一所中等规模的精品学校。理由是：（1）学校是文化传承的场所，是有历史文化积淀的，是广大校友的根，承载着当年求学时的美好回忆。现有二中校址具有百年悠久历史，有很深的文化底蕴，这里古木参天，环境优美，非一般新建学校可比，学校内还有县重点文物保护单位孔庙，因此拆了非常可惜，许多在该校读过书的校友，感情上较难接受。（2）如果庆元县“一溪两岸”规划不过分进入现有校园，则现有学校可以进行适当的改建，建成一所中等规模（18—24个班）的精品学校，这样规模的学校现有面积只要规划合理，基本可以满足要求。改建可以分步进行，先新建1所48班规模的初中，把二中搬迁过去后再进行改建，改建的重点是把原老庆中宿舍区搬迁掉，把教育局搬迁掉，然后再进行规划改造。

把老教学楼拆掉，在原址上再建 1 幢 4 层楼高的现代教学楼，然后再改建其他的配套设施，把操场改成塑胶操场。改建后的学校可以叫“濛洲中学”，建好后再撤乡镇的初中。（3）改建时，尽可能将原古木大树保护好，把孔庙保护好，并可以建一个孔子文化园，增加学校文化品位。

（3）如果现校址确实因为“一溪两岸”规划而不能再用于建学校了，则得另选址再建一所中等规模的初中。

第三，新初中的选址主要考虑几个问题：一是面积要足够大；二是不可离城区太远，交通要方便和发达以利于快速防散，因为初中生大多是通校生，就近上学是基本原则；三是环境要相对僻静，周边不可有太多的嘈杂声，有利于专注教学，要相对向阳通风，给学生一个健康的学习成长环境；四是要安全，要尽可能避免诸如交通安全等安全隐患；五是县城东部已经有 1 所三中，那就不能把新初中又选择在东部，离三中太近，布局不合理。

鉴于以上综合因素考虑，庆元县现有地块已经没有太多选择余地，相对理想一点的就是南门洋区块。但这一地块的缺点是学生要穿过过境路，存在交通安全隐患，同时地块是在南山下，湿气较重。所以如果选址于此，一定要规划合理，使学校阳光足，通风好，教学生活方便，学校层次感强，环境优美。

（第一部分“关于县行政中心不必迁建的理由及建议”由本人撰写，2009 年 11 月 5 日在县委常委会上被采纳）

关于庆元县城市特色营造课题的建议

调研课题的主题是“城市特色营造”。在这个主题中,定位是“特色营造”,对象是“城市”。而这个“城市”对象又有狭义和广义之分:狭义的城市仅指我们现在居住的建成区;广义的城市是指一县双城,即建成区和屏都街道。本文的城市是政治中心、经济中心和文化中心的建成区——庆元老县城。

一、一大特色

庆元县城一大特色,也即最大特色就是一条母亲河——松源溪自东向西穿城而过,把庆元县城分为南北两岸。然后凭借城东大桥、后田大桥、濛洲廊桥、庆元大桥、西大桥和阁门岭大桥这 6 座横跨南北大桥把南北两岸的建成区连接为一个整体。

二、五大短板

一是松源溪以横跨南北两岸的 6 座大桥为界点所形成的 5 大回环没有打通,影响庆元县城的面貌,也大大降低庆元县城的城市品位。

二是庆元县城市标志性道路——濛洲街延伸道路——府后街段没有拓宽延伸建设,严重制约了城市交通。

三是濛洲廊桥占用原先就已经规划设计好并预留待建的交通大桥桥址,严重破坏庆元县城市的交通格局。

四是庆元大桥桥面太窄,影响来往车辆和行人通行。

五是北门桥头至二级橡皮坎坝下面(原显丰公司所在地)段江滨路路面严重破损,影响城市形象和车辆通行质量。

三、五点建议

(一)建议抓紧推进“一溪两岸”建设,做足做好“一溪两岸”文章

1.理由和意义

(1)庆元县建成区的格局为“一溪两岸”。母亲河松源溪自东向西穿城而过,把县城分为南北两岸,现由城东大桥、后田大桥、濛洲廊桥、庆元大桥、西大桥和阁门岭大桥将县城南北两岸连为一体,它既是庆元县城的特色,也是庆元县城的一大景观。

(2)随着人们生活水平的提高和健身养生意识的增强,自南岸咏归桥至阁门岭段江滨路建成后,每到晚饭后走路健身的人就特别多,可谓摩肩接踵,尤以春、夏、秋3季见甚。由于北岸没建江滨路,人们只能从南岸江滨路下去又从原路返回,往来如梭,因此显得特别拥挤。

(3)庆元县自然景观离县城较远甚至很远,如巾子峰、百山祖、双苗尖等;而县城人文景观除了大济古村和咏归桥、濛洲桥外就几乎没有了。所以,倘若把县城“一溪两岸”江滨路建设好,不仅给庆元县城平添一道亮丽的人文景观,而且也给建成区居民提供了一个走路健身的“广阔天地”,也必将成为外来宾客的必游景点,同时还给沿溪两岸的居民生活、生产带来极大的便利。这样的大善大德之举,不论是从现实需要还是将来发展考虑,都是势在必行之事。

(4)就“一溪两岸”建设,2003年县政协法制专委会曾专门调研并由本人执笔撰文建议;2009年,庆元县委也曾以官方的形式提出实施“一溪两岸”建设,然而至今没有任何动作,而老百姓的呼声却与日俱增。

(5)庆元山城区域空间原本就小,应当充分考虑在建设精品山城上做文章,因此,规划好、建设好“一溪两岸”是庆元精品山城不可或缺的重要组成部分。

2.办法和建议

(1)建设部门应当抓紧聘请专家进行规划,在专家实施规划前召开一个由建设部门主持、社会各界人士(包括离退休干部、人大代表、政协委员、网

名代表、关心庆元公益事业的资深知名人士代表）参加的论证会，充分听取他们的意见和建议。

(2)南岸江滨路应当从庆元大桥南端开始规划贯通至后田城东大桥南端，北岸江滨路应当从城东大桥北端开始循溪沿贯通至阁门岭大桥北端，这样就以大桥为界点形成五大回环，南北两岸的居民走路健身就有很大的线路选择空间了，不必像现在只能单一地从原路下去又从原路返回。

(3)在这五大回环的南北两岸江滨路上，装以亮丽华灯，在梯级橡皮坝的水面上让两岸华灯交相辉映、折射光芒，装点"一溪两岸"的美丽山城；同时在两岸江滨路合理的地段上设置健身器材和建置长廊供人们栖息休闲，像水上公园。这样的开阔地还可以搭建戏台让人们吹唱演出，丰富广大市民的文化娱乐生活，以满足不同层次市民精神生活的需求。

(二)建议"十三五"期间启动府后街旧城改造

1)府后街旧城区块现状：

(1)均为低矮土木建筑之民居，年代久远，破旧不堪；

(2)排水、通风、采光、卫生等居住条件设施很差；

(3)弄道狭窄，消防车无法驶入，一旦发生火灾，无法扑救，存在严重消防隐患；

(4)土房低矮，空间利用率低，"黄金"地块浪费严重；

(5)成为濛洲街西延的瓶颈路段，严重制约建成区内道路通畅；

(6)地处政治、经济、文化中心的县城中心地段，影响城市景观和城市品位；

(7)要求对府后街片进行旧城改造，多年来居民呼声一直很高，且几年前已被列入政府工作报告。

2)启动并实施府后街区块旧城改造的建议及意义

(1)建议政府把启动府后街旧城改造列入"十三五"规划建设项目，并且加快推进改造步伐。

(2)实施府后街改造项目，能彻底改善府后街区块居民的居住条件，彻底解决交通、排水、通风、采光、卫生等问题，着实提高居民生活质量，体现以"人为本、民生至上"的理念。

(3)解决消防安全隐患,消除消防隐患之虞。

(4)让濛洲街西延至星光路,解决建成区内交通瓶颈问题。让濛洲街成为庆元县城贯通东西的标志性大街。

(5)弦歌坊和老城底小横街及几幢有保留价值的古民居,根据规划和设计修旧如旧地予以保留。

(6)提高庆元县政治、经济、文化中心的城市品位。

(7)建议趁实施府后街旧城改造之良机,将现在行政中心大院的大门朝南开启,将现在朝石龙街开启的北大门改作小门。行政中心大院大门朝南开启符合地理规律,房屋坐北朝南符合地理规律和日照规律。南宋庆元县治所(即现在的行政中心大院)的大门就是朝南开启的。将公安局办公大楼及其宿舍、人武部宿舍、官井东西两侧的民宅依法予以征收后,可在其原址兴建 2 幢(暂命名“双子楼”)均为 23 层的行政办公大楼,可以将现在集中在菇城宾馆办公的 10 多个单位和其他办公条件差的单位(如教育局等)都统一整合到这 2 幢行政办公大楼里。一则改善这些单位的办公条件;二则节省资源和成本;三则提高行政中心的现代品位。让济川路和连接龙山隧道的星光路至西濛洲街成为迎宾大道。如此一来,将大大增加精品山城的城市品位!

(三)建议搬迁濛洲廊桥,让其桥址还建交通大桥

随着县城人口不断集聚,人们生活水平日益提高,小车数量随之猛增,城市道路已满足不了要求,显得拥挤不堪,以致经常出现车堵,最突出的就是石龙街与松源街交会的十字路口,人们无不深有感触。究其原因不外有二:一是十字路口路面太窄(现松源街南段借旧城改造业已拓宽改善);二是濛洲廊桥占用了交通桥址,使得横城南、北路以上后田区块居民的小车无法从阁门岭经新建路再过横城北路的“濛洲大桥”(暂命名)进行分流疏解。

在当年的庆元建成区道路和桥梁的规划中,横城北路北端被规划建造一座交通大桥,故而把横城北路和横城南路的路面规划设计为四车道,当时这样的规划设计是科学合理的,是符合庆元县城市发展的实际和需要的,也是具有前瞻性的。

然而，2005 年时任县委书记，为了实现其意念中的所谓“梦幻廊桥”，不顾庆元县城发展的现实和需要，不顾已经科学规划和预留的交通桥址，决意在横城北路北端规划预留的交通桥址上建造濛洲廊桥。当时，我作为县政协委员曾经撰写了 3 页纸的《重建濛洲桥应当缓行》的提案进行专门论证，反对建造，人大那边也有代表建议反对建造，百姓亦呼声很高反对建造，然而在“权力”的作用下，耗资 1000 多万元，濛洲廊桥还是造上去了。共产党向来提倡民主，注重民生，一贯主张实事求是，也一贯强调实践是检验真理的唯一标准。今天，从庆元建成区交通发展的现实情况看，横城北路北端预留的桥址是应当建造交通大桥，还是应当建造连自行车都推不过去的廊桥，答案是不言而喻的。

从地理角度看，庆元县城外形像一条船，拦腰从船中间建一座廊桥是对完整地理的破坏，是不被允许的。

2005 年，在我的反对建造提案中，观点已经阐述得非常明确：现今濛洲廊桥址应当建造交通大桥，与横城北路、横城南路连接，既解决交通问题，又彰显县城的品位。而濛洲廊桥若真要建造，则从咏归桥连接至对岸，水上公园有廊桥博物馆，景点集中，相互映衬，彰显廊桥特色和廊桥文化，同时也吻合庆元先人在此修建廊桥起到“拦风水”和沟通南北两岸交通的作用。自古咏归桥连接南北两岸是有史据可考的：明天顺四年（1460 年），由邑人捐资，官府补贴，从球山麓经石龟背，再跨对岸，修建廊屋式木桥，桥身四十一间计数十丈，造型别致，名为“咏归桥”。桥名典出孔子《论语》“浴乎沂，风乎舞雩，咏而归”之句。咏归桥建桥 500 多年来，历遭洪水、大火，几经兴废，至解放时仅留南岸到石龟上的左桥。庆元有 800 多年的制菇历史，菇民外出做香菇秋去春归，该桥命名为“咏归桥”，寄寓着人们期盼和吟唱去菇山的家人都能平安归来之意。

今天，原提案人出于对庆元现实需要和长远发展的考虑，再次郑重以提“金点子”的形式，建议政府在全面听取市民呼声和吸纳市民意见及进行全面科学论证后，决策动议将现今的濛洲廊桥搬迁到咏归桥接至对岸，让濛洲廊桥址归还建造濛洲交通大桥（过松源镇政府门口至对岸金水湾大桥则可以免建，将巨资转用于建造濛洲大桥，既节省土地成本和重复建桥成本，又使松源河面不至于因短距离内桥梁太多太密而影响了美观），以缓解庆元县建成区内交通日益拥堵问题，待高速公路连接线“禁山林”隧道打通后，建成区内的更多车辆便可以通过该“濛洲大桥”进行分流疏解，以最大程度解决庆元建成区街道交通拥堵问题。

当然，未建几年的濛洲廊桥又要搬迁，看似是一种“劳民伤财”的事情，然而从庆元现实需要和长远发展计，又实在是一件为绝大多数老百姓认可和赞同的势在必行的大事，因为原庆元县委书记利用手中掌握的大权，未经科学论证和民主决策就凭个人意志，把原本应当建造交通大桥的桥址变作建造廊桥，这本身就是大错特错的决策。有错必纠，何为不可！

（四）建议趁二中区块［西至松源街（庆元老饭店）］和仑山路区块改造之机，改造庆元大桥

或者拆除老大桥并在原址上建四车道宽的新大桥，或者在原大桥东侧再造双幅车道，使庆元大桥成为一条四车道的宽敞大桥，以解决车辆和行人拥堵的问题。

（五）建议并吁请抓紧改造修复北门桥头至二级橡皮坝段江滨路路面，理由如下：

（1）该路段柏油路面已经破损不堪，路面严重凹陷不平（主要原因是自来水公司为了安装地下管道，从原本平整的柏油路面中间开挖而埋地下管道）。现今，若遇雨天，路面坑洼严重积水，过往车辆如不注意，轮子碾过坑洼积水，有时水花溅得路人一身一脸，影响人们的正常通行。

（2）该路段为外来客人车辆进城的主要通道，可谓门面道路。然而如此路况，给外来客人留下十分不好的第一印象，无形之中对庆元县城的文明印象大打折扣。

（3）良好优美的县城道路，是基本的民生工程，如若这样的路况都视而不见不予改造修复的话，说的不好听一点，是一种惰政的表现。

基于上述3点理由，建议并吁请职能部门到实地勘察，抓紧实施改造修复，造福庆元百姓。

（2016年5月17日给县委、县政府的课题建议）

第三篇

建 言 献 策

加强信用建设　打造“信用庆元”

“诚实守信”“一诺千金”是中国传统道德中维持公序良俗的一个极为重要的内容。2500多年前的孔子曾说:“民无信不立。”信用作为一种重要的社会道德规范和原则,在人们的社会交往和经济活动中有着极其重要的价值和地位。

一、信用建设的紧迫性及其意义

江泽民总书记在年初召开的中央经济工作会议上指出:“没有信用,就没有秩序,市场经济就不能健康发展。”并进一步指出:“要采取法律、制度和舆论等多种措施,在全社会营造讲求商业道德、诚实守信、公平竞争的氛围。”在刚刚结束的九届人大五次会议上,朱镕基总理在《政府工作报告》中提出要“切实加强社会信用建设,逐步在全社会形成以诚信为本、操守为重的良好风尚”。浙江省委、省政府提出建设“信用浙江”的口号。我们庆元县委、县政府也提出建设“信用庆元”的要求。所有这些都充分说明,党和政府已把信用建设摆到一个十分重要和突出的位置。改革开放20多年来,我国经济有了很大的发展,社会取得了全面进步,但是不可忽视的是在经济、社会生活、政府行为、人与人之间的关系等领域,市场主体信用失范问题已十分突出。

记得2001年全国高考语文试卷出了一个材料作文题:一个年轻人背上背着“权力、金钱、诚信、健康、美色”5个背囊出门旅行,欲过渡时,撑船老翁告诉他,其背上的行囊太重,必须去掉其中一个背囊,否则会船沉人没的。年轻人经过反复考虑,最后决定选择丢弃“诚信”这个背囊而过渡。这个故事虽为虚构，但它从另一个侧面反映了一个突出的社会问题，即当今社会，诚信缺失。由于当前社会信用程度低下，社会信用的普遍缺失和沦丧，确已成为影响我国经济发展和社会进步的一大障碍。因此，呼唤信用，共筑诚信，已成为社会层面的最强呼声。

二、信用缺失的种种表现及其危害

人们不会忘记，10年前的温州，制假售假十分严重，假冒伪劣产品充斥市场，“温州的电器不能用”“温州的皮鞋不能穿”。人们谈“假”色变。“假冒伪劣”一度成了温州的代名词，人们谈及温州就反感。“失信”的切肤之痛，给温州人的教训是深刻的。

人们也不会忘记：1998年底，山西省运城地区的一些良知泯灭、诚信沦丧的不法商贩，为了牟取不义之财，竟用工业甲醇勾兑成烧酒在市场出售，造成多人死亡，几十人双目受损或失明。

近而言之，我们庆元在经济活动中的信用状况又如何呢？带着这个问题，笔者曾下基层到县技术监督局、香菇市场工商管理所、个协、金融等单位进行专题走访调查。调查表明信用缺失情况严重。在此不妨略举几例作为警示。

据技术监督局反映：有的香菇生产农户，为贪图省力用蜡浸泡菇段，致生长出来的菇面带蜡而不能食用；有的“剥皮客”将收购来的香菇喷水增加重量而出售；有的经营者在计量器上弄虚作假，调换称砣或在称砣下粘吸磁铁“吃称头”；过去花菇价高的时候，有人将铁钉钉入菇脚增重牟利；有的原辅材料经营者将红糖掺假，麦麸掺谷糠，把甲醇当酒精，用灰矿粉冒充石膏粉。

据香菇市场工商管理反映，在市场交易中，香菇诈骗和货款诈骗案件时有发生。

据金融系统反映，在银行贷款业务中，因借款人信用度差，致使银行无法收贷而蒙受损失，甚至影响存贷业务的正常开展的情况相当严重。

据“3·15”中心反映，庆元有的大米加工商伪造福建产地和企业名称而销售大米，有的粉干加工商用劣质大米加工粉干坑蒙消费者，等等。

商业欺诈、信用缺失和信用沦丧的现象像无孔不入的瘟疫一样侵蚀着庆元县的经济肌体，无论从经济角度还是社会角度讲，它给我们庆元造成的危害都是极大的。如果让这种现象继续蔓延，就内部而言，它将造成庆元县经济和社会秩序的紊乱，严重制约庆元县的经济和社会发展；就外部而言，它将直接影响到庆元县对外的信誉和形象，导致庆元县失去国内和国际市场。因此，在全社会倡导诚信、加大惩治背信的力度、打造“信用庆元”已是刻不容缓的事情。

三、打造“信用庆元”的对策措施

如何打造“信用庆元”？建议从以下5个方面入手：

（1）加强信用建设的宣传教育，引导市场主体诚信守信。利用各种媒体大力宣传、贯彻落实《公民道德建设实施纲要》并大力弘扬“诚信为本，操守为重”“一诺千金”的中国传统美德，在全社会营造一个人人讲信用、人人重信用、人人守信用的良好氛围。

（2）政府率先垂范。政府及其职能部门在维护社会信用过程中起着至关重要的作用。庆元县要尽快构建以政府信用为关键、以经济信用为重点、以法制信用为保障、以群众道德信用为基础的信用体系。要进一步转变政府职能，规范政府行为，强化政府信用意识，理顺政府部门职能，切实减少行政性审批；做到依法行政，切实纠正执法不严、违法不究的做法；树立一个勤政为民、取信于民的信用政府形象。

（3）提高失信成本，严惩失信行为。在经济活动中，市场主体是选择守信还是失信，主要是看失信成本的高低。当失信的预期效用超过守信的收益时，活动主体便有可能选择失信。因此，必须制定有关的法规，加大惩罚失信力度，让失信者得不偿失，不敢冒失信的风险。在国外，谁搞商业欺诈，谁搞坑蒙拐骗，就让谁倾家荡产，永世不得翻身。这种惩罚失信的做法值得我们借鉴。省委书记张德江参加全国人代会期间就建设“信用浙江”的话题接受新华社记者采访时说得好：“谁砸了浙江的牌子，就砸谁的饭碗，绝不能让信用失范的现象蔓延开来，绝不让‘一颗老鼠屎坏了一锅粥’。”

（4）建立企业和个体经营者信用管理体系。我国目前还没有完全建立起适应现代社会和市场经济体制的社会信用体系：银行的信用没有机构对其进行评级，企业的信用记录分散于各个金融机构中，居民没有个人的基本账户可供资信查询。浙江大学副校长、全国第五届政协委员冯恩培要求国家建立"信用署"的提案很好。相应地，庆元县也应考虑尽快建立起信用咨询服务机构，建立起规范记录和查询的企业及个体经营者资信数据库，同时制定相应的警示和处罚办法，实施对失信企业和经营者的警示和处罚，促使企业和经营者守法守信，让庆元县的市场信用质量上一个台阶。

(5)打造"信用庆元"要付诸行动，要立竿见影。据 3 月 8 日《浙江日报》披露，2002 年初，浙江省 29 家信用欠佳的企业被省有关部门淘汰出重点扶持企业的行列；省国税局将 32 家欠税 500 万元以上的企业公之于众；温州市第一次对 100 家统计数据作假的企业和政府部门亮"红灯"。信用一票否决使人们感受到建设"信用浙江"的决心。我们庆元应尽快建立"信用庆元"领导小组，由书记或县长亲自挂帅，以加强"信用工程"建设的步伐。对守信的企业和经营者予以公开的表扬和嘉奖，对失信的企业和经营者予以公开的曝光和处罚，让全县人民切实看到并感受到县委、县政府打造"信用庆元"的决心、步伐和力度。

（2002 年 3 月 16 日在庆元县政协大会上的发言）

重建濛洲桥应当缓行

濛洲桥，即濛淤桥，据清光绪三年县志刻版载，濛淤又叫濛洲，为横跨濛淤溪上之廊桥，因此得名叫濛洲桥(又叫濛淤桥)，该桥建于元至正年间，毁于(被乞丐烧毁)1995 年。

廊桥，在古代主要起交通桥梁作用，大多建在村尾水口。从唯心角度讲，又能起到拦风水作用。古廓桥而今已成文物，据统计，庆元县原共有廓桥 230 多座，至今保护完好的仍有 97 座。如举水明天启五年即 1625 年建造的“如龙桥”(“如”字为动词，作“到”解。史记《鸿门宴》中“坐须臾，沛公起如厕”的“如”字即作“到”“往”解。“如龙桥”的“如”与“来凤桥”的“来”对偶对称)，为全国重点文物保护单位；又如五大堡西洋殿的兰溪桥建于明万历二年即 1574 年，为省重点文物保护单位。所以如何保护好现有的古廊桥这一特色文物，才是人们需要重视的事情。

然而，濛淤桥既已毁之，而今又要耗费巨资重建之——移建于城内松源河上(横城北路北端，横跨三漈潭至公路)，这的确是一件应当慎重考虑、严格论证的事情。省里没有拨款，县财政拮据没钱投入，光靠广大干部职工及社会捐巨资来建。笔者认为，捐资款应当用在刀刃上，而不能用于这种社会效益不大、经济效益几乎为零的重建工程上，故特此提案，建议政府慎重考虑，以不建或缓建为宜。具体理由如下：

1. 古廊桥对庆元来说，不是珍稀文物，更不是唯一文物。现今仍就保护完好的有国家级的“如龙桥”、省级的“兰溪桥”，还有其他许多县级的廊桥。如果将现有的这些古廊桥保护好、维修好，就足以能体现庆元古廊桥这一特色文物品牌了。所以，“濛淤桥“既已毁之，就无必要重建之。即使像北京圆明园这种中国唯一乃至世界唯一的古建筑文物，至今也没有动议重建呢。

2. 对于重建古廊桥这种静态投资的事情，省里没有拨款，县里也因财政拮据没有投入，而仅靠广大干部职工、行政机关、企事业单位及社会的捐资建设，政府确应斟酌慎行。捐资款一般用于有特殊困难或特殊意义的事情上，如赈灾济困或其他必不可缺的公益事业如学校建设等。三潆潭上建廊桥，若从交通考虑，不如建水泥桥更气派、更坚固、更现代、更易于管理；若从意义论，则城内已有咏归桥，如再建一座，乃系重复，实无必要。

3. 若从旅游景点布局看，重建濛洲桥乃属孤桥景点，如果一定要建，不如连接咏归桥横跨松源河倒也气派壮观。廊桥建了，管理也必须跟上，咏归桥有水上公园管理人员专司负责，尚且还有许多问题，如成了乞丐避风雨和息宿的去处；常见桥头四周有尿、便迹，很不卫生，大煞风景；等等。若濛洲桥建成后，孤零零位于一处，无人管理，卫生、防火等问题定然不堪，到时旅游景点成了人们唾骂的东西，岂不好事变成坏事？

4. 2000 年颁布的《中华人民共和国文物保护法》第二十二条规定："不可移动文物已经全部毁坏的，应当实施遗址保护，不得在原址重建，但是，因特殊情况需要在原址重建的，由省、自治区、直辖市人民政府文物行政部门征得国务院文物行政部门同意后，报省、自治区、直辖市人民政府批准；全国重点文物保护单位需要在原址重建的，由省、自治区、直辖市人民政府报国务院批准。"濛洲桥要么不叫重建，若属重建，则必须按第二十二条的规定报经省人民政府批准。

5. 先做民意测验。建议政府在实施前，做一次民意调查，若支持者居多数，则再建不迟。

（2005 年 3 月 27 日县政协大会提案）

事小不等于小事

——星光路、府后街路面急需改造

石龙街柏油路面已开始破损,不少地方出现坑洼积水情况。星光路(登云桥至竹坑桥)和府后街的路面破损情况尤为严重,路面断裂下陷,凹凸不平随处可见,已经严重影响到车辆安全行驶,连三轮车都无法稳稳驶过,人们不无抱怨:“县城的道路比乡下的还差。”府后街人居稠密,过往行人摩肩接踵,车辆又多,拥挤不堪。星光路上有看守所、县中队、消防队、县中心幼儿园及大片的居民住宅区,上接星光村及过境公路。仅中心幼儿园每天就有几百位家长要接送幼儿,因此,星光路是一条十分重要的交通道路。而恰恰该条道路的路面损坏是最为严重的,已经明显影响正常的安全通行。其破损的路貌与文明县城的称呼也极不协调。

本文建议:庆元县城建局到实地视察,倾听群众意见和呼声。一是对石龙街路面破损之处及时用柏油修补。二是对星光路、府后街路面抓紧实施改造,以消除隐患,方便群众生活,保障和提高群众的通行质量。

事小不等于小事

——路灯须亮照人行

有些事情看去很小，上不了议事日程，也上不了纲。但笔者认为，关乎群众切身利益的事情即便事小亦非小事。弄不好，还会因这些“小事”酿出大事。

后田街尾至农业局大门口段石龙街（两纵之一），用日光节能灯充当路灯，光线极其暗淡，不能有效照亮街面。每至夜幕降临，朦胧一片，如若雨夜，情况更甚。而该街为县城主要街道之一，车水马龙，行人极多。时下，小车、摩托车（电动的、非电动的）大量增多。笔者几个夜晚目睹，骑电动自行车者，为了省电，未开或故意不开照明灯，见到多次与对面行人和车辆差点相撞，险象环生。由于街面光线太暗，行人或横过街道的行人离稍远些距离便无法看清前面的情况，故而不知避让也无法避让。再如祥云路至今未装照明路灯。

笔者建议：县电力公司将石龙街该段主要街道更换上足够亮度的照明路灯。祥云路（四横之一）可考虑安装照明路灯，以满足群众的通行照明需求。

（2006 年 3 月县政协提案）

建设好了，管理也须跟上

即将建成的水上公园连接咏归桥沿江滨路至阁门岭过境大桥，将成为庆元县一道集美化环境、加固城防、提高城市品位于一体的亮丽的风景线，同时也为人们提供了一个休闲娱乐、散步健身的好去处。人民群众对此城建业绩是首肯称颂的。

本提案，是提案人听取了各界的反映，集各个层面的意见后而撰的几点建议，以期城建部门能采纳实施，使之更臻完美，造福人民。

(1)咏归桥背瓦宜用深墨绿色的筒形瓦。咏归桥于2003年已由县文物管理部门向省里申报省级文物，其级别将随之提升。然而，其廊桥背瓦因几经翻盖，致使瓦片新旧不一，大小迥异，很不统一，显得过于简陋，没有古朴、典雅、庄重之感。原副县长季松岭曾拟指令更换，且征询过不少关心公益事业的人士，他们都认为用深墨绿色的筒形瓦最为相宜。

(2)彩灯饰桥添夜景。咏归桥两边挑檐，如果饰以彩灯点缀，必将平添夜景异彩。

(3)设置景点管理处，委派专门管理人，统一负责管理各景点设施。①咏归桥因无人管理，常年成了乞丐的栖身之所，而桥头两内角，尽是小便污迹，大煞风景。②“倚江球崮”上的设施人为破坏十分严重。亭阁断垣残壁，石桌石凳已不见踪影。③西桥南头两边花坛草地的花草被践踏，地灯也被破坏殆尽。上述3处景点现状，皆因无人管理所致，故建议管理须跟上。

(4)江滨路铁链护栏应更换为石板护栏，以确保人们的安全。咏归桥头至西桥头段江滨路，休闲散步者最多，尤以春夏见甚。每至晚饭后，人们大都喜欢到江滨路纳凉散步，携老执幼，摩肩接踵，热闹非凡，而沿岸护栏，却仅以一根铁链系之，除起象征性的警示作用之外，实不能起到安全护栏作用。堤岸墙高坡陡且光滑如壁，一旦橡皮坝蓄水后更兼河宽水深，假设有人掉进水里，水里的爬不上来，岸上的又爬不下去，如何救人？行人无不提心吊胆，都不敢靠岸沿走，都尽量靠内侧行，客观上缩小了可行路面的宽度，使本已不宽的路面更加狭窄拥挤。因此，为人民群众利益计，建议城建部门将铁链护拦换以咏归桥头上段的能真正起到安全保护作用的石板护栏。诚然，翻工工程总是一件麻烦又增加成本的事情。但是，从长远计，从人民利益计，城建部门只要向休闲散步的人们做个民意调查，若有50%以上的群众认为铁链护栏实不安全而潜存隐患的话，就有更换为石板护栏的必要。这就是民意，这才叫造福于民。

(5)在江滨对岸，建议抓紧实施拓宽改造，使其连接两桥，让江滨两岸成为回环走廊，给人们提供一个更加宽阔的休闲环境。

(6)建议成立一个民意咨询委员会。关于庆元县的重大城建项目，多听各方意见，以使决策更加民主化、科学化、效益化。这个民意咨询委员会的成员可由人大代表、政协委员、离退休老干部、普通群众代表等组成。当然，他们必须是有热心和责任心的关心公益事业的人。

（2008年3月26日县政协提案）

柳枝须修剪　方便人行走

随着人们生活水平的提高和休闲健身意识的增强，除特殊天气外，每天傍晚饭后，都可见人们三五成群紧步行走在江滨路，你来我往，好不热闹，有时甚至显得有点拥挤。江滨路是人们饭后休闲健身散步的好去处。

时下，江滨路人行道旁的垂柳枝条到了春来泛青的时节，又成了江滨路上一道亮丽的风景线。但是，由于园林站管理人员疏于修剪管理，任其枝条蔓延生长，以至于影响人们的正常行走。你不妨去江滨路走一走体验一下，就会发现，道旁每棵柳树底托的枝丫零乱不整，高低不齐，有的甚至已是枯条烂枝仍然自生自灭地挂在那里。许多柳树由于底托柳枝长在太下面，春夏来后，细软绵长的枝条不堪繁茂的枝叶重负，都一个劲地往下垂挂在人行道上，行人个头稍高者，易被枝条蔓叶扑面刷额地打在头上，迫使行人不得不低头弯腰避让行走，甚觉有碍自由，尤其遇上雨天，若不用东西抵挡，难免被水珠弄得一头一脸，好不恼人。它确已影响着人们的正常休闲行走了。

据此希望园林站收此提案后，能赶紧派员组织修剪。一是将每棵道旁柳树底托的枝丫修锯整齐，以美化行道树；二是将垂挂在人行道上会影响行人的垂条蔓枝进行必要的修剪处理，使其不再扑打行人的脸面，让行人走得舒心、自在。

（2008 年 3 月 26 日县政协提案）

政府牵头　部门协同

——切实解决饮用水源头投入治污的专项政策性资金，确保库区下游10万人口的饮用水安全

兰溪桥水库是库区下游全体居民唯一的生活饮用水源，其质量如何，是关乎库区下游10万人口的生活质量和身体健康之大事。而临近兰溪桥库区饮用的共有28个属五大堡乡管辖的行政村，其中临溪而居靠库区最近，污染最直接的有东坑、后广、东岱、竹山、八洋、南坑、北坑、梧桐洋、杨楼、半溪、五大堡、新处洋等12个行政村。

2006年，笔者在调查研究的基础上，曾撰写过一篇关于《落实专项政策倾斜资金，彻底整治饮用水源污染》的提案，县政协将其列为重点提案，由主席督办、部门协同，经过各方努力，饮用水源头污染治理情况取得了一定的成效，但由于资金投入严重不足，没能形成长效机制，至今存在的问题依然十分突出。2008年，笔者再次带着这个问题，前后到五大堡乡、城建、农办、环保等相关部门进行调研；又深入临近水库而沿溪居住的10多个行政村进行实地考察，并且在如梧桐洋、竹山等几个主要行政村召开了有村两委和部分村民代表参加的座谈会，充分听取了他们对饮用水源污染问题的反映及其对政府的强烈诉求。总结起来，存在3个方面的突出问题：

第一，靠近库区源头而又临溪居住的上述12个行政村庄（现除五大堡村外）生活污水没有经过任何处理措施，直排河道；许多村民的猪栏、厕所临溪搭建，猪尿猪粪直排河道；有的村民不将死禽、死畜入土掩埋，而是直接抛入河道，腐烂后流入水库；每个村庄虽然设立了一些垃圾箱，但村民没有养成垃圾入箱的习惯，仍旧随地抛弃或随溪抛弃；每个村庄虽然名义上也设有一名保洁员，但每月补贴只有100—200元，保洁员工作没有真正落实到位，几

近流于形式。

第二，库区饮用水源头28个行政村，自2006年以来在县农办的政策扶持和技术指导下，部分农民开始建造并使用沼气池，效果很好。但是还有相当多的农户没建或不建沼气池（同时又没建化粪池），对猪粪人肥没有进行科学制沼使用。现在的农民种田种地因人肥肥力低而少用甚至不用，大都使用省工省力且肥力高的化肥，因此有的农民干脆就将过剩的人肥倾倒于河道，直接污染水源。

第三，五大堡乡自2005年起从长兴引进吊瓜种植，现在全乡种植吊瓜面积达3800多亩，其中尤以南坑、北坑、梧桐洋、八洋、竹山、濛淤、五大堡等几个最靠近库区饮用水源头的村种植量最大。吊瓜清洗需要大量的水资源，农民以蛇皮袋装吊瓜直接挑到水源溪里用脚踩踏清洗去皮去囊，致使大量的瓜囊会流到库区上游，受高温发酵富营养化，库区上游水面出现一层漂浮的“绿蓝藻”，严重影响库区的饮用水质。针对以上“三大”突出问题，笔者相应地提出以下3点对策建议。

针对第一个问题，建议县建设局将离饮用水源头最近、污染最直接的上述12个行政村纳入建成区保洁范围，每村派驻一个常年保洁工作人员，每月发放固定工资或实行承包形式，其工作职责主要有3个：一是常年向村民做宣传教育工作，教育村民树立起自觉保护饮用水水源的公德意识；二是常年打扫村里弄道，每天将每户村民统一放在其自家门口的生活垃圾集中收集到垃圾箱里，而后再由拖拉机搬运工集中运送到焚烧炉统一焚烧；三是对不自觉的村民实行监督管理，张贴处罚告示，对随溪倾倒垃圾、随溪倾倒人肥污水、随溪抛弃死禽死畜者进行量化处罚并开处罚发票，量化处罚标准由县里统一制定。保洁工作人员的工资经费由县公共财力解决，或从县水资源费中提取，或从用水居民和用水企业缴纳的水费中提取，并建议县政府设立庆元县饮用水保护专项资金。

针对第二个问题，建议县农办和环保局联合组派执法队深入上述12个饮用水源头的行政村进行逐个考察、排查，要求临溪搭建的厕所、猪栏一律限期搬迁至对水源无直接影响可能的地点，同时补给农民合理的迁建费。鼓励上述村民都能建造沼气池利用沼气，减少污染，净化水源。每个沼气池补贴政策可由原来的1200元提高到1500元。对没建或不建沼气池的农户一律要求建造化粪池，每个化粪池补给农户1000元的建造费。上述资金由县农办向省里在国家发放的2000个亿国家债券用于6项基础设施建设的专项政策资金中争取，或从省里新农村建设的专项资金中争取。

针对第三个问题，建议县环保局和农业局协同解决资金，给梧桐洋、竹山、新处洋等几个种植吊瓜大村建造吊瓜清洗净化池，避免吊瓜囊直接洗入主要溪流而导致“绿蓝藻”的再次爆发。同时，建议环保局对最临近库区源头且居住着1400多人口的竹山大村进行村庄整治，将原有的村里水库淤泥予以清除，加固库堤以蓄水，此村中水库蓄水后可以减少全村一半以上人口的生活污水污染。再在全村村尾低洼位置建造一个三级过滤污水处理池，以彻底解决离库区最近的污染源。

“体恤民生、关爱生命、科学发展”是执政者的应有之义，但愿这一最基本也是最根本的执政理念能在本届政府身上得到充分体现！

（2008年3月26日县政协提案，入选《县政协七届三次会议1号重点提案》）

建议将石级延建至石龙山顶，并在山顶建造一座“览胜亭”，以拓展市民健身休闲空间

近年来，庆元县城的基础设施建设有目共睹，有口皆碑，连县外省外的观光旅游者，都无不赞叹庆元精品小山城的优美特色，这全赖于政府的重视和积极投入以造福百姓。

随着城内市民广场、濛洲公园、生态公园的相继建成，不仅满足了广大市民休闲活动的需求，也提高了庆元县的城市品位。每逢天气晴好的节假日，一“场”两“园”人多如织，扶老携幼，自由自在地活动着、休闲着，呈现出一派盛世祥和的景象。

随着县城人口集聚，人们需求质量和层次的提高，似感城内休闲空间越来越窄，鉴于地皮昂贵，城区再建公园已再无可能。据此，应拓展外围的山地休闲空间（或称石龙山地公园）来满足市民的生活与健身的需求，因而政府有必要重新考虑规划。2007 年，县民政局已将石级从纪念牌址起延建至石龙半山岙止，部分拓展了石龙山地公园的休闲空间。县民政局在 2007 年答复的提案中明确称：“石龙山岙以上的山场、道路不属于县民政局管辖。”言下之意，若再建设已不是他们工作职责范围内的事情。

对此，建议政府：适时量力投资，从石龙山半山岙起再用石级延建至山顶，山顶宜建一座“览胜亭”，再将石级从山顶“览胜亭”延建至拱瑞堂。虽然政府投入较大，但是可以量力而行，分步实施。等到全线建成，可以形成半日游的旅游线路：即生态公园—石龙山—纪念碑—石龙山岙—石龙山顶“览胜亭”—拱瑞堂—象山宝塔—江滨路—至归。到那时，每逢天气晴好的节假日，或偕亲朋好友，或偕一家老少，或陪外来客人，带点干粮水果矿泉水之类，拾级而上至山顶“览胜亭”。在“览胜亭”上可俯瞰全城，纵览全城的美好风光，又可东观仙山、西看石龙、南眺薰山、北望巾子，或舒展胸臆、宠辱皆忘，或有感而发、谈古论今，不亦为庆元城内一处绝好的佳境！它定将成为市民喜欢的好去处。之后，游者可继续前行至拱瑞堂，再登象山宝塔。总之，笔者认为，只要是符合人们愿望的公益事业，且条件允许，政府是应当考虑规划实施的。

（县政协七届三次会议提案，2013 年获得庆元县“金点子”二等奖）

抓紧实施“一溪两岸”规划，加快推进“一溪两岸”建设

一、加快推进“一溪两岸”建设的理由和意义

1.庆元县建成区的格局为“一溪两岸”。一条母亲河——松源溪自东向西穿城而过，将县城分为南北两岸。现由后田大桥、濛洲廊桥、庆元大桥、西大桥和阁门岭大桥把县城南北两岸连为一个整体，它既是庆元县城的特色，也是庆元县城的一大景观。

2.随着人们生活水平的提高和健身养生意识的增强，自从南岸咏归桥至阁门岭段江滨路建成后，每到晚饭后走路健身的人就特别多，可谓“人多如潮，摩肩接踵”，尤其在春、夏、秋3个季节见甚。由于北岸没有建江滨路，所以人们只能从南岸江滨路下去又从原路返回。可是即便这样的待遇也只有建成区下游的人们才有，居住在上游的人们还不能享受，因为上游南北两岸还没有建成江滨路。

3.庆元县自然景点离县城较远或甚远，如巾子峰、百山祖、双苗尖等；而县城人文景点除了大济文化古村和咏归桥、濛洲桥两处廊桥外就几乎没有其他的了。所以，倘若把县城“一溪两岸”开发好、建设好，不仅给庆元县城平添一道亮丽的人文景观（阁门岭象山已有象山宝塔，生态公园里已有香菇博物馆），而且给建成区居民提供一个走路健身的“广阔天地”。它也必将成为外来宾客的必游去处，还给沿溪两岸居民的生产、生活带来极大的便利。这样的大善大德之事，不管从现实到需要，也不论从现在到将来，都是势在必行的。

2017 年拓宽建成的江滨路休闲步道

2010 年 3 月 22 日《菇乡庆元》记者采访时所拍

4. 庆元山城区域空间原本就小，应当充分考虑在建设精品山城上做文章。因此，规划好、建设好“一溪两岸”是建设一个精品山城不可或缺的重要组成部分。2005 年，政协曾就《加强庆元县城市基础设施建设和管理》组成调研组进行专题调研，并由本人执笔，里面曾专节论证关于“一溪两岸”建设的问题。2010 年我再次撰写关于加快推进“一溪两岸”建设的提案。《菇乡庆元》记者就此对我进行采访，并将我的观点登载在 2010 年 3 月 23 日的《菇乡庆元》上。

5. 县委对“一溪两岸”建设已经表示重视并且提上议事日程，城建等职能部门应当借势推进，抓紧规划实施。

2017 年新建成的江滨路休闲步道

二、办法和建议

1. 建设部门应抓紧聘请专家进行规划，在实施专家规划前，召开一个由城建部门主持、由社会各界人士（包括离退休干部、人大代表、政协委员、网民代表、关心庆元公益事业的资深知名人士）参加的论证会，充分听取他们的意见和建议。

2. 南岸江滨路应当从庆元大桥南端桥头开始规划贯通至后田大桥南端桥头；北岸江滨路应当从后田大桥北端桥头开始沿溪贯通至阁门岭大桥，这样就形成以连城大桥和廊桥为界点的 4 个大的回环圈，两岸居民走路健身时就有很大的线路选择空间了，不必像现在走南岸江滨路只能从原路去又从原路回。

3. 在这 4 个大回环的南北两岸江滨路上，装以亮丽华灯，在梯级橡皮坝的水面上让两岸华灯交相辉映折射光芒，装点"一溪两岸"的美丽山城；同时，在两岸江滨路合理的位置上设置健身器材和建置有座位的长席供人们休息聊天；在水上公园这样的开阔地还可以搭建舞台让人们吹唱演出，丰富精品山城广大市民的文化娱乐生活，以满足不同层次市民精神生活的需求。

（县政协七届四次会议提案，

2010 年 4 月入选《县政协四次会议 1 号重点提案》）

建议启动府后街旧城改造并列入庆元县“十二五”规划建设项目

一、府后街旧城区块现状

1.均为低矮土木建筑，年代久远，破旧不堪。

2.排水、通风、采光、卫生等居住条件设施很差。

3.弄道狭窄，消防车无法驶入，一旦发生火灾，无法扑救，存在严重消防隐患。

4.土房低矮，空间利用率低，“黄金”地块浪费严重。

5.成为濛洲街西延的瓶颈路段，严重制约建成区内道路的通畅。

6.地处政治、经济、文化中心的县城中心地段，影响城市景观和城市品位。

7.多年来居民要求对府后街进行旧城改造的呼声一直很高，且几年前已被列入政府工作报告。

二、启动并实施府后街区块旧城改造的建议及意义

1.建议政府把启动府后街旧城改造列入“十二五”规划建设项目，并且加快推进改造步伐。

2.实施府后街改造项目，能彻底改善府后街区块居民的居住条件，彻底解决排水、通风、采光、卫生等问题，着实提高居民生活质量，体现“以人为本、民生至上”的理念。

3. 解决消防安全隐患，消除消防隐患之虞。

4. 让濛洲街西延至星光路，以解决建成区内交通瓶颈问题，并使其成为庆元县县城贯通东西的标志性大街。

5. 对于弦歌坊和老城底小横街及其几幢有保留价值的古民居，根据规划和设计修旧如旧地予以保留。

6. 提高庆元县政治、经济、文化中心的城市品位。

7. 建议趁实施府后街旧城改造之良机，将现在行政中心大院的大门朝南开启，将现在朝石龙街开启的北大门改作小门。行政中心大院大门朝南开启符合地理规律，房屋坐北朝南符合地理规律和日照规律。南宋庆元县治所（即现在的行政中心大院）的大门就是朝南开启的。将公安局办公大楼及其宿舍、人武部宿舍、官井东西两侧的民宅依法予以征收后，可在其原址兴建 1 幢 12—21 层的行政办公大楼，将现在集中在菇城宾馆办公的 10 多个单位和其他办公条件差的单位（如教育局等）都统一整合到新行政办公大楼里办公，从而一则改善这些单位的办公条件，二则节省资源和成本，三则提高行政中心的现代品位。让济川路和连接龙山隧道的星光路至西濛洲街成为迎宾大道。若至那时，将大大增加精品山城的城市品位！

（县政协七届五次会议提案，

2011 年 4 月 21 日入选《县政协七届五次会议重点提案》）

第四编

时 政 纵 横

从党的十六大主题看
中国特色社会主义的发展走向

各位领导，同志们：

大家好！

党的十六大是我们党的历史上具有伟大而深远意义的大会。人们评价这次大会有5好：一是盛世盛会开得好；二是基本经验总结得好；三是党的指导思想确定得好；四是宏伟蓝图设计得好；五是党的建设强调得好。因此，正如人们所评价的，这是一次团结的大会，胜利的大会，奋进的大会。

党的十六大报告共分10个部分：一是过去5年的工作和13年的基本经验；二是全面贯彻“三个代表”的重要思想；三是全面建设小康社会的奋斗目标；四是经济建设和经济体制改革；五是政治建设和政治体制改革；六是文化建设和文化体制改革；七是国防和军队建设；八是“一国两制”和实现祖国完全统一；九是国际形势和对外工作；十是加强和改进党的建设。

整个报告共28000字，可谓博大精深。

有人说，学习党的十六大关键在于领会和掌握4个关键词：一是“三个代表”；二是13年基本经验；三是全面建设小康社会；四是发展战略机遇期。也有人说，学习党的十六大精神，只要掌握和领会6个词12个字，就能把整个报告都拎起来了。这就是：主题、灵魂、精髓、目标、任务、党建。以上之说，都可谓是四两拨千斤、高屋建瓴的概括和总结。

我认为学习党的十六大，最关键、最要紧的是必须紧紧抓住党的十六大主题，因为主题是纲，其余都是目，纲举才能目张，整个报告都是由主题引申和派生出去的。今天我给同志们谈学习体会的题目是“从党的十六大主题看中国特色社会主义的发展走向”。关于中国特色社会主义，我着重讲3个词，12 个字，即从何而来，现在何处，向何处去。

先看党的十六大主题。党的十六大报告开头就开宗名义地指出了这次大会的主题，即高举邓小平理论伟大旗帜，全面贯彻“三个代表”重要思想，继往开来，与时俱进，全面建设小康社会，加快推进社会主义现代化，为开创中国特色社会主义事业新局面而奋斗。主题是贯穿整个报告的一条红线，展开来讲，可分 4 个层次：

一是以“高举邓小平理论伟大旗帜，全面贯彻‘三个代表’”重要思想为要求，明确规定我们党在新世纪要坚持举什么旗；

二是以“开创中国特色社会主义事业新局面”为要求，明确规定我们党在新世纪要坚持走什么路；

三是以“全面建设小康社会，加快推进社会主义现代化”为要求，明确规定我们党在新世纪前期的中心任务；

四是以“继往开来，与时俱进”为要求，明确规定我们党在新世纪应当以什么样的战斗姿态和精神面貌，为实现新世纪新阶段的历史使命而奋斗。

因此，可以这样说，党的十六大的主题，实质上包含了我们党在新世纪的指导理论、奋斗目标和党所应采取的精神状态的全部基本要求。

更进一步地说，党的十六大主题的特点在于，它以最简练的语言，总结了十一届三中全会以来特别是十三届四中全会以来我们党伟大的实践和认识的历史经验（即中国特色社会主义从何而来），界定了党在新世纪所处的历史方位（即中国特色社会主义现在何处），把握了在新的国际国内条件下党所面临的历史机遇（即中国特色社会主义在新世纪前期的历史机遇中应该怎样作为，即向何处去），从而科学地指明了中国特色社会主义在新世纪前期的发展走向。

从何而来，现在何处，向往处去，这 12 个字就是发展走向。

一、新世纪中国特色社会主义从何而来

对于这个问题，我认为应从实践和认识两个方面来理解和认识。我们党对从社会主义到中国特色社会主义的探索过程就是一个实践和认识的过程。这就必须追溯到历史的轨迹。1917 年，苏联是人类社会历史上第一个

建立社会主义制度的国家，其特点是首先在城市爆发革命，以武装夺取全国政权。而中国共产党把马克思主义的普遍真理同中国的具体实践相结合，走农村包围城市、最后夺取全国政权的道路。中国共产党经过 28 年艰苦卓绝的斗争，取得了新民主主义革命的胜利，于 1949 年成立中华人民共和国。后来，经历了 1950—1952 年的镇压反革命和土地革命，1953—1956 年对农业、手工业、资本主义工商业的改造完毕，1956 年中国正式进入社会主义初级阶段。进入社会主义后本应当大力发展生产力来解决“人们日益增强的社会需要同落后的生产力之间的矛盾”这个社会主要矛盾，但我党从 1957 年开始开展“三反五反”运动，1958 年经历“大跃进”，1959—1961 年经历三年经济困难，1966—1976 年又经历十年“文化大革命”，可以说，我党探索社会主义道路的实践过程是多灾多难的，付出了很大的代价。

1976 年，四人帮粉碎。1976—1978 年，华国锋主持工作，坚持“两个凡是”路线。1978 年 12 月，十一届三中全会召开，邓小平在中央筹备工作会议上作了《解放思想，实事求是，团结一致向前看》的报告，提出停止“以阶级斗争为纲”，废除“两个凡是”，坚持实践是检验真理的唯一标准，明确规定全党今后的工作中心必须转移到经济建设上来。十一届三中全会的召开标志着中国改革开放的开始。

1982 年，党的十二大召开，总结了十一届三中全会以前我党所走过的探索道路和十一届三中全会以来改革开放的成功经验，认识到社会主义不只有一个模式，各国国情不同，模式也就不同，因而邓小平破天荒地第一次提出了“走自己的路，建设有中国特色的社会主义”的科学命题。以往我们党错误地认为，搞社会主义，越公越好，绝对不允许有市场的成分。党的十二大提出“以计划经济为主，市场调节为辅”的经济模式并将其写进了宪法。1987 年，党的十三大又进一步提出“大力发展社会主义商品经济”。到了 1992 年的十四大，我们党在认识上又进了一大步，邓小平提出，市场不只是资本主义有，市场只是一种手段，资本主义有市场，社会主义也可以有市场，因而党的十四大正式确立我国实行社会主义市场经济。至此，我们党对建设有中国特色的社会主义，不管是实践上还是认识上都前进了实质性的一大步。从 1997 年的党的十五大到 2002 年的党的十六大，“中国特色社会主义”已经成为一个固定的名词和称谓。由此可以清楚地看出“中国特色社会主义”是从何而来的了。

这里需要强调的是：我们党从对社会主义道路到中国特色社会主义的探索过程，用江泽民在其他场合曾说过的一句话来形容就是“事非经过不知难”。远的如上已经综述过，近的就讲13年前，我们党面临的国际国内环境是何等复杂。其中，三大问题是最具考验性的：一是1989年东欧剧变，苏联解体，中国社会主义命运将如何把握；二是1997—1998年亚洲金融危机，中国保持人民币不贬值，显示大国风范；三是1999年中国驻南联盟大使馆被炸，如何反应回击。实在外有压力，内有困难，风险不断，考验不断，但是我们党认识到中国只能走社会主义道路，而且这个决心决不能动摇。正是基于这种认识，我党才经受住了一次又一次的考验，并且引领着中国改革开放和现代化建设的航船始终沿着正确的方向破浪前进。

所以，联系我们党对社会主义道路探索的正反两方面的经验和教训，联系改革开放23年来，特别是13年来对中国特色社会主义进一步的实践和认识的发展过程，由此，我们可以得出结论：中国特色社会主义是一条符合中国国情的富民强国的道路，中国只能走有中国特色的社会主义道路。至此，我们可以完全回答“中国特色社会主义从何而来”这个问题了：纵向来看，是我党长期探索而得出来的；横向地说，是从中外社会主义模式的对比中得出来的。

1982年，党的十二大提出的“建设有中国特色社会主义”是邓小平理论中的一个科学命题，也是我党在探索社会主义道路中的一个成熟理论。我在2001年“七一讲话”辅导中就再三阐述过这个道理，即一个政党理论的成熟，标志着这个政党的成熟。我党的理论发展史上有3个里程碑：毛泽东思想、邓小平理论、“三个代表”重要思想。在中国共产党成立之后，我们开始只能用马列主义原理来指导中国的革命，后来我们党把马列主义的原理同中国革命的具体实践相结合，至1946年“七大”才正式形成了自己的用以指导中国革命的理论——毛泽东思想，并用这个理论指导中国革命并取得新民主主义革命的彻底胜利。

在社会主义革命和社会主义建设的道路探索过程中，我们开始形成了自己成熟的理论——邓小平理论。2001年，江泽民同志提出“三个代表”的重要思想，并且在党的十六大报告中明确规定：“三个代表”的重要思想将同马克思主义、毛泽东思想、邓小平理论一同长期作为我党的指导思想。这充分说明我们党已经有一套成熟的理论用以指导中国自己的特色社会主义建设，从而标志着我们党已经走向成熟。

二、中国特色社会主义现在何处

党的十六大报告指出："'三个代表'的重要思想是在科学判断党的历史方位的基础上提出来的。"那么，我们党现在处于哪一种历史方位？即现在何处？历史经验告诉我们：清醒地认识和把握党自身所处的历史方位，也就是清醒地认识和把握党自身现在何处，是一个十分重大的问题。这是保证党的理论、路线、方针、政策和全部工作既不割断历史，又不迷失方向、既不落后时代、又不超越阶段的一大关键，也是保证中国特色社会主义在新世纪发展走向的一大关键。

我们党的历史经验证明，认清党自身所处历史方位至关重要，且又并非易事。试看，从新民主主义革命到社会主义革命和社会主义建设，再到改革开放和社会主义现代化建设的 80 多年间，我们党的一切重大胜利和发展，都离不开正确认识和把握党所处的历史方位；相反，一切重大谬误和失败，关键也都在于没有认清党所处的历史方位。比如，1958 年"大跃进"的共产风，当时明明知道才刚刚进入社会主义初级阶段，却又想一夜之间实现共产主义，超越历史阶段，结果"大跃进"成了"大冒进"，严重地破坏和阻碍了社会经济的发展。

那么，怎样判断我们党所处的历史方位呢？这包含 4 个层次的意思。

第一层次是世界大转折。和平与发展是当今时代的主题；经济全球化和国际格局多极化的趋势在曲折中发展；科技进步日新月异，综合国力竞争日趋激烈；社会主义在一系列国家中遭受曲折，如 1989 年以来东欧剧变，苏联解体，许多原先的社会主义国家随之解体，现在世界上只剩下 4 个社会主义国家，即中国、朝鲜、越南、古巴，形势逼人，不进则退：这就是我们党进入新世纪面临世界大格局情况，这叫作世界大转折。

第二层次是中国大发展。我国经过 23 年的改革开放，经济建设飞速发展，综合国力日益增强，到 1997 年已经提前 3 年胜利实现了"三步走"战略目标的第一步和第二步，总体上达到了小康水平，其成就举世瞩目。但我们仍然长期处于社会主义初级阶段，生产力和科技教育的整体水平还比较落后，工业化的任务还没有完成。实现现代化、赶超世界先进水平还有很长的路要走，如瑞士、瑞典人均 GDP 达 4 万美元，而我们人均 GDP 到 2002 年才达到 900 美元，我们要牢固树立发展是第一要务的理念，坚持以经济建设为中心大力解放和发展生产力，这就叫作中国大发展。

第三层次是党本身的新变化。正如江泽民同志深刻指出的，我们党经历革命、建设和改革的长期奋斗，到今天已经发生了两大变化："一是已经从领导全国人民为夺取政权而奋斗的党成为领导人民掌握全国政权并且长期执政的党；二是已经从受到外部封锁和实行计划经济条件下领导国家建设的党成为对外开放和发展社会主义市场经济条件下领导国家建设的党。"这两大变化集中反映了我们党 80 多年历史发展所取得的全部胜利、成就和进步，又集中反映了我们党今天所面临的全部挑战和考验。

第四层次是我国将长期处于社会主义初级阶段。对建设社会主义的认识，无论是中国，还是苏联、东欧或其他社会主义国家，过去都缺乏一种长期性的观念(1958 年的"大跃进"就是一个典型例子)。邓小平在总结历史经验的基础上，提出了社会主义制度的巩固和发展"需要几代人、十几代人甚至几十代人"坚持不懈地努力奋斗这一深刻的观点。江泽民同志非常重视这一问题，在党的十五大报告中引用了这一观点，在 2001 年"七一讲话"中又具体展开了这一思想：一是强调共产主义是"一个非常漫长的历史过程"；二是强调建设中国特色社会主义也是一个"很长的历史过程"；三是强调"我们现在正处于并将长期处于社会主义初级阶段"。党的十六大报告又进一步深化了这一思想，重点强调了 3 点：一是经过改革开放 20 多年的奋斗，我们才在总体上达到小康水平，但现在的小康还是低水平的、不全面的、发展很不平衡的小康；二是我们还需要经过 20 年的奋斗，才能全面建设惠及十几亿人口的更高水平的小康社会；三是在经过这个阶段后，再经过几十年的奋斗，才能到本世纪中叶基本实现现代化，达到中等国家的水平。

正是在科学地分析了我们党今天所处的历史方位的基础上，党的十六大报告才明确提出全面贯彻"三个代表"重要思想的根本要求，即"关键在坚持与时俱进，核心在坚持党的先进性，本质在坚持执政为民"。至此，充分表明了我们党是何等自觉且深刻地认识和把握自己所处的历史方位和所肩负的时代任务，并由此而以“三个代表”重要思想和实践来保证党能始终站在时代潮流前列，永葆党的生机和活力。

中国特色社会主义就是这样在新的历史方位上确定了自己的眼界和方位。

三、新世纪中国特色社会主义向何处去

党的十六大报告是这样描绘和强调的：“综观全局，21 世纪头 20 年，对我国来说，是一个必须紧紧抓住并且可以大有作为的重要战略机遇期。”“我们要在本世纪头 20 年，集中力量，全面建设惠及十几亿人口的更高水平的小康社会，使经济更加发展，民主更加健全，科技更加进步，文化更加繁荣，社会更加和谐，人民生活更加殷实。这是实现现代化建设第三步战略目标必须坚持的承上启下的发展阶段，也是完善社会主义市场经济体制和扩大对外开放的关键阶段。经过这个阶段的建设，再继续奋斗几十年，到本世纪中叶基本实现现代化，把我国建设成富强民主文明的社会主义国家。”可以说，十六大报告的这段描述，就是对中国特色社会主义在新世纪里向何处去的一个最集中也是最完整的回答。

在这段话里，我认为最要紧的是对第一句话，即“21 世纪头 20 年，对我国来说是一个必须紧紧抓住并且可以大有作为的重要战略机遇期”的深刻领会和把握，因为这句话最直接地规定了中国特色社会主义在新世纪前期的根本走向。

具体地说，这句话包含了两层意思：第一层意思是 21 世纪头 20 年对我们来说是一个重要战略机遇期；第二层意思是在这个重要战略期里我们必须紧紧抓住并且可以大有作为。

先看第一层意思，如何分析和看待“21 世纪头 20 年是一个重要的战略机遇期”？这样立论我认为有两方面的依据：

一方面，就国内而言，我们党经历了 23 年的改革开放，已经胜利实现了现代化建设“三步走”战略目标的前两步。综合国力大大提高，人民生活总体上已经达到小康水平。这是我们把 21 世纪头 20 年作为重要战略机遇的

主要物质基础。美国《波士顿环球报》评价中国正处于“中国现代史上最繁荣、最稳定的时期”。

另一方面，就国际而言，和平与发展是当今时代的主题，经济全球化和世界格局多极化的趋势在曲折中发展。虽然世界范围内局部的战事不断，但正如党的十六大报告指出的“新的世界大战在可预见的时期内打不起来”。这是和平的国际大环境，而我们良好的周边环境对我们的发展战略也十分有利，这就是我们把 21 世纪头 20 年作为重要发展机遇期的主要事实依据。

党的十六大报告指出：“我们主张维护世界多样性，提倡国际关系民主化和发展模式多样化。”“世界上的多种文明，不同的社会制度和发展道路应彼此尊重。”2500 多年前的孔子说过：“君子和而不同。”意思是当时诸侯各国虽发展不同，政治主张不同，但都应当和睦相处，以“仁”治国。

2002 年 10 月 25 日，江泽民同志在访美期间与乔治・布什总统会谈时，引用了孔子“君子和而不同”这句话，并赋予了新的含义和时代要求。人们知道在马克思主义的经典著作里把资本主义比作是“腐朽”的、没落的“东西”，是“社会主义的前夜”，无产阶级主义是资本主义的“掘墓人”，但是时至今日，资本主义不但没有腐朽没落，相反地还显示出它顽强的生命力。

作为资本主义社会代表的美国，他们在东欧剧变、苏联解体后，也提出在一定时间内解体中国社会主义，而中国特色社会主义不仅没有被瓦解，相反地，中国特色社会主义道路十分成功，同样也显示出它的生机和活力。世界格局多极化发展道路尽管曲折，但终究是发展趋势，不可阻挡。各国都有根据自己的国情来确定和选择自己的道路的权利。正如党的十六大报告指出的“我们维护世界的多样性，提倡国际关系的民主化和社会模式的多样化”，不能强求同一。

从上述对国际和国内的所具备的条件分析来看，21 世纪头 20 年确实是发展的重要战略机遇期。

再看第二层意思，怎样分析和看待“在这个战略机遇期里我们应如何紧紧抓住并且可以大有作为”？通过学习和理解，我认为应当从实现以下目标和任务去理解：

第一是实现一个目标。党的十六大报告第三部分提出“在 21 世纪头 20

年实现全面建设小康社会的奋斗目标”，这里要很好理解和把握“小康”两个字。

“小康”是一个中国式的概念，它在中国文化传统中，源远流长。“小康”一词最早出自《诗经》。《诗经·大雅·民劳》中说：“民亦劳止，汔可小康。”至西汉，经学家戴圣编纂的《礼记·礼运》一书，描述了作为一种理想的社会状态——“小康”状态，称：“今大道既隐，天下为家，各亲其亲，各子其子，货力为已。大人世及以为礼，城郊沟池以为固。礼义为纪，以正君臣，以笃父子，以睦兄弟，以和夫妇，以设制度，以立田里，以贤勇知，以功为已……是为‘小康’。”

在这里，“小康”是与“大同”相对的一种社会状态或理想，大同是财产公有、政治民主、社会文明、保障健全、秩序稳定的理想社会（或谓共产主义社会）状态。而“小康”则要低一个层次，是财产私有、生活宽裕、上下有序、家庭和睦、讲究礼仪的社会状态。

当然古人说的这种“小康”理想，是建立在当时生产力还很落后的情况下，反映了长期处于贫困状态的普通百姓对衣食无忧生活的一种向往。

而我们的小康是建在现代化要求水准的“小康”。

邓小平在1979年12月日本首相大平正芳访问中国时第一次提出“小康之家”，当年12月29日新加坡总理访问中国时第二次提出并阐述了小康，之后在《邓小平文选》第二卷、第三卷共40多处讲到小康，如“小康日子”“小康生活”“小康社会”。“小康标准”是人均GDP达到800美元，总之用邓小平的话说就是“生活比较宽裕，日子比较好过”。

一提小康社会，人们容易局限于对经济生活的小康的理解，其实它包括的内容是全面的：

一是经济上实现国内生产总值2020年比2000年翻两番以上，综合国力和国际竞争力明显增强，人民生活更加富裕。如丽水现在人均GDP为1000美元，而全国平均为900美元，到2020年我们拟达到4500美元。

二是社会主义民主更加完善，社会主义法制更加完备。

三是全民族的思想道德素质、科学文化素质和健康素质明显提高；形成全民学习、终身学习的学习型社会，促进人的全面发展。

四是可持续发展能力不断增强，生态环境深得改善，资源利用效率显著提高。

“大三步”即以前设计的“三步走”战略目标，“新三步”是 2010 年为第一步、2020 年为第二步、至 2050 年为第三步，到 2020 年的小康就更不一样了。虽然还是叫小康，但可以叫“殷实的小康社会”或叫“发达的小康社会”。

这里需要强调的是，在全面建设小康社会这个新的发展阶段上，我们党必须高度自觉地贯彻执行“最广泛、最充分地调动一切积极因素，不断为中华民族的伟大复兴增添新力量”这条关系全局的战略方针。围绕这条战略方针，最根本的是要做到 4 个尊重，即尊重劳动、尊重知识、尊重人才、尊重创造。“营造鼓励人们干事业、支持人们干成事业的社会氛围，放手让一切劳动、知识、技术、管理和资本的活力竞相迸发，让一切创造社会财富的源泉充分涌流，以造福于人民。”

第二是抓好三个文明。第一个文明是报告第四部分提出的“经济建设和经济体制改革”，即物质文明建设。第二个文明是报告的第五部分提出的“政治建设和政治体制改革”，即政治文明建设。这是一个法律的新概念，第一次是在 2001 年初江泽民在全国宣传部长工作会议上提出把德治与法治结合起来，第二次是在“5・31”讲话中提起，第三次是在党的十六大报告中正式使用。所谓政治文明，就是人们改造社会所取得的政治成果，由政治意识、政治行为、政治制度、政治组织 4 个要素构成。《数据与观点》2002 年第 14 期《政治文明考量与国家政治建设》一文指出“政治文明是整个社会文明系统的主导和保证，在很大程度上反映了一个社会、一个国家的总体的文明水准”。所以加强政治文明建设，事关全面建设小康社会。《数据与观点》2002 年第 15 期载:《阿根廷政治改革滞后造成国家破产》指出 2001 年阿根廷面对高额外债，宣布停止偿还本息，一夜成为国际乞丐。究其原因，一是经济改革不彻底，二是政治改革滞后。党的十六大报告指出，建设社会主义政治文明是全面建设小康社会的重要目标。“必须在坚持四项基本原则前提下，立党为公为民。民主化、公开化太大，使得不可收拾，致使国家解体(故持“稳妥”而非立党为私，为特殊阶层)。其他资料报道我国政治体制改革滞后于经济体制改革，从 2003 年起要积极稳妥地加大体制改革的力度。第三个文明是报告的第六部分提出的“文化建设和文化体制改革”，即精神文明。

第三是搞好“一项工程”，即报告的第十部分提出的“加强和改进党的建设”。党的十六大报告指出：“我们必须毫不放松地加强和改善党的领导，全面推进党的建设的新的伟大工程。”1939 年 10 月，毛泽东同志在《〈共产党人〉发刊词》一文中，把“建设一个全国范围的、广大群众性的，思想上、政治上、组织上完全巩固的布尔什维克化的中国共产党”称之为党的“伟大工程”。我认为在我们这样一个多民族的发展中大国，加强和改进党的建设，显得尤为迫切和重要。比如，中国是农业大国，80%是农业人口，几千年来都是以家庭为单位，小农意识根深蒂固。历史上农民革命不彻底，就是小农意识的体现。而在西方资本主义国家，工业化程度、社会化大生产程度高，协作意识、集体意识、国家意识强。相比之下，在农业国家里，党建任务更加艰巨。

1945 年抗战胜利后，黄炎培对毛泽东说：“纵观历史一个国家、一个政党，其兴也勃，其亡也忽，都很难跳出一个怪圈，将来你们共产党执政后，能否跳出这个怪圈?”毛泽东言论：“我们能。这就是‘民主’。搞好党的建设，立党为公，执政为民。”

那么在 21 世纪我们应当怎样加强和改进党的建设呢？我认为要做到党的十六大报告强调的“四个一定”和“三个始终”。

这就是：一定要高举邓小平理论伟大旗帜，全面贯彻“三个代表”重要思想，保证党的路线、方针、政策全面反映人民的根本利益和时代发展的要求；一定要坚持党要管党、从严治党的方针，进一步提高党的领导水平和执政水平，解决拒腐防变和抵御风险能力这两大历史性课题；一定要准确把握当代中国社会前进的脉搏，改革和完善党的领导方式和执政方式、领导体制和工作制度，使党的工作充满活力；一定要把思想建设、组织建设和作风建设有机结合起来，把制度建设贯穿其中，既立足于做好经常性工作，又抓紧解决存在的突出问题。在锲而不舍的努力下，保证我们党始终是中国工人阶级的先锋队，是中国人民和中华民族的先锋队，是中国特色社会主义的领导核心；且始终代表中国先进生产力的发展要求，始终代表中国先进文化的发展方向，始终代表中国最广大人民的根本利益。正如十六大报告结尾部分所强调的，全党同志始终保持共产党人的蓬勃朝气、昂扬锐气和浩然正气，永远同人民群众心连心，我们党的执政基础才坚如磐石，才能“万众一心，奋发图强，把中国特色社会主义事业不断推向前进”，共同创造我们幸福的生活和美好的未来。

综上所述，不管是“抓好三个文明”，还是“搞好党建工程”，都是同中国特色社会主义的全面发展相联系，都是为21世纪头20年全面实现小康社会的奋斗目标奠定坚实的经济基础和政治基础。

总之，全面建设小康社会，作为21世纪中国特色社会主义建设头20年的奋斗目标，意义极为重大。正如党的十六大报告所说的：全面建设小康社会，是“实现现代化建设第三步战略目标必经的承前启后的发展阶段，也是完善社会主义市场经济和扩大对外开放的关键阶段”。我认为，这就是“全面建设小康社会”的历史地位，决定了全面建设小康社会是21世纪头20年我们党和国家全部工作的主旋律。它将越来越鲜明和强有力地向全世界表明：中国特色社会主义是不断发展社会生产力的社会主义，是主张和平的社会主义，是坚持改革开放、坚持四项基本原则的社会主义，是不断促进社会主义经济、政治、文化和人的全面发展的社会主义。中国特色社会主义在21世纪头20年向何处去，其发展前景就是如此。

（2002年11月给机关单位宣传党的十六大精神的专题讲座稿）

解读党的十七大精神的灵魂

——中国特色社会主义

各位领导、同志们：

大家好！

2007年10月15—21日召开的党的十七大，是在我国改革开放发展的关键阶段召开的一次十分重要的大会。大会圆满地完成了预定的各项议程和任务。首先，大会通过了胡锦涛同志代表十六届中央委员会所作的《高举中国特色社会主义伟大旗帜，为夺取全面建设小康社会新胜利而奋斗》的报告；其次，通过了中央纪律检查委员的工作报告；再次，审议通过了《中国共产党章程（修正案）》；最后，选举产生了新一届中央委员会和中央纪律检查委员会。这次大会高举旗帜，继往开来，求真务实，是一次团结的、胜利的、奋进的大会。

胡锦涛总书记给党的十七大所作的报告共分12个部分：第1部分是过去5年的工作；第2部分是改革开放的伟大历史进程；第3部分是深入贯彻落实科学发展观；第4部分是实现全面建设小康社会奋斗目标的新要求；第5部分是经济建设；第6部分是政治建设；第7部分是文化建设；第8部分是社会建设；第9部分是国防和军队现代化建设；第10部分是推进“一国两制”和祖国和平统一；第11部分是始终不渝走和平发展道路；第12部分是党的建设。

整个报告近30000字，可谓博大精深，内容十分丰富。

党的十七大报告开头就开宗明义地指出了这次大会的主题，即“高举中国特色社会主义伟大旗帜，以邓小平理论和‘三个代表’重要思想为指导，深入贯彻落实科学发展观，继续解放思想，坚持改革开放，推动科学发展，促进社会和谐，为夺取全面建设小康社会新胜利而奋斗。”

学习好、宣传好、贯彻好党的十七大精神是全党全国各族人民当前和今后一个时期内的首要政治任务。为此，中共中央印发了《关于认真学习宣传贯彻党的十七大精神的通知》，并要求着重从7个方面加以深刻的学习和领会：

（1）要深刻领会党的十七大主题，坚定不移地高举中国特色社会主义伟大旗帜；

（2）要深刻领会党的十七大以来党和国家取得新的重大成就，更加自觉地贯彻党的理论和路线方针政策；

（3）要深刻领会改革开放的伟大历史过程和宝贵经验，深刻领会中国特色社会主义道路和中国特色社会主义理论体系；

（4）要深刻领会科学发展观的科学内涵、精神实质和根本要求，增加贯彻落实科学发展观的自觉性和坚定性；

（5）要深刻领会实现全面建设小康社会奋斗目标的新要求，为夺取全面建设小康社会新胜利而奋斗；

（6）要深刻领会社会主义经济建设、政治建设、文化建设和社会建设等方面的重大部署，努力促进各项事业协调发展共同进步；

（7）要深刻领会以改革创新精神全面推进党的建设的伟大工程，使党始终成为中国特色社会主义事业的坚强领导核心。

2008年1月4日，丽水市委第二届委员会第八次全体会议通过的《关于认真贯彻党的十七大精神，扎实推进创业富民创新强市的决定》中明确要求，当前和今后一个时期，必须把学习好、贯彻好、落实好党的十七大精神作为首要政治任务，尤其要在真学、真懂、真信、真用、真坚持上下功夫。

所以我们这次集中学习党的十七大培训班都是根据省委、市委的要求及县委部署而举办的。

下面，我就自己对党的十七大的学习领会，在这里从3个方面给同志们谈点自己的学习体会：

一是关于中国特色社会主义理论的发端、发展及其理论体系的形成；

二是关于科学发展观；

三是关于全面建设小康社会的新要求。

一、特色理论的提出及其理论体系的形成

对于这个问题，我认为应当从实践和认识两个方面来理解，我们党对从社会主义到中国特色社会主义道路的探索过程就是一个实践和认识的过程。中国特色社会主义不是现成的理论，而是我们党艰苦探索出来的，甚至是付出惨痛的教训和代价才得来的。这就必须追溯到历史轨迹。1917 年，苏联是人类历史上第一个建立了社会主义制度的国家，其特点就是首先在城市暴动以夺取全国政权。而中国共产党把马克思主义的普遍原理同中国的具体实践相结合，走农村包围城市，最后武装夺取全国政权的道路。从 1921 年中国共产党诞生到 1949 年中国革命胜利，中国共产党经过 28 年的艰苦卓绝的斗争，取得了新民主主义革命的胜利。中华人民共和国成立后，经过了 1950—1952 年的镇压反革命和土地革命，1953—1956 年对农业、手工业和资本主义工商业的改造完毕，1956 年中国正式进入了社会主义初级阶段。

1978 年 12 月，党的十一届三中全会召开，邓小平临危受命，承当起拨乱反正的历史任务。邓小平在会上作了《解放思想、实事求是、团结一致向前看》的报告，果断停止“以阶级斗争为纲”的提法，废止“两个凡是”的左倾路线，坚持实践是检验真理的唯一标准，明确提出以经济建设为中心，并规定全党今后的工作中心必须转移到经济建设上来。从此，中国改革开放正式开始了。邓小平在十一届三中全会后回顾这段历史，说：“当时对什么是社会主义，怎样建设社会主义，我们并不很清醒，这种不清醒并不是认识上的一时糊涂，而是思想路线出了问题。正是思想路线上的迷惘，导致了政治上迷失方向。

1982 年，党的十二大召开，总结了十一届三中全会以前我们党所走过的探索道路和十一届三中全会以来改革开放的成功经验，认识到社会主义不是只有一个模式，各国国情不同，模式也就不同。因此，邓小平第一次提出了“走自己的路、建设有中国特色的社会主义”的科学命题。这就是邓小平理论的发端。

以往我们党错误地认为搞社会主义越公越好，绝对不允许有市场的成分，否则就是资本主义。而1982年，党的十二大提出了“以计划经济为主、市场调节为辅”的经济发展模式，并把它写进了1982年的宪法；1987年，党的十三大进一步提出了“大力发展社会主义商品经济”的经济发展模式；1992年，邓小平南方谈话后，我们党在认识上又进了一大步。邓小平说：“市场不只是资本主义才有，市场只是一种手段，资本主义有计划，社会主义也可以有市场。”1992年，党的十四大第一次正式提出我国实行社会主义市场经济。至此，我们党对建设有中国特色社会主义，不管是在实践上还是在认识上又前进了实质性的一大步。从党的十二大到今天的党的十七大，“中国特色社会主义”已经成为一个固定的名词和称谓。党的十七大把它作为一面伟大的旗帜来高举，并将其定义为是当代中国发展进步的旗帜，是全党全国各族人民团结奋斗的旗帜。一面旗帜、一条道路、一个理论都是同一个意思，这就是中国特色社会主义。

提出中国特色社会主义理论、引领全党全国各族人民走上中国特色社会主义道路，是邓小平的一个伟大贡献。中国特色社会主义既是科学理论，又是在这一理论指导下的伟大实践。从理论方面来说，它是马克思主义普遍原理和中国具体实践相结合的产物。这一理论最大的特点，就是既坚持了科学社会主义基本原则，又根据我国国情的实际赋予其鲜明的中国特色。中国特色社会主义理论是由邓小平开端，党的几代领导集体共同发展起来的。邓小平理论、“三个代表”重要思想和科学发展观是中国特色社会主义理论的重要组成部分，既一脉相承，又与时俱进。这个理论体系，坚持和发展了马克思列宁主义、毛泽东思想，凝聚了几代中国共产党人带领中国人民不懈探索实践的智慧和心血，是马克思主义中国化的最新理论成果，是党最宝贵的政治财富和精神财富，是全国各族人民团结奋进的共同思想基础，是当代中国发展进步的根本指针。

总而言之，邓小平理论、“三个代表”重要思想及科学发展观是中国共产党用以指导改革开放和中国特色社会主义建设事业的理论，一个政党理论的成熟，标志着这个政党的成熟。新民主主义初期我党没有形成自己的理论，今天形成了自己成熟的理论。

二、关于科学发展观

科学发展观是胡锦涛总书记于 2003 年 10 月在党的十六届三中全会上提出来的。为什么要提出科学发展观？科学发展观提出的背景是：党的十六大以后的一个时期，我国固定资产投资过快，煤电油运等全面紧张，全国各地片面强调 GDP 增长数据。面对这样纷繁复杂的经济形势，党中央、国务院见微知著，明确指出增长是发展的基础，但增长并不简单等同于发展。不重视质量和效益的协调发展，不重视经济、政治、文化、社会的全面发展，不重视人与自然的和谐，就会出现增长失调，从而最终制约发展的全局。就是在这样的背景下，胡锦涛总书记在 2003 年 10 月召开的党的十六届三中全会上鲜明地提出了科学发展观的重大战略思想。其内容是："坚持以人为本，树立全面、协调、可持续的发展观，促进经济社会协调发展和人的全面发展。"

把"科学发展观"提升为一个科学理论并正式写进党的文件，是在党的十七大。党的十七大报告指出："科学发展观，是对党的三代中央领导集体关于发展的重要思想的继承和发展，是马克思主义关于发展的世界观和方法论的集中体现，是同马克思列宁主义、毛泽东思想、邓小平理论和'三个代表'重要思想既一脉相承又与时俱进的科学理论，是我国经济社会发展的重要指导方针，是发展中国特色社会主义必须坚持和贯彻的重大战略思想。"

党的十七大报告进一步指出"科学发展观，第一要义是发展，核心是以人为本，基本要求是全面、协调可持续，根本方法是统筹兼顾"，其精辟概括，深刻揭示了科学发展观的科学内涵、精神实质和根本要求。

"科学发展观"中的"观"字，根据词典是指"对事物的认识和看法"，如世界观就是对世界的认识和看法。"科学发展观"就是对科学发展这个问题的认识和看法。

（一）第一要义是发展

为什么发展是第一要义？因为发展对全面建设小康社会，加快推进社会主义现代化，具有决定性意义。发展是硬道理。没有发展就没有我们改革开放的今天,“发展和改革”这 4 个字是中国特色社会主义理论的核心部分,是邓小平理论、“三个代表”重要思想、“科学发展观”一以贯之的共同主题。但是发展并不是单指速度和数量,而是指速度和效益的统一,数量和质量的统一,是以人为本,实现经济、政治、文化社会全面协调可持续发展,总之是实现又好又快的发展。党的十七大召开期间,胡锦涛在参加江苏代表团讨论时对这个问题进行总结性的阐述。他指出,过去我们只讲发展速度,后来改为又快又好发展,现在我们要提倡又好又快地发展,好和快一个字的互换,反映出我们首先要的是质量,要的是科学发展。

(二)核心是以人为本

1. 如何理解以人为本中的“人”?“人”是一个自然的概念,是一个自然人、一个大写的人,是指能够制造工具并利用工具进行劳动的高等动物。“人民”是一个政治概念,它的外延比自然人小得多。在阶级社会里,“人民”与“敌人”是两个对立的概念。我认为,以人为本的“人”除了包含人民还应该包括如今社会其他成员。西方取消死刑是体现以人为本;中国现在司法也提倡减少死刑,对可杀可不杀的,坚持不杀的原则,也是体现以人为本。

2. 党的十七大报告在讲到政治思想工作时有两句话 10 个字,即“注重人文关怀,心理疏导”。我认为这是一个非常重要的亮点,也是以人为本的很好体现。我想,如果我们的社会,尤其是从事思想政治工作者能注意加强这方面的工作,整个社会犯罪率就会低得多,整个社会就会和谐得多。

3. 以人为本也应体现在合理分配格局上。中央党校《学习时报》有一个观点,就是要形成以人为本合理有序的分配格局:一是中等收入者占多数,形成橄榄型的分配格局;二是绝对贫困现象要基本消除,使教有所学,劳有所得,病有所医,老有所养,住有所居。

以人为本还体现在对人的尊重上。

4. 国务院规定,从 2006 年起对九年制义务教育取消学杂费,从 2008 年起对农民取消农业税,在农村实行医疗保险制度,实行低保线补助办法,这些都是以人为本的直接体现。

党的十七大报告指出:“要坚持以解决人民最关心、最直接、最现实的利益问题为着力点,为群众多办好事、实事。”并进一步指出:“要始终把实现好、维护好、发展好最广大人民的根本利益作为党和国家一切工作的出发点和落脚点，做到发展为了人民，发展依靠人民，发展成果由人民共享。”

（三）基本要求是全面协调可持续

这是一个“三位一体”的发展。全面，就是要以经济建设为中心，经济、政治、文化、社会 4 个建设一起抓，“四个轮子”一起转，“四驾马车”一起跑，实现经济发展和社会全面进步。

协调就是要坚持“五个统筹”，促进现代化建设多个环节、多个方面相协调，促进生产关系与生产力、上层建筑与经济基础相协调。可持续，就是坚持生产发展、生活富裕、生态文明的发展道路，建设资源节约型、环境友好型社会，促进人与自然的和谐，实现经济社会的永续发展。

全面协调可持续发展是经济、政治、文化、社会等方面的发展与人的全面发展的辩证统一，是发展速度和结构质量效益的相互统一，是经济发展与人口资源环境的相互协调。

（四）根本方法是坚持统筹兼顾

为什么科学发展观根本方法是坚持 5 个统筹兼顾？因为只有做到统筹城乡发展、统筹区域发展、统筹经济社会发展、统筹人与自然和谐发展、统筹国内国际两个大局，才能保证整个社会实现全面协调可持续发展。

总而言之，科学发展观的 4 个内容相互衔接，密不可分，形成了一个科学整体。科学发展观是当代中国发展所必须遵循的基本原则。只有遵循科学发展观，我们的社会才会更加和谐，我们的经济才会朝着又好又快的方向发展。

三、关于全面建设小康社会奋斗目标的新要求

领会这部分内容时，我们要特别注意“新要求”这三个字。

“小康”是一个中国式的概念，它在中国文化传统中源远流长。“小康”一词出自 3000 多年前的我国最早一部诗歌总集《诗经》。《诗经·大雅·民劳》中说：“民亦劳止，汔可小康。”（汔 qì，庶几，差不多）古人对“小康”的理

想，是建立在当时生产力很落后的情况下，反映了长期处于贫困状态的普通百姓对衣食无忧之生活的一种向往和追求。

当代中国第一个提出“小康”概念的是邓小平。邓小平在1979年12月日本首相太平正芳访问中国时提出“小康之家”。同年12月29日新加坡总理访问中国时邓小平第二次提到并阐述了“小康”一词，之后在《邓小平文选》第二卷、第三卷里共有40多处讲到“小康”“小康日子”“小康生活”“小康社会”等。小康标准是国内生产总值人均达到800美元，总之，对小康，用邓小平的话说就是“生活比较宽裕，日子比较好过”。

党的十七大报告指出：“我们已经朝着党的十六大确立的全面建设小康社会的目标迈出了坚实的步伐。今后要继续努力奋斗，确保到2020年实现全面建成小康社会的奋斗目标，实现人均国内生产总值到2020年比2000年翻两番。”

人们一提到小康社会，往往容易局限于对经济生活即国内生产总值达到小康标准来理解。我在学习党的十七大报告时又重新学习了党的十六大报告中有关小康目标的论述。概括起来，我认为至少应当包括以下这些方面的标准和内容：

一是在经济方面，到2020年实现人均国内生产总值比2000年翻两番。2000年是1000美元，2020年应该是4000美元，根据国家统计，2006年我国已经提前做到翻一番，实现2000美元。庆元县2006年人均生产总值为1087美元，而我们浙江则在2007年已经达到翻两番的目标，超过4000美元。

二是社会主义民主更加完善，社会主义法制更加完善：(1)法制的不断制定和修改使法制更加完善；(2)人民法院坚持公开、公平、公正原则，代表国家积极维护当事人合法利益的最后一道屏障，使法制更加完善；(3)公民的法律意识不断加强使法制更加完善；(4)国家高层对法制的不断重视使之更加完善，比如，12月初中央第45次集体学习的内容，就是加强中国法制建设问题。

三是全民族的思想道德素质、科学文化素质和健康素质明显提高。

四是形成全民学习、终身学习的学习型社会。

五是实现以人为本，促进人的全面发展，使社会更加和谐。

六是生态文明进一步得到重视，生态环境得以改善，资源利用率显著提高。可持续发展能力不断增强，经济朝着又好又快的方向继续发展。

当然，讲到小康社会建设GDP是硬要求硬条件，而数据是最有说服力的，也是最令人振奋的。如上已说，根据国家统计到2006年我国已经提前翻一番，实现人均国内生产总值达2000美元，而我们浙江的发展又怎么样呢？根据统计数据，浙江省人均GDP2005年已超过3000美元，2006年达3400美元，2007年可以超过4000美元，几乎是国内平均水平的2倍。城镇人均年可支配收入和农村人均年收入分别由1978年的332元和165元增加到2007年的20574元和8265元，两者均在直辖市外的全国省区中排名第一。1978—2008年改革开放的30年来，世界国民生产总值年均增长速度为3%，中国为9%，而浙江为13%。如果说这30年间世界向前走了一大步，那么中国则走了三大步，而浙江向前跨越了四大步。

根据浙江省“十一五”规划目标，到2010年，浙江国内生产总值将达到20000亿元，人均GDP达5000美元(折合人民币约40000元)，那时的浙江将提前基本实现全面建设小康社会发展的经济指标(提前10年)。

浙江现象“令人瞩目”，浙江现象产生的原因值得探究。奥秘究竟在哪里？2007年胡锦涛总书记到我们浙江调研后，中央党校课题组又来浙江调研，他们找到了答案。他们认为，浙江的快速发展就是“无中生有”，“浙江人是最能创业的中国人”。究其原因有3个方面：一是有深厚的文化渊源，浙江有7000年的河姆渡文化，5000年的马家浜文化、崧泽文化、良渚文化，证明浙江的先民具有超凡的独立性和创造性。

二是“自强不息、坚忍不拔、勇于创新、讲究实效”的浙江精神，铸就了浙江人特有的自主创业本领。“无中生有”是这种精神的最好写照。余姚不产塑料，却拥有“塑料王国”的美誉；桐乡不产羊毛，海宁不产皮革，却分别拥有全国最大的羊毛衫市场和皮革市场；嘉善没有森林，却成了生产胶合板的全国著名木业加工中心。还有，温州的鞋革、义乌的小商品、乐清柳市的低压电器、绍兴的轻纺、宁波的服装、永康的五金、诸暨的袜子、嵊州的领带、桐庐的圆珠笔等产业不是全国最大，就是全国最强。

三是浙江人具有强烈的致富欲望。浙江人有一句“口头禅”：“即使有一分钱，也要做一分钱的老板。”浙江几乎全民经商办企业，在他们的眼里，天下没有不赚钱的行当，关键是想不想创业。在改革开放的初期，有点本钱的人当倒爷，开作坊；没有本钱的人外出擦皮鞋，弹棉花，卖眼镜，挑糖担。稍有实力后，进行第二次创业，争当老板。从一个普通农民经过拼搏创业成为企业家的比比皆是。“老百姓经济”催生了千百万个市场主体，在10个浙江人中就有1个是老板。一大批昔日默默无闻的泥瓦匠、打铁匠、修鞋匠、理发匠、供销员、采购员，在逐步积聚了创业资本的同时，也积累了闯市场的经验，一步步从草根阶层成长为经营者和企业家。

他们“龙门能跳，狗洞能钻”，不畏艰险，吃苦耐劳；他们具有顽强的意志，遇强更强，遇挫更奋，永不服输，永不言败。“想尽千方百计，说尽千言万语，吃尽千辛万苦，跑尽千山万水”的“四千精神”，以及白天当老板、晚上睡地板的“两板精神”，正是浙江人创业的真实写照。

2007年11月5—6日，浙江省委十二届二次全体(扩大)会议在杭州举行，各县(市)书记和县市长均参加了会议。

全会对扎实推进创业富民、创新强省进行深入的研究和全面的部署。我们深信，浙江经济必将进一步朝着又好又快的方向迈进。

然而，发展改革也并不是一帆风顺的，自2005年以来，出现了3种“杂音”：

一是有人说改革到现在出现那么多“难”，所以是市场改革错了，糟得很。又说是辛辛苦苦几十年，一夜回到解放前。殊不知，不改革开放中国那将是一幅什么景象？

二是有人说过去的社会比现在平等，但这些人显然不知道或忘记了那时的乡下人和城里人、“出身”及“成分”上的红与黑等，在人的基本权利上的巨大差别和不可逾越的社会鸿沟是何等的触目惊心！

三是有人说不能只看平均数还要看大多数。讲这种说法者没有看近30年改革开放是怎样让大多数人乃至全中国人民普遍受益，是怎样使绝对贫困人口中的大多数摆脱了贫困的。凡此种种问题，集中到一点就是旗帜问题，道路问题。

所以，党的十七大报告对举什么旗、走什么路、以什么样精神状态、朝着什么方向迈进问题做了很好的回答，这就是高举中国特色社会主义伟大旗帜，走发展中国特色的社会主义道路，以邓小平理论和“三个代表”重要思想为指导，深入贯彻落实科学发展观，继续解放思想，坚持改革开放，推动科学发展，促进社会和谐的精神状态，朝着夺取全面建设小康社会新胜利的目标前进。

我的学习体会就谈到这里，不当之处请各位领导和同志批评指正。谢谢！

（2007年11月给机关单位、乡镇宣传党的十七大精神专题讲座稿）

党的十八大精神解读 继续坚持中国特色社会主义

各位领导、同志们：

大家好！

2012年11月8—14日召开的党的十八大，是我国进入全面建成小康社会决定性阶段召开的一次十分重要的大会。大会圆满地完成了预定的议程和任务。大会批准了胡锦涛同志代表十七届中央委员会所作的《坚定不移沿着中国特色社会主义道路前进，为全面建成小康社会而奋斗》的报告；批准了中央纪律检查委员会的工作报告；审议通过了《中国共产党章程(修正案)》；选举产生了新一届中央委员会和中央纪律检查委员会，做到了集体权力的顺利交接，习近平当选为中共中央总书记。这次大会高举旗帜，继往开来，求真务实，风清气正，是一次团结的、胜利的、奋进的大会。

党的十八大报告共分12个部分。整个报告共30000多个字，博大精深，内容十分丰富。

党的十八大报告开头就开宗明义地指出了这次大会的主题：“高举中国特色社会主义伟大旗帜，以邓小平理论、‘三个代表’重要思想、科学发展观为指导，解放思想，改革开放，凝聚力量，攻坚克难，坚定不移沿着中国特色社会主义道路前进，为全面建成小康社会而奋斗。”

党的十八大报告的主要内容有：一面旗帜就是高举中国特色社会主义伟大旗帜；一条道路就是坚定不移走中国特色社会主义道路；两个目标就是到建党100周年(2021年)时实现全面建成小康社会，到中华人民共和国成立100周年(2049年)时建成富强、民主、文明、和谐的社会主义现代化国家。

学习好、宣传好、贯彻好党的十八大精神是全党全国各族人民当前和今后一个时期首要的政治任务。

下面我就自己对党的十八大的学习，在这里给同志们谈3个方面的学习体会：一是关于特色道路的探索与成熟体系的形成（党的十八大报告第二部分）；二是关于全面建成小康社会（党的十八大报告第三部分）；三是关于推进党的建设（党的十八大报告第十二部分）。

一、关于特色道路的探索与成熟理论体系的形成

党的十八大报告指出：我们要做到“道路自信、理论自信、制度自信”。“道路是实现途径，理论是行动指南，制度是根本保障，三者统一于中国特色社会主义伟大实践，这是党领导人民在建设社会主义长期实践中形成的最鲜明特色。”

我们党从对社会主义到中国特色社会主义道路的实践、认识并提升形成自己的成熟理论体系，是我们党经过艰苦探索、实践、认识甚至是付出惨痛的教训和代价才得来的。这就必须追溯历史轨迹。

1917年，苏联是人类历史上第一个建立社会主义制度的国家，其特点就是首先在城市发起爆动以夺取全国政权。而中国共产党把马克思主义的普遍原理同中国的具体实践相结合，走农村包围城市，最后武装夺取全国政权的道路。从1921年中国共产党诞生到1949年中国革命胜利，中国共产党经过了28年的艰苦卓绝的斗争。中华人民共和国成立后，1950—1952年镇压反革命和开展土地革命，1953—1956年4月又对农业、手工业和资本主义工商业的改造完毕，中国正式进入了社会主义初级阶段。在1956年我国进入社会主义初级阶段后的20多年时间里，我们党由于对什么是社会主义、怎样建设社会主义这个问题缺乏科学的认识，没能把马克思主义的普遍原理和中国社会主义建设的具体实践相结合，走出一条符合中国国情且富有自己特色的社会主义道路。

1978年12月党的十一届三中全会召开，邓小平临危受命，担当起拨乱反正的历史任务。邓小平在会上作了《解放思想，实事求是，团结一致向前看》的报告，果断停止“以阶级斗争为纲”的提法，废止“两个凡是”的“左”倾路线，坚持实践是检验真理的唯一标准，明确提出以经济建设为中心，并规

定全党今后的工作中心必须转移到经济建设上来，标志着中国改革开放正式开始。邓小平在十一届三中全会后在回顾这段历史时说："当时对什么是社会主义、怎样建设社会主义，我们并不很清醒，这种不清醒并不是认识上的一时糊涂，而是思想路线出了问题。思想路线上的迷惘，导致了政治上迷失方向。

1982 年党的十二大召开，总结了十一届三中全会以前我们党所探索的道路和十一届三中全会以来改革开放的成功经验，认识到社会主义不是只有一个模式，各国国情不同，模式也不同。因此邓小平第一次提出了"走自己的路，建设有中国特色的社会主义"的科学问题。这就是邓小平理论的发端。

以往我们党错误地认为搞社会主义越公越好，绝对不允许有市场的成分，否则就是资本主义。而 1982 年党的十二大提出了"以计划经济为主，市场调节为辅"的经济发展模式，并把它写进了 1982 年的宪法。1987 年，党的十三大进一步提出了"大力发展社会主义商品经济"的经济发展模式；1992 年，邓小平南方谈话后，我们党在认识上又进了一大步。邓小平说："市场不只是资本主义才有，市场只是一种手段，资本主义有计划，社会主义也可以有市场。"于是 1992 年党的十四大第一次正式提出了我国实行社会主义市场经济。至此，我们党对建设有中国特色社会主义，不管是实践上还是在认识上又前进了实质性的一大步。从党的十二大到今天的党的十八大"中国特色社会主义"已经成为一个固定的称谓，党的十八大还把它作为一面伟大的旗帜来高举，把它定义为是当代中国发展进步的旗帜，是全党全国各族人民团结奋斗的旗帜。一面旗帜、一条道路、一个理论体系、一个社会制度都是同一个意思，这就是中国特色社会主义。习近平总书记在党的十八大后要求全党全国人民要做到道路自信、理论自信和制度自信。

中国特色社会主义理论是由邓小平开端，党的几代领导集体共同发展起来的。邓小平理论、"三个代表"重要思想和科学发展观是中国特色社会主义理论的重要组成部分，既一脉相承，又与时俱进。这个理论体系坚持和发展了马克思列宁主义、毛泽东思想，凝聚了几代中国共产党人带领中国人民不懈探索实践的智慧和心血，是马克思主义中国化的最新理论成果，是党最可宝贵的政治财富和精神财富，是全国各族人民团结奋进的共同思想基础,是当代中国发展进步的根本指南。

二、关于全面建成小康社会

“小康”是一个中国式的概念,它在中国文化传统中源远流长。“小康”一词出自3000多年前我国最早的一部诗歌总集《诗经》。在《诗经·大雅·民劳》中说:“民亦劳止,汔可小康”(汔 qì,庶几,差不多)。古人对“小康”的理想,是建立在当时生产力很落后的基础上,反映了长期处于贫困状态的普通百姓对生活衣食无忧的一种向往和追求。

当代中国第一次提出“小康”的是邓小平。邓小平在1979年12月日本首相太平正芳访问中国时提出“小康之家”。同年12月29日新加坡总理访问中国时邓小平第二次提到并阐述了“小康”一词,之后在《邓小平文选》第二卷、第三卷里共有40多处讲到“小康”“小康日子”“小康生活”“小康社会”。小康标准是人均国内生产总值达到800美元,总之,用邓小平的话说就是“生活比较宽裕,日子比较好过”。

党的十八大报告指出:“综观国际国内大势,我国发展仍处于可以大有作为的重要战略机遇期。我们要准确判断重要战略机遇期内涵和条件的变化,全面把握机遇,沉着应对挑战,赢得主动,赢得优势,赢得未来,确保到2020年实现全面建成小康社会的宏伟目标,实现国内生产总值和城乡居民人均收入比2010年翻一番。

一提到小康社会,人们往往局限于从经济生活即国内生产总值达到小康标准来理解。我在学习党的十八大报告时又重新学习了党的十六大、党的十七大报告中有关小康目标的论述。概括起来,我认为小康至少应当包括以下方面的内容:

一是到2020年,经济上实现人均国内生产总值比2010年翻一番。根据国家统计,2006年我国已经提前做到翻一番,实现人均国内生产总值2000美元的目标。而我们浙江则在2007年已经达到翻两番的目标,超过4000美元,2010年已达到4900美元,2020年要达到9800—10000美元。2012年12月5—6日中共浙江省委十三届二次全体(扩大)会议在杭州召开,时任省长夏宝龙作重要讲话,指出到2020年浙江城镇居民人均可支配收入达到

55000 元，农村居民人均纯收入达到 24000 元。

2012 年 12 月 15—16 日在北京召开的全国经济工作会议指出："当前中国经济正在经历两个转变，即从高速增长转为平稳增长，从规模扩张式发展转为质量效益型发展。稳中求进的总基调，正是针对这两个转变。"

二是社会主义法制更加完善。(1)社会主义法制更加完善，比如民诉法、刑诉法都在进行修改。(2)人民法院坚持公开、公平、公正原则，代表国家积极维护当事人合法利益的最后一道屏障，使法制更加完善。(3)公民的法律意识不断加强。(4)国家高层对法制的不断重视使之加强完善。

三是全民族的思想道德素质、科学文化素质和健康素质明显提高，积极创建"两富"(物质富裕，精神富有)浙江。

(1)法律线是一条直线，而道德线是高低不一的，因人而异的(雷锋的道德水平就高到天花板)。做人要做一个独立的人，做一个有情义的人：帮助一个熟悉的人是一个有情义的人，帮助一个陌生的人是一个有道德的人(比如"最美妈妈"吴菊萍)，帮助国家、为国家做事的人是一个有信仰的人，一个有信仰的人可以从小我到大我。

(2)诚实守信、和而不同。2500 多年前的孔子主张，"民无信不立"。应当允许各国制度不同，这就是和而不同。

(3)要富而贵。中国人是富而不贵。如到台湾旅游时刻上"刘小二到此一游""张二大到此一游"等；又如到美国抢购奢侈品，世界上 60%的奢侈品为中国人所购买。中国是富人多，绅士少。所以，我们提倡物质富裕时还必须提倡精神富有，让人富得有品位，富得有素质，富得有质量。

(4)根据 2010 年统计，浙江人均寿命达 77 岁，为全国第一。全国人均寿命为 75 岁。

(5)要有幸福感。

四是形成全民学习、终身学习的学习型社会。中央高层领导注重集中集体学习，庆元县机关单位规定每月 10 日夜学。

五是实现以人为本，促进人的全面发展，使社会更加和谐。以人为本就是如党的十八大报告指出的要"以保障和改善民生为重点，提高人民生活水平，解决好人民最关心、最直接、最现实的利益问题，努力让人民过上更好的生活"。

党的十八大报告在讲到政治思想工作时提到“注重人文关怀和心理疏导”，就是以人为本的很好体现。如果我们的社会，尤其是从事思想政治工作者能注意加强这方面的工作，整个社会犯罪率就会低得多，整个社会就会感觉和谐得多。

以人为本还应体现在合理的分配格局上。中央党校《学习时报》指出要形成以人为本合理有序的分配格局：一是中等收入者占多数，形成橄榄形的分配格局；二是绝对贫困现象要基本消除，使教有所学，劳有所得，病有所医，老有所养，住有所居。

六是生态文明进一步得到重视，党的十八大第八部分专门论述生态文明建设。生态环境深得改变，资源利用率显著提高。可持续发展能力不断增强，经济朝着又好又快的方向发展。

浙江现象“令人瞩目”，原因值得探究。奥秘究竟在哪里？中央党校课题组来到浙江调研后，找到了答案。他们认为，浙江的快速发展就是“无中生有”，“浙江人是最能创业的中国人”。究其原因有 3 个：

一是有深厚的文化渊源，浙江有 7000 年的河姆渡文化，5000 年的马家浜文化、崧泽文化、良渚文化，这证明浙江的先民就具有超凡的独立性和创造性。

二是“自强不息，坚韧不拔，勇于创新，讲究实效”的浙江精神铸就了浙江人特有的自主创业本领，“无中生有”是这种精神的最好写照。余姚不产塑料，却拥有“塑料王国”的美誉；桐乡不产羊毛，海宁不产皮革，却分别拥有全国最大的羊毛市场和皮革市场；嘉善没有森林，却成了生产胶合板的全国著名木业加工中心。此外，温州的鞋革、义乌的小商品、乐清的低压电器、绍兴的轻纺、宁波的服装、永康的五金等产业不是全国最大就是全国最强。

三是浙江人具有强烈的致富欲望。浙江人有一句口头禅：“即使有一分钱，也要做一分钱的老板。”在浙江几乎全民经商办企业，在他们的眼里，天下没有不赚钱的行当，关键是想不想创业。在改革开放的初期，有点本钱的当倒爷，开作坊。没有本钱的外出擦皮鞋，弹棉花，卖眼镜，挑糖担。稍有实力后，进行第二次创业，争当老板。从一个普通农民经过拼搏创业成为企业家的比比皆是。“老百姓经济”催生了千百万个市场主体，在 10 个浙江人中就有 1 个是老板。一大批昔日默默无闻的泥瓦匠、打铁匠、修鞋匠、理发匠、供销员、采购员，在逐步积聚了创业资本的同时，积累了闯市场的经验，一步步从草根阶层成长为经营者和企业家。党的十八大召开期间在中央综合频道的黄金时间段播放的《温州一家人》就是浙江人创业精神的最好最生动的写照。他们“龙门能跳，狗洞能钻”，不畏艰险，吃苦耐劳；他们具有顽强的意志，遇强更强，遇挫更奋，永不服输，永不言败。“想尽千方百计，说尽千言万语，吃尽千辛万苦，跑尽千山万水”的“四千精神”，以及白天当老板、晚上睡地板的“两板精神”，正是浙江人创业的真实写照。

在党的十八大刚刚闭幕的11月29日，党的总书记习近平等7个政治局常委到国家历史博物馆参观时发表了演讲，对过去、现在、未来做了很好的阐述，指出过去“雄关漫道真如铁”，现在“人间正道是沧桑”，未来“长风破浪会有时”，强调“空谈误国，实干兴邦”。实现中国人民的伟大梦想就是实现中华民族的伟大复兴。

三、关于推进党的建设

党的十八大报告指出：“全党必须牢记，只有植根人民、造福人民，党才能始终立于不败之地；只有居安思危、勇于进取，党才能始终走在时代前列。全党要增强紧迫感和责任感，牢牢把握加强党的执政能力建设、先进性和廉洁性建设这条主线，坚持解放思想、改革创新，坚持党要管党、从严治党，全面加强党的思想建设、组织建设、作风建设、反腐倡廉建设、制度建设，增强自我净化、自我完善、自我革新、自我提高的能力，建设学习型、服务型、创新型的马克思主义执政党，确保党始终成为中国特色社会主义事业的坚强领导核心。”

1945年抗战胜利后，黄炎培对毛泽东说：“纵观历史，一个国家、一个政党，‘其兴也勃，其亡也忽’，都很难跳出一个怪圈，将来你们共产党执政后，能否跳出这个怪圈?”毛泽东经过思考后回答说：“我们能，这就是‘民主’。”推进党的建设这项伟大工程，做到立党为公，执政为民，关键在于反对腐败，保持党的纯洁性。

然而，在我党的历史上，就有那么一些手握大权的领导干部，不注重党性锻炼，忘却了党性原则，最终堕落为历史罪人，成为党性教育的反面教材。

例如:1957 年“三反五反”中的刘青山、张子善;改革开放时期有成克杰、陈希同、李长清,陕西“表哥”杨达才、广州“房叔”蔡彬、重庆北碚区委书记雷段富、四川省委副书记李青城,等等。何谓腐败? 是“物必先腐而后虫生”,是权力的不作为乃至滥用,是权力未受监督和约束之后的肆无忌惮。所以党的十八大报告明确提出将反腐败斗争进行到底,促进“干部清正,政府廉洁,政治清明”。中纪委随后也严词表态,坚称有案必查、有腐必惩,党内决不允许腐败份子有藏身之地。

中共十八大把对反腐败的认识提升到前所未有的高度。党的十八大报告强调指出:“反对腐败、建设廉洁政治,是党一贯坚持的鲜明政治立场,是人民关注的重大政治问题。这个问题解决不好,就会对党造成致命伤害,甚至亡党亡国。”

党的十八大报告所讲的“不管涉及什么人,不论权力大小、职位高低,只要触犯党纪国法,都要严惩不贷”,绝不是说说而已。新一轮的反腐风暴也将不再是“只拍苍蝇,不打老虎”。

近来,习近平总书记多次谈到反腐,“物必先腐,而后虫生”“大量事实告诉我们,腐败问题愈演愈烈,最终必然会亡党亡国!”王岐山主持中纪委常委会第一次会议时,也表示了空前的反腐决心。

最近,党中央为改进干部作风而制定的《八项规定》对保持干部清正、政府清廉、社会清明和保持党的纯洁性都有很大的作用。

综上,党的十八大报告对举什么旗、走什么路、以什么样精神状态、朝着什么方向迈进等问题做了很好的回答,这就是高举中国特色社会主义伟大旗帜,走发展中国特色的社会主义道路,以邓小平理论、“三个代表”重要思想和科学发展观为指导,解放思想,改革开放,凝聚力量,攻坚克难,朝着夺取全面建成小康社会新胜利的目标前进。

我的学习体会就谈到这里,不当之处请各位领导和同志批评指正。谢谢!

（2012 年 12 月给机关单位、乡镇宣传党的十八大精神专题讲座稿）

党的十八届三中全会精神的学习认识

各位领导、老师、同志们：

下午好！

上个星期在全体教职工会议上，校方兴校长方交代我一个任务，让我就学习十八届三中全会精神先行谈点体会。我知道同志们都一直在认真学，而我总觉得自己学得不深不透，又没有一个现成的提纲材料，各种观点散见于网络和报刊，所以只能借此机会根据自己整理的思路从3个方面谈点学习体会，不当之处请同志们会后批评指正。

一、十八届三中全会的主题是什么

中国共产党第十八届中央委员会第三次全体会议于2013年11月9—12日在北京召开，这次会议的主题是高举中国特色社会主义伟大旗帜，以马克思列宁主义、毛泽东思想、邓小平理论、“三个代表”重要思想、科学发展观为指导，坚定信心，凝聚共识，统筹谋划，协同推进，坚持社会主义市场经济改革方向，分别以促进社会公平正义、增进人民福祉为出发点和落脚点，进一步解放思想、解放和发展社会生产力、解放和增强社会活力，坚决破除各方面体制机制弊端，努力开拓中国特色社会主义事业更加广阔的前景。这次会议的中心议题就是讨论并决定全面深化改革。

全会于11月12日下午一致通过了《中共中央关于全面深化改革若干重大问题的决定》。决定体现了党中央全面深化改革的大胆略、大思路、大举措、大突破，是指导我国改革发展里程碑式的纲领性文献。

二、对十八届三中全会几大改革看点谈点认识

十八届三中全会的中心议题就是讨论并决定全面深化改革。全会一致通过了《中共中央关于全面深化改革若干重大问题的决定》(以下简称《决定》)。决定共有16个部分、60条、300多项改革举措,在理论和实践上取得了一系列重大创新,体现了党中央对全面深化改革的大胆略、大思路、大举措和大突破。突出的看点有以下几点。

(一)改革的力度、广度和深度前所未有

诚如11月14日中央党校校长刘云山在中央党校2013年秋季学期第二批进修班举行开学典礼上的讲话中所指出的:“这次改革,在理论上有一系列重大创新,在政策上有一系列重大突破,其力度、广度和深度都是空前的。”

从力度上看,中央专门成立了全面深化改革领导小组,负责改革总体设计、统筹协调、整体推进和监督落实。鲜明提出“到2020年即用7年时间要在重要领域和关键环节的改革上取得决定性成果”的时间表。

从广度上看,全会部署的改革不是单项的改革,而是全面的改革,是经济、政治、文化、社会、生态文明“五位一体”的改革,还有国防和军队改革、党的建设制度改革,实质上是把伟大事业和伟大工程都包括在内的改革。

从深度上看,全会提出的全面深化改革是在深水区里的改革,是要涉险滩、啃硬骨头、破瓶颈,是要突破利益固化的藩篱,必然涉及深层次问题、深层次矛盾,涉及利益关系的深度调整,其复杂程度、敏感程度、艰巨程度,一点都不亚于30多年前十一届三中全会的改革,它必将对我国经济社会发展产生深远的影响。

(二)市场在资源配置中起“决定性作用”

全会将市场在资源配置中起“基础性作用”改为“决定性作用”。从“基础性”到“决定性”两字之变,意义十分重大,是全会最大的亮点和重大的理论创新,是对我国社会主义市场经济内涵“质”的提升,也是未来深化经济体

制改革及其他领域改革的基本方针。

我国第一次提出实行社会主义市场经济是哪一次党的代表大会？其文字又是如何表述的？我们来看一下：1977 年党的十一大召开，1982 年党的十二大召开，1987 年党的十三大召开，1992 年党的十四大召开。1992 年，党的十四大召开之前有人对“市场”姓资还是姓社问题争论不休。邓小平说，市场既不姓资也不姓社，市场是一种手段，资本主义有计划，社会主义也可以有市场。于是，党的十四大把“实行社会主义市场经济”写进了党的十四大报告，从党的十四大、十五大提出要“使市场在国家宏观调控下对资源配置起基础性作用”，到党的十六大提出“在更大程度上发挥市场在资源配置中的基础性作用”，到党的十七大提出“从制度上更好地发挥市场在资源配置中的基础性作用”，再到党的十八大提出“更大程度更广范围发挥市场在资源配置中的基础性作用”，从中可以看出我们党对政府和市场关系的认识在不断地深化。这次全会明确提出要使市场在资源配置中起决定性作用，从“基础性作用”到“决定性作用”，虽只有两字之差，但实质上反映了我们对社会主义市场经济规律认识的深化，是在理论和实践上的又一重大推进，必将对我国经济社会发展产生巨大的推动作用。

当然，强调市场不是不要政府。决定明确表述：“使市场在资源配置中起决定性作用和更好发挥政府作用。”这实际上是告诉我们，就配置资源而言，凡是能通过市场调节和配置的都通过市场调节配置，政府只是起引导作用，而不是直接配置资源。

（三）“社会治理”取代“社会管理”

全会一大亮点是提出了推进国家治理体系和治理能力现代化的新目标，这是一个崭新的概念和提法。

全会以“社会治理”取代“社会管理”，体现了主体的多元化。治理与管理的区别就在于治理是政府、市场、社会组织、党、人大、政协等多元主体一起进行国家的治理，而不是仅仅依靠一种力量，这是民主的一种表现。全会提出的“推进协商民主广泛多层制度化发展”，就是推进国家治理体系和治理能力的重要一环。

国家治理水平是检验一种社会制度是否比较完善、比较定型的重要标志，对中国特色社会主义制度建设提出了更高要求。

一个成熟的社会制度必须依靠法律。全会在不同领域列举了需要完善的制度，比如对劳动教养制度的废除，表明未来国家治理方式将是法治的，不再是简单命令式或单纯靠行政手段进行。

（四）财税体制是下一步改革重点

全会提出，财政是国家治理的基础和重要支柱，财税体制作为国家体系重要组成部分将成为下一步改革的重点。历经近20年的分税制改革，财税体制的一些深层次问题逐渐暴露，如税制不能很好发挥调节收入差距作用，我国到现在只注重初次分配，所以贫富悬殊。在新加坡，遗产税的70%由国家调节征收，进行再次分配；在美国，如比尔·盖茨创造财富上千亿却捐给社会慈善事业，他的赚钱理念和创造的社会财富是一种能力的体现；而我们中国一个赚钱的大老板，财产不管多少都遗留给子女继承。

又比如征收房产税立法，虽然问题很复杂，阻力也很大，但是要求立法的呼声也很多很高，有钱人房子几套甚至更多，没钱人一套房子都买不起，即使买来了也是一生当房奴，财富分配极不公平。我前些天看到一个资料，国务院参事陈全生认为，关于如何处置空房，应当借鉴德国的做法：凡闲置3年的，房产税翻番；闲置5年的应由政府组织流浪汉入住，闲置7年的，收归地方政府所有。他认为这样的方式中国也可以适用。我想这将是下一步改革的一个重点。另外，地方政府缺乏税源，只能靠卖地方式筹资……要破解这些问题，需要对财税体制改革进行总体设计，建立科学的财税体制。

（五）农村土地改革将给予农民更多的财产权利和利益

《决定》规定：

一是农民对自己承包的土地享有占有、使用、收益、流转及承包经营权抵押、担保的权利，农民对集体资产股份享有占有、收益、有偿退出及抵押、担保、继承的权利。

二是农民在农村的宅基地可以出让。宅基地一旦商品化，可以自由买卖，农民收入将增加，城乡收入差距将缩小。

三是农村集体建设用地和城市建设用地可同地同权同价。过去农村建设用地是先征地变成国有，再搞一级开发，然后进行挂牌拍卖。现在农村集体建设用地进入市场了，无论是集体收入，还是分给老百姓，都将是一个很大的财富利益。

土地问题和土地利益是农民最为关切的问题。关于这个问题我要给同志们讲点历史，中国有5000年的历史。经历的朝代有：夏、商、周、秦、汉、三国、两晋、南北朝、隋、唐、五代、十国、宋、辽、西夏、金、元、明、清、中华民国。2500多年前的春秋战国时期，诸侯兼并，最后剩下赵、楚、燕、魏、韩、齐、秦7国。公元前359年，秦国的秦孝公利用法家学派代表商鞅进行变法，“废井田，开阡陌”，把土地分给奴隶，奴隶有了田便变成了农民，从这个时候起中国历史上才有了“农民”的概念和称呼。农民有了属于自己的田，积极性大为增加，秦国得以强大起来，最后于公元前221年由秦王嬴政消灭了6国，统一了全国，建立历史上第一个帝国王朝。所以，中国历史上第一次土地改革是公元前359年秦国的改革，距今已2372年了。后来，有了残酷的人剥削人的阶级制度存在，更多的土地集中于帝王将相和土豪劣绅手里，农民没有土地或者只能有一点点土地。

1894年，中日甲午战争爆发，中国整个北洋水师覆灭，中国战败。1895年，清政府派直隶总督李鸿章前往日本的马关进行谈判，与日本签订了丧权辱国条约，条约主要内容有：割让辽东半岛、台湾岛、澎湖列岛及其附属岛屿给日本，包括了今天的钓鱼岛；赔偿白银四亿两给日本。日本用这些白银赔款，一是办教育，二是购买钢铁大办军工企业。本来与中国在同一起跑线上的日本从此拉开了距离，至今相差70年的距离。日本因为国力强大了，才有了1931年中国东北三省被其占领的屈辱历史。日本尝到了占领东北三省的甜头，还想占领整个中国，于是又爆发了1937年7月7日的卢沟桥事变。经过中国人民的8年全面抗战，日本于1945年8月15日宣告无条件投降。1941年，中国共产党实行地主减租减息、农民交租交息的土地政策。从1946开始，共产党和国民党经历3年的解放战争。1947年，中国共产党召开全国土地会议，决定在解放区进行土地改革，制定了《中国土地法大纲》。大纲规定：没收地主土地，废除封建土地制，实行耕者有其田的土地制度，按农民人口平均分配土地。于是，农民有了属于自己的土地。中华人民共和国成立后的1950—1952年，全国进行土地改革，农民都分得了土地。1952—1956

年中国共产党进行社会主义生产资料的改造，又把农民的土地全部收归集体所有。直到1978年十一届三中全会的召开，改革开放后的1981—1984年，农民又分得了属于自己的承包土地。这次党的十八大三中全会做出的全面深化改革的决定将再次赋予农民更多、更大的土地权利，农村土地属于农民就更加固化了。农村稳国家才稳，农民富国家才算富，这是基本道理。

（六）其他改革亮点还很多

十八届三中全会，改革内容更多注重社会关切的问题。决定广泛回应了社会关切的问题，给出了明确具体的态度。比如关于国家安全问题，“设立国家安全委员会，完善国家安全管理体制和国家安全战略，确保国家安全”。比如关于社会保障问题，全会明确提出“划转部分国有资本充实社会保障基金”“提高国有资本收益缴公共财政比例，至2020年提到30%，更多用于保障和改善民生”。比如关于教育问题，明确提出“实行公办学校标准化建设和校长、教师交流轮岗，不设重点学校重点班，破解择校难题”，平时不分文理科，考试方面从根本上解决“一考定终身”的弊端。比如关于就业问题，“消除城乡、行业、身份、性别等一切影响平等就业的制度障碍和歧视”。比如关于养老问题，“积极应对人口老龄化问题，加快建立社会养老服务体系和发展老年服务产业”。比如关于生态问题，“实行资源有偿使用制度和生态补偿制度，改革生态环境保护管理体制”。比如关于计划生育问题，“启动实施一方是独生子女的夫妇可生育两个孩子的政策”；比如关于司法问题，“废除劳动教养制度”，制约滥用行政职权，充分保障人权；还有食品药品的安全问题；等等。可以说很多社会关切的问题，都可以从中找到明确的答案和回应。凡决定所涉的改革内容都将在今后7年国家改革的进程中逐一得到破解和落实。

以上是我学习全会精神的一点肤浅认识和体会，如有不当或错误的地方，请同志们批评指正。谢谢！

（2013年在党校学习会上的中心发言）

深化解放思想　提升执行能力
全力迎接“高速时代”

根据县委统一部署，在2012年全县开展解放思想大讨论活动的基础上，为了全力迎接“高速时代”，决定在全县范围内开展一次“形势宣讲聚人心”宣讲活动。目的就是宣传贯彻党的十八大和全国“两会”、省第十三次党代会和县第十三次党代会、全县干部大会和县“两会”精神，通过宣讲活动，广大干部群众进一步认清形势、解放思想、转变作风、提升执行力，为实现“两个翻番、两个跨越、三大改观”，为加快实现“五个庆元”发展目标和打造“寻梦菇乡、养生庆元”的品牌奠定坚实的思想基础和提供强大的精神动力。

我今天宣讲的主题是“深化解放思想，提升执行能力，全力迎接‘高速时代’”。

下面我就自己的学习并联系实际，从6个方面简单谈一点自己的学习体会。

(1)深刻领会解放思想大讨论活动的重要意义。概括起来，其重要意义在于通过解放思想大讨论活动，重点要解决的问题就是县委办公室下发的关于《继续深化解放思想大讨论活动实施意见》所罗列的6个方面的问题：一是思想僵化问题；二是精神状态不佳问题；三是缺乏担当问题；四是工作作风不实问题；五是大局观念淡薄问题；六是宗旨意识不强问题。

(2)理性看待庆元发展现状。主要从4个方面来看：

一是我县发展基础日益扎实。当前，庆元县发展已站在一个新的历史起点上，正处于“黄金发展期”“战略机遇期”，同时也处在“爬坡过坎”和“赶超跨越”的关键时期。机遇与挑战并存，但机遇大于挑战。2012年，在丽水市年度考核中庆元县取得了如下优异的成绩：在市委、市政府年度综合考核中排名前移了3位，并获得招商引资三等奖、工业扩量提质奖、空间扩展奖；

连续 8 年获得“平安县“称号(这是庆元县全体公安干警以群众的利益至上、夙夜在公、不辞辛苦努力的结果);被评为全省信访“三无县”(无去京非正常上访,无去省集体上访,无去省上访挂牌结案);被评为全省信访工作考核优秀单位;全年争取用地指标 4250 亩,生态环境质量满意度调查全省排名第一。一大批单位、部门在系统考核中获得突破,初步形成了争先创优的氛围。

二是发展形势依然严峻。庆元县财政收入处于全省末位的现状没有改变。

三是发展中的矛盾问题依然突出,如用地压力,政策处理压力,经济发展与保护环境的压力等。

四是面临前所未有的发展机遇。党的十八大提出到 2020 年实现国内生产总值和城乡居民人均收入比 2010 年翻一番和“两个百年目标”(在中国共产党成立 100 年时全面建成小康社会和中华人民共和国成立 100 年时建成富强民主文明和谐的社会主义现代化国家)。省第十三次党代会提出要建设“两富”(物质富裕,精神富有)现代化浙江,省“两会”提出“干好一三五,实现四翻番”的发展目标。浙江省“四大国家战略”为经济发展注入新动力。省委、省政府支持欠发达县特别扶持政策持续发力,为我们欠发达地区争取更多政策支持、产业支持、项目支持,做大经济总量,提供了难得的历史性机遇。同时,海西战略的不断深化,龙庆高速建成通车,衢宁铁路、庆寿高速等项目落地、实施,庆元的区位条件将发生重大变化,由交通末梢变成了长三角、海西区、珠三角三大经济区块融合发展的交集地和连接枢纽。从今天下午开始,我县正在通过国家级生态县技术评估。届时,庆元县的生态资源将不断升值,生态优势将转变为经济发展的后发优势。

(3)着重理解庆元发展目标。庆元县第三十次党代会确定的发展目标是:我们在今后 5 年内要力争实现“两个翻番、两个跨越、三大改观”的目标要求,加快建设“五个庆元”。“两个翻番”,即全县地区生产总值和财政收入实现翻番,分别达到 75 亿元和 6.5 亿元。“两个跨越”,即全部工业总产值实现从 60 亿元向 150 亿元跨越,固定资产投资实现从前 5 年的 80 亿元向后 5 年累计的 200 亿元跨越。“三大改观”,即一是交通大改观,区位劣势得到较大扭转;二是发展平台大改观,“一县双城”“一园多区”格局基本成型;三是乡村面貌大改观,着力提升美丽乡村建设水平。

2013 年,全县共安排限额以上基本建设项目 115 个,总投资 178 亿元;2013 年计划年度投资 37.1 亿元,比上年度投资增长 32.4%。其中政府性投资项目 80 个,年度计划投资 19.98 亿元,占年度总投资的 53.9%;非政府性投资项目 35 个,年度计划投资 17.11 亿元,占年度总投资的 46.1%。重点项目安排 26 个,年度计划总投资 22.87 亿元。对于这次宣讲的"全力迎接'高速时代'"的主题,我认为不外乎有两层意思:一是指交通硬件上的高速时代;二是庆元县的经济社会也将步入一个高速发展时代。

这些重点项目分别是:屏都综合新区低丘缓坡开发一二期工程、松源 220 千伏输变电工程、松源溪二期治理工程、龙庆高速庆元段、54 省道庆元黄坛至菊水段及 55 省道菊水至松源段公路改建工程、54 省道庆元至菊水至后山桥段公路改建工程、庆元县城市供水工程、庆元香菇市场迁建及物流中心建设项目、庆元县地质灾害避险搬迁和下山脱贫农民安置小区、入园企业建设、凯震大酒店、东门区块开发、庆元县公共服务中心、山区小流域农业生态及低产田改造工程、幼儿园建设项目、昌达根雕红木家具工艺城、浙江可信年产 6 万立方米复合人造板项目、庆元县淤上乡中心村山花小区建设工程、旧城改造区块项目、浙江双枪改扩建项目、浙江创盛工贸有限公司年产 10 万立方米刨花板及深加工项目、月山历史文化村落重点村保护利用。

为了实现年度工作目标,必须把握好"三个不动摇、三个进一步、三个不松手"。三个不动摇,即坚持以党的十八大精神为引领不动摇,坚持继续解放思想不动摇,坚持加快发展不动摇。三个进一步,即进一步推进项目建设、进一步推进招商引资和产业建设,进一步推进城镇化。三个不松手,即持续抓"两违"整治不松手,持续抓社会管理不松手,持续抓党的建设不松手。

(4)在深化解放思想中提升执行能力。目标已经明确,关键在于落实,重中之重在于提升各级领导干部的执行力,而提升执行力的关键又在于解放思想。3 月 22 日上午,县委宣传部邀请了著名学者路大虎来庆元县,在城东小学会堂给全县领导干部讲课,其中讲到执行力问题时,他举了例子,2012 年最流行的一个词就是"管"字,这个事归谁管?可见没人管,有利益争着管,没利益推诿不管,说明执行不力。例如,2012 年五都工业园区征地,没有动用合力的时候就是解决不了问题，一旦合力执行，问题就迎刃而解。

要提升执行力：

第一，良好的精神状态是前提。这就要求我们广大党员干部要进一步明方向，明任务，明责任，真正把“庆元发展我有份，庆元兴衰我有责，我与庆元共荣辱”作为保持良好精神状态的座右铭。

第二，解放思想是手段。一是要把解放思想与庆元实际结合起来；二是要把深化解放思想与有针对性地查摆问题结合起来；三是要把深化解放思想与促进庆元县跨越发展结合起来。

第三，勇于担当是关键。领导干部能否解放思想，解放思想的力度有多大，取决于领导干部是否有勇于担当的精神境界。杜书记在干部大会上的两句话就是最好的诠释：只要全心全意建设更美好庆元，就一定能够得到广大人民群众的理解和支持；只要班子团结、干部齐心协力，就一定能够战胜各种困难、解决各种问题。

第四，操作到位是根本。实干兴邦，空谈误国。提升执行力关键在人。人的问题，关键在于想不想抓落实、会不会抓落实、是不是真抓落实。喊破嗓子，不如甩开膀子，“行大道，民为本，利天下”（李克强语），实干才有说服力，只有善于把别人干不成的事干成，敢于把别人难以突破的工作创出特色，才能展示干部操作到位的能力，才能真正体现干部执行力。

第五，提升执行力是落脚点。面对机遇，智者先识，勇者先达。执行力来自良好的精神状态。县委书记杜光旻在全县干部大会中指出：精神状态外在表现为一种气势，“势”是一个会意字，拆开来就是“执”和“力”两个字，两个字合意之即为“势”，有气势就有执行力。

（5）坚定不移打造“寻梦菇乡、养生庆元”。县委提出了打造“寻梦菇乡、养生庆元”的发展目标。“寻梦菇乡、养生庆元”既是区域品牌，也是未来庆元经济社会发展的重要定位。“寻梦菇乡、养生庆元”的核心就是绿色崛起，赶超跨越；根本落脚点就是富民强县；根本途径就是通过“寻梦菇乡、养生庆元”建设全面提升宜居、宜业、宜旅、宜养功能，吸引越来越多的人在紧张的工作和繁忙的生活之余，走进庆元这样一个寻梦仙境，远离城市的喧嚣、忘却心中的烦恼，彻底放飞心灵，获得精神愉悦和慰藉，充分享受庆元这片蓝天下的山清水秀、空气有点甜的无公害生活。《菇乡庆元》有一篇报道，标题为“生态建设乐民心”，里面讲到，2012年庆元县在全省61个县市生态文明评价指标体系公众满意度调查中总得分第一，6项指标中的生态环境满意度、生态建设的认知度、建设生态信心度位居第一。

（6）转折关头见行动，赶超跨越靠落实。就是说，要实现“两个翻番、两个跨越、三大改观”和打造“寻梦菇乡、养生庆元”的发展目标，加快建设“五个庆元”，我们县委、县政府所思、所想、所谋的决策部署，必须以实际行动扎实有效地落到实处。

实现赶超跨越，机遇前所未有，挑战也前所未有。我们既耽误不得，更失误不起。必须赢得时间，取得先机。因此，全县党员干部必须在县委的领导下，进一步深化解放思想，全面提升执行能力，共同推进庆元经济建设驶入时代的快车道，把我们庆元建设得更加美好！

（2013年3月26日在全县开展解放思想大讨论活动中给机关单位专题讲座稿）

中国梦暨打造“寻梦菇乡、养生庆元”

各位领导、同志们：

大家好！

今晚是全县机关规定的统一“夜学”时间，受你们法院政治处办公室的邀请，我给县委统一安排的“中国梦暨打造‘寻梦菇乡、养生庆元’”的宣讲主题做个解读。

对于中国梦暨打造“寻梦菇乡、养生庆元”这一主题，我想从4个层面谈点自己的理解：一是什么是中国梦？即中国梦的内涵是什么？二是为什么要讲中国梦？中国梦能否实现？三是打造“寻梦菇乡、养生庆元”是“中国梦”和“美丽中国”在庆元的生动实践。四是在中国梦暨打造“寻梦菇乡、养生庆元”的实践中我们要有怎样的担当？具体分述如下。

一、什么是中国梦？即中国梦的内涵是什么？

中国梦就是实现中华民族的伟大复兴，就是国家富强、民族振兴、人民幸福。具体一点说，就是要把我国建成富强、民主、文明、和谐的社会主义现代化国家。

2012年11月8—14日党的十八大在北京召开，习近平当选为总书记。当选后的第一站就是于2012年11月29日带领新一届中央领导集体参观中国国家博物馆“复兴之路”展览现场并发表重要演说。习近平主席将“中国梦”定义为实现中华民族伟大复兴就是中华民族近代以来最伟大的梦想，而且满怀信心地表示这个梦想“一定能实现”。党内著名理论家、中共中央党校原副校长李君如认为，全面建成小康社会是21世纪头20年的“中国梦”。

这是实现21世纪头20年“中国梦”和后百年“中国梦”的最重要的一个发展阶段，也就是在中国共产党成立100年时（到2021年）全面建成小康社会，在中华人民共和国成立100年时（到2049年）把我国建成富强、民主、文明、和谐的社会主义现代化国家。11月9—12日召开的党的十八届三中全会和全会做出的《中共中央关于全面深化改革若干重大问题的决定》，正是为了更好地实现党的十八大提出的“两个一百年”的中国梦。

二、为什么要实现中国梦？中国梦能否实现？

我们应特别注意习近平总书记说的“实现中华民族的伟大复兴”就是中国梦。为什么谈复兴？因为中国曾经有过非常辉煌的历史，傲居世界领先地位，令世界折服，让国人骄傲。

中国有5000年的历史，3000年的文明史。中国经历的朝代有：夏、商、周、秦、汉、三国、两晋、南北朝、隋、唐、五代、十国、宋、辽、西夏、金、元、明、清、中华民国到中国人民共和国。

西汉张骞开拓的丝绸之路从长安（陕西西安）起西到古罗马、北非和欧洲，至今已有2100多年；唐朝作为国家的强盛时期曾屹立在世界民族之林，日本派遣大量的使者留学中国，学习中国的科学文化。老同志可能都看过《薛仁贵征东》的演义小说，朝鲜、越南都曾是我们的附属国，每年都要向唐朝朝贡，连姓名都跟中国的一样。

然而到了近代，1840年鸦片战争爆发，中国开始逐步沦为半殖民地国家，一系列的侵略战争接踵而至，一系列不平等条约被迫签订，中华民族遭受的屈辱和苦难世所罕见。这证明了一个铁律：落后就会挨打，要生存必须自强。

从中华人民共和国成立直到今天，中国已经变得繁荣富强，在世界的地位和影响力日益提高，在世界范围内我们可以开始发声。试问，如果一个积贫积弱的中国能够做到吗？(1)关于钓鱼岛问题，我们敢警告美国不要选边站，不要搬起日本这块石头砸了自己的脚。(2)关于朝鲜问题，我们表明态度：绝不允许在中国家门口有战事，自然也是在警告美国。(3)关于南海问题，对菲律宾、对越南我们一样态度强硬和明确。所有涉及我们国家主权和领土问题出现时我们何以能够强硬？就是因为我们有了强大的军队和强大的国力。如果再经过37年，到了2050年当我们成为中等发达国家后，不难想象，到时候的中国将是一个怎样的中国。中国梦将不再仅仅是一个梦，一个富强的中国必将实实在在地变成现实而屹立在世界的东方。

三、打造“寻梦菇乡、养生庆元”是“中国梦”和“美丽中国”在庆元的生动实践。

2013年9月13日召开的中国共产党庆元县第十三届委员会第八次会议讨论并做出了《关于打造“寻梦菇乡、养生庆元”的决定》。

这次会议召开前，在县委四楼会议室召开了征求意见座谈会，我被邀请参加，县委办公室主任及其他7人写作班子也全部参加了座谈会。我对征求稿提了两点修改意见：1.“寻梦菇乡、养生庆元”只有外延，而缺乏内涵的挖掘、提炼和固定；2.多次多处使用“区”的概念，使概念含混不清。常委叶丽娅完全赞同我的观点。

2013年9月1日，县委办公室主任黄立飞致信给我，要我再提意见。9月3日下午，县委办公室写作成员还专门打来电话征求意见，可见其诚恳。现在的修改稿已经臻于完善，而且已经作为县委第八次全会的决定予以公告。

我认为“寻梦菇乡、养生庆元”的内涵就是全县干部大会上杜书记曾概括的“四宜”即“宜居、宜养、宜旅、宜业”。

“寻梦菇乡、养生庆元”蕴含了庆元生态、香菇、廊桥等基本元素，同时以“寻梦”标识展现让人魂牵梦绕的原生态净土，以“菇乡”诉求激发全县人民建设美丽庆元的家乡情怀，以“养生”理念明确绿色生态发展的路径选择，是庆元差异性最强、认同度最高的区域品牌。打造“寻梦菇乡、养生庆元”契合构筑实现“中国梦”“美丽中国”的时代要求，契合省、市对庆元的发展定位，契合人民群众对美好生活的憧憬，是未来庆元经济社会发展的总体目标和美好向往。

按照“寻梦菇乡，养生庆元”的总体要求，分三步走：

——近期(2013—2016年)，抓投资，打基础，形成较为完善的“寻梦菇乡、养生庆元”发展战略规划和政策体系，大景区建设全面拉开框架，建成1—3个具有示范效应的优势景区和休闲养生基地，生态休闲经济进入蓄势发展阶段，“寻梦菇乡、养生庆元”初具影响力。至2016年，实现县第十三次党代会确定的“两个翻番、两个跨越、三大改观”发展目标，全县人均GDP达到8000美元，旅游总体人次达250万，旅游总收入达12亿元左右，旅游养生群体形成一定规模，城市化水平达53%左右。

——中期(2017—2020年)，出形象、树品牌，形成“寻梦菇乡、养生庆元”主导产业群，基本形成“一县双城”和“西进东出”大交通格局，进一步提升“寻梦菇乡、养生庆元”品牌知名度和美誉度。至2020年，GDP和财政总收入分别跨过100亿元和10亿元，人均GDP达11000美元，开始进入工业化中后期平稳发展阶段，旅游总人数达700万人次，旅游总收入达40亿元，生态休闲产业上升到战略性支柱产业，城市化水平达60%以上。

——远期(2021—2030年)，更全面、惠民生，形成更具实力、充满活力的综合型生态休闲经济发展模式，生态养生品牌形成不可替代的区域竞争力，社会发展更加完善，“寻梦菇乡、养生庆元”不再是愿景，而是富裕、协调、可持续的发展现实。至2030年，全县进入较高收入和较为成熟的发展阶段，以生态休闲经济为主的服务业增加值比重达到50%以上，成为经济发展主动力，城市化水平达到70%左右。

要实现上述目标，必须根据打造“寻梦菇乡、养生庆元”的内涵要求，实施“7项工程”以提升“7项指数”：

一是实施环境保护修复工程，不断提升“寻梦菇乡、养生庆元”的生态指数。

1.巩固提升国家生态县创建成果，确保生态建设继续走在全国前列。

2.实施重要生态区域保护工程，让一批具有良好自然保护功能的森林公园、地质公园、湿地公园保持和展现自然生态原貌。

3.森林资源覆盖率达86%，构建华东绿色生态大屏障。

4.加强水流域综合治理和水资源保护，继续开展生态河道建设和小流域生态修复，让县域内的每一条河流都可以游泳。

二是实施生态产业主导工程，不断提升“寻梦菇乡、养生庆元”的休闲指数。把全县城乡作为一个大景区来建设，实现全县皆景点、处处可休闲。加快推进百山祖—西洋殿生态休闲集聚区、巾子峰森林公园区块休闲养生(养老)基地开发进度。

三是实施产业转型升级工程,不断提升"寻梦菇乡、养生庆元"的低碳指数。继续走"绿水青山就是金山银山"双赢之路,最大程度放大庆元的生态效应,更加自觉地推进绿色发展、循环发展、低碳发展;大力发展技术含量高、附加值高、市场占有率高、低消耗、低排放、低污染的生态产业体系,推进山区经济转型升级。

四是实施城乡面貌秀美工程,不断提升"寻梦菇乡、养生庆元"的宜居指数。以丽水最宜居城市为基点,打造"中国最美生态养生县城",加强"洁净乡村建设"。坚持民生为本,以周墩村整村改造为试点,有序分步推进其他旧城区的改造,改善旧城区群众居住条件,建设高品质的居民社区、商业服务区、文化娱乐区和生活休闲区,立足精致建设,把城市建设项目作为作品来雕塑,依托自然山水资源,按照"一溪两岸"城市布局,围绕"一带、三山(象山、石龙山、镜山)、三纵、四横(城市道路)"的框架建设,注重山、水、林、桥、城、居、景的有机融合,打造"城在山水中,山水在城中"美丽生态山城。

五是实施生态文化传承工程,不断提升"寻梦菇乡、养生庆元"的魅力指数。着力打造"香菇始祖朝圣地"的品牌。庆元是香菇开史的地方,是世界人工栽培香菇技术的发源地,是香菇始祖吴三公的诞生地,是菇民祭拜香菇始祖的朝圣地。建设西洋殿民俗文化园和吴三公(1130—1208)文化广场(建设79级台阶,塑79米高的雕像),办好中国(庆元)香菇文化节。

六是实施基础设施改观工程,不断提升"寻梦菇乡、养生庆元"的民生指数。构建民生交通大网络,以"北承南接"为抓手,重点争取推进"庆寿高速、衢宁高铁"两高"项目建设",构建以高速公路、高速铁路为龙头的浙南闽北综合交通网。谋划争取实施温武铁路、庆景高等级公路和S229、S329省道升国道等交通大项目,形成"西进东出、南北互通"交通格局,努力把庆元建设成为长三角和海西区的重要节点。同时推进教育、医疗、社会保险等改革,建设更具幸福感的民生事业。

七是实施市民素质培育工程,不断提升"寻梦菇乡、养生庆元"的文明指数。山好水好,人要更好。内化于心、外化于行的文明素养是城市优雅和魅力的核心,文明得体的言行是整个城市最动人的名片,让文明滋润每个庆元人的心，融于“寻梦菇乡、养生庆元”的建设中。大力倡导新时期庆元精神，让“不甘落后、开拓创新、勇于担当、和衷共济”的庆元精神转化为全县干部群众的思想自觉，全面宣传普及和实践“诚实、向善、务实、自强”的当代庆元人的价值观，为打造“寻梦菇乡、养生庆元”提供强大的精神动力和思想保证。

为了落实上述7项指数，庆元县成立了由县委书记、县长任组长的工作领导小组，统筹领导和协调推进打造“寻梦菇乡、养生庆元”的各项工作。成立了县“7项工程”专项协调推进小组，由分管县领导任组长，相关部门主要负责人为成员，负责“7项指数”任务的分解落实。支持人大、政协按照法律赋予的职责，加强对打造“寻梦菇乡、养生庆元”的监督。建立以“7项指数”为核心内容的年度工作目标考核体系，加强结果运作，以实绩论英雄。

四、在中国梦暨打造“寻梦菇乡、养生庆元”的实践中我们要有怎样的担当?

“中国梦，我的梦”，这是中央电视台《新闻联播》时间段里经常能看到的字眼。

中国梦就是每个人的梦，因此，要实现中国梦就与每个人的责任都挂上了钩。

我认为，要实现中国梦，应当要有像周总理等老一辈无产阶级革命家的“鞠躬尽瘁，死而后已”的革命精神；应当要有像兰考县县委书记焦裕禄的“夙夜在公，忘我工作”的苦干精神；应当要像雷锋同志的“把有限的生命投入无限的为人民服务之中”的奉献精神；应当要有像郭明义等一大批具有爱心的雷锋式的时代人物的奉献精神。

当官的要有“权为民所用，利为民所谋”的思想境界，不贪不腐，清白自律，为民的要有“国家兴亡，匹夫有责”和“位卑未敢忘忧国”的责任意识。

北宋伟大的政治家思想家范仲淹在《岳阳楼记》里有这样的名言：“居庙堂之高则忧其民；处江湖之远则忧其君。是进也忧，退也忧。然则何时而乐耶？其必曰‘先天下之忧而忧，后天下之乐而乐’乎”。他的思想和境界激励着一代又一代的仁人志士。

中国共产党庆元县第十三届委员会第八次会议讨论并做出的《关于打造“寻梦菇乡、养生庆元”的决定》是庆元县委、县政府根据庆元实际并上升为集体意志后做出的正确决定。打造“寻梦菇乡、养生庆元”，是一项承载全县人民幸福期盼与美好向往的宏大系统工程，是庆元人民自己的梦，是庆元人民留给外来宾客的梦，是“中国梦”和“美丽中国”在庆元的生动实践。

具体到庆元每一个人，我们应当要有怎样的担当呢？简而言之，我认为：时不我待，从我做起，从现在做起。

今天我们在座的每一位领导和同志，都在为中国的司法公正、为庆元的经济社会发展和庆元人民的幸福，贡献着你们的青春、智慧和力量。

再过几年我将要从工作岗位上退休下来，但现在我还是作为一名县委宣讲团成员，在宣传和贯彻落实县委的重大决策中发挥余热。每个人当他回首过去，应当无悔。我一生从事党校教育，做的都是传道授业解惑的工作，用自己的青春、知识和智慧培养了 1000 多名干部；我淡泊名利，两袖清风，从容自如，不为争权夺利而煞费苦心或勾心斗角。作为一名兼职执业律师，我又为社会和弱势群体提供法律帮助。作为连续担任了 4 届政协委员的我，出于公心，一直都在关注民生，为庆元的建设和经济社会发展而向党委和政府积极建言献策。我觉得我以往的一些提案，有的被政协列为一号重点提案，其内容和建议措施非常契合今天打造“寻梦菇乡、养生庆元”的主题。现在不妨举几例给同志们讲讲。比如：2009 年关于饮用水源头治理和保护问题的提案。兰溪桥水库之水是库区下游全体居民唯一的生活饮用水源，其质量如何是关乎库区下游十万人口的生活质量和身体健康之大事。而兰溪桥库区饮用水源头属五大堡乡管辖的共有 28 个行政村，其中临溪而居靠库区最近、污染最直接的有东坑、后广、东岱、竹山、八洋、南坑、北坑、梧桐洋、杨楼、半溪、五大堡、新处洋等 12 个行政村。

2006 年笔者在调查研究的基础上，曾撰写过一篇关于《落实专项政策倾斜资金，彻底整治饮用水源污染》的提案，县政协将其列为重点提案，由主席督办、部门协同，经过努力饮用水源头污染整治情况取得了一定的成效，但由于资金投入严重不足，没能形成长效机制，至今存在的问题依然十分突出。2009 年，笔者再次带着这个问题，前后到五大堡乡、城建、农办、环保等相关部门进行调研；又深入临近水库而沿溪居住的 10 多个行政村进行实地考察，并且在如梧桐洋、竹山等几个主要行政村召开了有村两委和部分村民代表参加的座谈会，充分听取了他们对饮用水源存在污染问题的反映及其对政府的诉求。针对存在的问题，笔者提出了三个方面切实可行的解决方案，在县政协将提案移交给政府办公室办理的时候，引起了政府高度的重视，后来在政府分管副县长的牵头下，关联部门协调落实措施，最终使饮用水源头的治理问题得到了切实有效的解决，保证了库区下游人民饮用水的质量和安全。

又如：2010 年关于加快推进“一溪两岸”建设的提案。庆元县建成区的格局为“一溪两岸”。一条母亲河——松源溪自东向西穿城而过，将县城分为南北两岸。现由后田大桥、濛洲廊桥、庆元大桥、西大桥和阁门岭大桥等 5 座桥把县城南北岸连为一个整体。

随着人们生活水平的提高和健身养生意识的增强，自从南岸咏归桥至阁门岭大桥段江滨路建成后，每天晚饭后走路健身的人就特别多，所以人们只能从南岸江滨路下去又从原路返回。可是这样的“待遇”也只有建成区下游的人们才有，而居住在上游的人们还不能享受，因为上游南北两岸的江滨路还没有建成。

要求加快推进“一溪两岸”建设，贯通南北两岸江滨休闲步道，让后田大桥、濛洲廊桥、庆元大桥、西大桥和阁门岭大桥为连接两岸界点，使两岸休闲步道形成回环互通，以此满足老百姓的需求之呼声很高。2005 年政协曾就“加强庆元县城市基础建设和管理”的课题组成调研组进行专题调研，并由本人执笔，调研文章曾专节论证过关于“一溪两岸”建设问题。尽管如此，由于此类建设只有静态投入而没有经济效益产出，故政府迟迟未能付诸实验。2010 年我再次撰写关于加快推进“一溪两岸”建设的提案。《菇乡庆元》记者就此对我进行了采访，将我的观点登载在 2010 年 3 月 23 日《菇乡庆元》上。引起了政府重视，自此，政府开始分段实施建设，以满足广大人民群众的生活和健身养生的需求。

再如：2009 年关于“建议将石级延建至石龙山顶，并在山顶建造一座‘览胜亭’，以拓展市民健身休闲空间”的提案。该提案为县政协七届三次会议提案，获得 2013 年庆元县“金点子”二等奖。

提案例子很多，由于时间关系，在此就不再一一举例了。

打造“寻梦菇乡、养生庆元”，时不我待，建设美好庆元，人人有责。因此，全县党员干部包括在座的每一位领导和法官同志都必须要增强使命意识、发展意识和责任意识，切实肩负起打造“寻梦菇乡、养生庆元”的历史责任，在为庆元经济社会发展保驾护航、公正司法的过程中贡献自己的一份力量。

（2013 年 9 月 10 日给庆元县人民法院的讲座稿）

全面推进依法治国

——十八届四中全会精神解读

党的十八届四中全会于 2014 年 10 月 20—23 日在北京召开。23 日全会通过了《中共中央关于全面推进依法治国若干重大问题的决定》(以下简称《决定》)。《决定》全文共 17000 字,含 9 个部分,分前言、正文、结尾 3 个板块。

这次全会,是在我国全面深化改革的新形势下,是在全面建成小康社会进入决定性阶段时召开的一次十分重要的会议。全会做出的《决定》描绘了建设法治中国的总蓝图,勾画了全面推进依法治国的路线图,确定了加强社会主义法治建设的施工图,在中国法治史上具有里程碑意义。这个里程碑意义还体现在这次全会开创了我们党历史上的 3 个"第一次":第一次专题研究法治的中央全会;第一次对全面推进依法治国做出重大决定的中央全会;第一次确定全面推进依法治国总目标的中央全会。

《决定》内容可概括为"一五五六",即一个总目标,五大体系,五项原则,六项任务。

一个总目标:

建设中国特色社会主义法治体系,建设社会主义法治国家。

五大体系:

(1)完备的法律规范体系;

(2)高效的法治实施体系;

(3)严密的法治监督体系;

(4)有力的法治保障体系;

(5)完善的党内法规体系。

五项原则:

——坚持中国共产党的领导;

——坚持人民主体地位;

——坚持法律面前人人平等;

——坚持依法治国和以德治国相结合;

——坚持从中国实际出发。

六项任务:

(1)完善以宪法为核心的中国特色社会主义法律体系,加强宪法实施力度;

(2)深入推进依法行政,加快建设法治政府;

(3)保证公正司法,提高司法公信力;

(4)增强全民法治观念,推进法治社会建设;

(5)加强法治工作队伍建设;

(6)加强和改进党对全面推进依法治国的领导。

这六项任务具体分解为180多项任务。

学习十八届四中全会《决定》精神,必须掌握3个关键词,即全面、道路、体系。

全面:全面推进依法治国。

道路:坚定不移走中国特色法治道路。

体系:建设中国特色社会主义法治体系。

第一个关键词:全面,即全面推进依法治国

解读“全面推进依法治国”必须了解中国共产党的法制史。中华人民共和国成立至今制定了四部宪法,分别于1954年、1975年、1978年、1982年(十二大)。1982年12月4日制定的宪法实施至今。

党的十八大以前,中国的法制是刀制的“法制”。1997年,党的十五大才提出了水治的“法治”,1999年,依法治国被写进宪法。从语法上看,“法制”与“法治”是有区别的,刀制的“法制”是名词,水治的“法治”是动词。从历史演化看,从刀制进步为水治也是符合发展规律的,在刀制的年代,特别是有阶级成分的年代,法制是一种工具,比如一个地主成分的人告一个贫下中农的农民,官司不用打,判决的结果肯定是地主败诉。而水治年代,“法治”要求的就是“以事实为依据,以法律为准绳”。“法”是水为偏旁,法的繁体字是“灋”,是一个会意字,从水、从独角兽,意为法平如水,专去人间不平之事。“法治”均从水,意为法平如水,追求公平正义。

党的十八大以前叫“法制”国家,十八大以来叫“法治”中国。

党的十八大以前,中国法制的16字方针是:“有法可依,有法必依,执法必严,违法必究。”而十八届四中全会《决定》则明确规定了新“法治”的16字法治方针为:“科学立法,严格执法,公正司法,全民守法。”《决定》第一次提出“全面推进依法治国”,并且第一次把“良法“和“善治”写进了《决定》。

“全面”还体现在党对依法治国的全方位领导,要“把党的领导贯彻到依法治国的全过程和各方面”,体现出党对依法治国的领导是纵向到底、横向到边的全方位的领导。

第二个关键词:道路,即坚定不移走中国特色社会主义法治道路

改革开放35年来,我们只提“走中国特色社会主义道路”,十八届四中全会第一次提出“坚定不移走中国特色社会主义法治道路”。

以前有人说中国特色有“四特”,即特色政治,特色经济,特色文化,特色意识形态。这其实等于什么都没说。

那么中国特色“特”在哪里？有哪“四大”特色？

一是党的领导，而且为最大特色。“党的领导是中国特色社会主义最本质的特征，是社会主义法治最根本的保证。要把党的领导贯彻到依法治国全过程和各方面，这是我国社会主义法治建设的一条基本经验。”

二是人多，但素质偏低。中国有13.5亿人口，印度有12.1亿人口，美国有3.1525亿人口，俄罗斯有1.455亿人口。

三是中国东西、南北差异大。从地理看，东西5000千米，南北5500千米；从时区看，北京与新疆隔5个时区，相差4个小时；从温差看，冬天东北黑龙江－40℃，海南20℃，温差60℃；从人口分布看，东部密，西部少；从经济看，东部发达，西部不发达。

四是中国有悠久的文明史，但法制史很短。

中国有5000年的历史，3000年的文明史，但法制史很短。

1.英国宪法1215年产生，至今799年（实行君主立宪制，不成文宪法，没有宪法典）。

2.美国宪法于1787年颁布，是世界上首部成文宪法，至今227年，宪法规定实行“立法、行政、司法”三权分立，立法权属于美国国会，行政权属于美国总统，司法权属于美国联邦最高法院。自颁布至今共有26条修正案至今生效。

3.日本宪法于1889年颁布，至今125年，颁布于明治维新时期22年，叫作《明治宪法》。

4.中国宪法于1954年颁布实施，后来有1975年、1978年、1982年宪法，总计四部宪法。1982年12月4日颁布实施现行宪法生效至今，做过多次修改，至今只有32年，历史很短，因此中国法治是“压缩饼干”。

第三个关键词：体系，建设中国特色社会主义法治体系。

一、完备的法律规范体系

《决定》第一次提出“建设中国特色社会主义法治体系”，并且把“建设中国特色社会主义法治体系，建设社会主义法治国家”作为总目标提出来。

《决定》确定建立两个制度：

1.《决定》确定从2014年开始每年的12月4日为宪法纪念日(以前叫法制宣传日或者普法日)。现行宪法是1982年12月4日颁布施行的。2012年12月4日，彼时新领导班子刚刚履新不足一月，在首都各界纪念现行宪法公布施行30周年大会上，习近平在发表讲话时强调“宪法的生命在于实施，宪法的权威也在于实施”。在这次大会上，习近平还重申“任何组织或者个人，都不得有超越宪法和法律的特权。一切违反宪法和法律的行为，都必须予以追究”。后来，人们也见证了这句话的力量。2014年12月5日，中共中央开除周永康党籍并移送司法机关处理，证明任何人都没有超越宪法和法律的特权。

2.确定了宪法的宣誓仪式制度。实行宪法宣誓仪式目的是加强对宪法的敬仰和敬畏。《决定》规定：“凡经人大及其常委会选举或者决定任命的国家工作人员就职时公开向宪法宣誓。”以后凡是由全国人大及其常委会选举产生或者任命的国家领导人，比如国家主席和一府两院的总理及各部部长等都要一只手按住宪法，一只手握紧拳头举起来宣誓。我们期待着这样的场面和镜头出现。

二、高效的法治实施体系

“立法先行、有法可依”为两个亮点。

(1)立法先行。《决定》规定：“健全有立法权的人大主导立法工作的体制机制，发挥人大及其常委会在立法工作中的主导作用。”立法工作虽然由人大主导，但是党的领导是中国依法治国的最大特色，所以《决定》又明确规定：“凡立法涉及重大体制和重大政策调整的，必须报党中央讨论决定，党中央向全国人大提出宪法修改建议，依照宪法规定的程序进行宪法修改。法律制定和修改的重大问题由全国人大常委会党组向党中央报告。”

(2)要有法可依，更必须立法先行。为什么那么多腐败分子落马？自党的十八大以来，副部级以上的官员就有近60人，副部级以下更是多如牛毛。为什么？我认为，除了自身的世界观、人生观、价值观和忘记了党的宗旨意识等原因外，还存在法律制度不健全的问题。所以《决定》要求：“加快推进反腐败国家立法，完善惩治和预防腐败体系，形成不敢腐、不能腐、不想腐的有效机制，坚决遏制和预防腐败现象。”中央纪委书记王岐山曾经讲过，我们要借鉴新加坡和香港的做法，使官员不敢腐、不能腐、不想腐。

三、严密的法治监督体系

亮点就在于“保证公正司法，提高司法公信力”。

(1)《决定》第一次规定：“建立领导干部干预司法活动、插手具体案件处理的记录、通报和责任追究制度。”即行政领导打电话、打招呼、递纸条要记录，有人说，这个制度很难执行，但很管用，你看看，尽管老同学、老领导、关系好，但也不知道他究竟会不会记录，因为有担心，也就不敢打招呼了。《决定》还规定“建立司法机关内部人员过问案件的记录制度和责任追究制度”。

(2)最高人民法院设立巡回法庭，审理跨行政区域重大行政和民商事案件，探索设立跨行政区划的人民法院和人民检察院，办理跨地区案件。

(3)改革法院案件受理制度，变立案审查制为立案登记制，做到“有案必立、有诉必理，保障当事人诉权”，这也是《决定》明确规定的。

(4)检察机关在履行职责中发现有违法行使职权或者不行使职权的行为，应当督促其纠正，同时规定检察机关可以提起公益诉讼。

(5)《决定》明确规定：“健全事实认定符合客观真相、办案结果符合实体公正、办案过程符合程序公正的三符合法律制度。”这个“三符合”在司法判案中十分重要。16世纪，英国大法官和大哲学家李根曾经说过：“一次不公正的审判，其恶果甚至超过十次犯罪。因为犯罪虽然无视法律——好比污染了水流，而不公正的审判则毁坏法律——好比污染了水源。”其中道理是深刻的。正如习近平总书记说的：“努力让人民群众在每一个司法案件中都能感受到公平正义。”资本主义国家采取的都是陪审团制度，而中国现在实行的是人民陪审员制度。陪审团制度体现审批的公正性。例如，1957年美国一部著名影片叫《十二怒汉》，描述一名纽约青年被控杀父，将被判处一级谋杀死刑，共12名陪审团成员，已有11名陪审员认定疑犯有罪，只有1位陪审员感觉事态有疑，提出异议，并坚持己见，逐一说服其他陪审员推翻原判，避免了一起冤案。再如，1995年，美国发生了轰动全球的辛普森杀妻案。经过长达 8 个月的审讯，分析 113 位证人的 1105 份证词后，由 10 名黑人、1 名白人、1 名西班牙人后裔组成的陪审团裁定辛普森无罪，当庭释放疑犯。原因是辛普森律师认为，警官办案取证程序违法。

(6)《决定》明确规定，各类司法人员“实行办案质量终身负责制和错案责任倒查问责制，确保案件处理经得起法律和历史检验”。这个规定意义重大。

四、有力的法治保障体系

对于立法队伍、执法队伍、司法队伍、法律服务队伍而言，“建立法官、检察官逐级遴选制度，初任法官、检察官由高级人民法院、省级人民检察院统一招录，一律在基层法院、检察院任职。上级人民法院、人民检察院的法官、检察官一般从下一级人民法院、人民检察院的优秀法官、检察官中遴选”。

《决定》明确规定：“建立从符合条件的律师、法学专家中招录立法工作者、法官、检察官的制度。”

现在很多由县级公务员考入的初任法官，二十来岁，工作经验、生活经验、人生阅历都不丰富，而基层法院的判案却又需要经验型的法官，这样就很难使当事人信服，特别是面对一个资历深厚，法律知识渊博的资深律师，更是显得尴尬。因此，西方国家大法官都要头戴假的长卷白发，象征着阅历、年龄、经验和知识，法官的最佳年龄为 50—80 岁。

五、完善的党内法规体系

党内法规从类别来分有以下几类。

党章：对党的性质和宗旨、路线和纲领、指导思想和奋斗目标、组织原则和组织机构、党员义务和权利以及党的纪律等做出根本性规定。

准则：对全党政治、组织生活和全体党员行为做出基本规定。

条例：对党的某一领域重要关系或者某一方面重要工作做出全面规定。

规则、规定、办法、细则：对党的某一方面重要工作或者事项做出具体规定。

比如，1993 年《中国共产党纪律检查机关案件工作条例》第二十八条第三款规定：“对涉案人员可以责令其在规定的时间、规定的地点就案件所涉及的问题作出说明。”这就是所谓的“双规”一词的来源。

2013 年 8 月，《中共中央关于废止和宣布失效一批党内法规和规范性文件的决定》发布。根据该决定，中央办公厅会同有关部门对 1978 年至 2012 年 6 月期间发布的 767 件中央党内法规和规范性文件进行了清理。1978 年以来制定的党内法规和规范性文件中，有 300 件被废止和宣布失效，467 件继续有效，其中 42 件将做出修改。这次对党内法规和规范性文件进行集中清理，在我们党历史上是第一次。

下面讨论五个敏感关系问题。

一是法治的共性与个性关系。

世界各国的法治必然有其共性：科学精神、公民意识、权利义务观念、平等自由观念、宪政观念。换言之，就是国家富强、人民富裕、社会公平正义。

党的十八届四中全会的《决定》非常强调法治的个性。所谓法治个性就是三个至上，即党的事业至上、人民利益至上、宪法法律至上。

西方国家法治个性，就是国家利益至上，私人财产至上，比如美国，对内讲法律，对外无法律，不受国际公约和联合国宪章所约束，想打谁就打谁，比如对伊拉克，科威特，阿富汗，南斯拉夫等。

中国的法治是共性与个性的统一。而像朝鲜这样的国家，法治就没有共性，他们实行的是世袭王位、金氏权族。

二是党的领导与依法治国的关系。

党领导立法，包括宪法在内，但是党又必须在宪法和法律的范围内活动，不得有超越宪法和法律的特权。《决定》指出：“把党领导人民制定和实施宪法和法律同党坚持在宪法和法律范围内活动统一起来。”

三是党法与国法的关系。

党法与国法两者是协调统一、良性互动的关系。在我国，党法与国法并不矛盾，协调得很好。理由有三点：1. 党法是约束党员干部的，国法是约束全体公民的；2. 党法严于国法，党员领导干部只要与他人通奸就可以处理，而一般公民与人通奸不受处理，只不过是受到道德方面的谴责。党的十八大以前如果干部被查，有与他人通奸行为的，用的是“与他人有不正当的男女关系”。自党的十八大以后，落马的副部级以上官员近 60 人，其中对 17 人直接用了与他人“通奸”一词，其中包括山西省两个女官员。

四是依法行政与法治政府的关系。

权大还是法大？一直有人提出这个问题。事实上这是一个伪命题。从理论上和正本清源上讲，当然是法大，因为宪法规定，任何人都不得有超越宪法和法律的特权。《决定》规定："任何组织和个人都必须尊重宪法和法律的权威，都必须在宪法和法律范围内活动。"但是，现实中出现了以权压法、以权代法的情况，甚至有人说"我就是法律"这样的话。所以，给人们一个权大于法的假象。

《决定》规定："健全依法决策机制，把公众参与、专家论证、风险评估、合法性审查、集体讨论决定确定为重大行政决策的法定程序。""建立重大决策终身责任追究制度及责任倒查机制。"

五是法治与德治的关系。

春秋时期的孔子主张德治；战国时期的韩非主张法治；春秋时代的管仲主张法治与德治相结合。

2001 年 1 月，江泽民提出依法治国与以德治国相结合。当时受到法律界的非议，结果降温。到了十八届四中全会，最终正式写进《决定》。事实上，两者并不矛盾，但法治不能代替德治，德治也不能代替法治，应当以法治为主，以德治为辅。

但是，法治和德治是两个概念。有人建议要把"常回家看看"写进老年人权益保障法，不明确这个"常"字，是无法执行的。一是"常看看"是一年一次，半年一次，一个季度一次，一月一次，还是一天一次？频率不明确。二是一次是一个小时，半个小时，还是一分钟？三是正面看，侧面看，还是背后看？四是带礼物看还是不带礼物看？五是笑嘻嘻看，还是瞪大眼睛把老人气死地看？这些都不明确，无法执行，所以不能写进去。关心孩子、赡养老人是每个人应尽的义务。要提倡孟子的"老吾老以及人之老，幼吾幼以及人之幼"美德。

以前鼓励学雷锋，坐公交车，坐地铁，都让人家先上，结果自己上不去了，即使上去了又因为大家争着让座，结果座位没人坐了。现在应当是鼓励法治，排队上车讲秩序，要有法治规则。

美国伯尔曼说："法律必须被信仰，否则它将形同虚设。"

法国卢梭说："一切法律之中最重要的法律既不是铭刻在大理石上，也不是铭刻在铜表上，而是铭刻在人们心里。”

习近平总书记说：“要信仰法治。”

（2014年11月给机关单位、乡镇宣传十八届四中全会精神讲座稿）

儒家思想与政治智慧

2014 年 5 月 4 日，习近平总书记在北京大学与师生座谈会上的讲话中明确指出："中华文明绵延数千年，有其独特的价值体系。中华优秀传统文化已经成为中华民族的基因，植根在中国人的内心，潜移默化地影响着中国人的思想方式和行为方式。今天，我们提倡和弘扬社会主义核心价值观，必须从中汲取丰富营养，否则就不会有生命力和影响力。"

政治问题说到底是人心问题，而对人心问题最有影响的是文化。

中国资深媒体人邓聿文说："文化对一国发展的重要性不言而喻。一个民族，一个国家，可以暂时经济落后，但不能没有文化和历史的记忆，尤其对一个大国而言，如果失去了文化之根，从文化上说，也就失去了存在的价值。"

代表着中华民族优秀传统文化主流方向的就是绵延了 2000 多年的儒家思想。

1988 年，世界诺贝尔奖金获得者在巴黎集会。瑞典物理学家阿尔文博士在发言中指出："人类如果要在 21 世纪继续生存下去，恐怕要回到 2500 多年前从孔子那儿找到支撑我们人类生存与发展的依据与理念。"

美国前总统里根说："孔子高贵的行谊与伟大的伦理道德思想，不仅影响了中国人，也影响了全人类。孔子学说世代相传，提高了全世界人类的做人处世原则。"美国设立那么多孔子学院，传授的就是中国的国学文化和儒家思想。

中国有 5000 年的历史，3000 年的文明史，经历的朝代有：夏、商、周、秦、汉、三国、两晋、南北朝、隋、唐、五代、十国、宋、辽、西夏、金、元、明、清、中华民国到中华人民共和国。

儒家思想始创于先秦的春秋战国时期，孔子（公元前551—前479）是儒家思想的创始人。儒家思想从最初的口头传承到文字记载，其形成和发展经历了2000多年，内容博大精深。但是归结起来，历朝历代形成共识并在历史典籍中加以明确的儒家思想的主要内容就是“仁、义、礼、智、信”这5大要素。它不仅指导人们平时的行为规范，而且深深影响着成功人士的处事，以使自己达到“内圣外王”的精神境界：“内圣”即“格物（探究事物原理）、致知（获得知识）、诚意（使心意诚实）、正心（端正内心）、修身（修养自身）”；“外王”即“齐家（整治家庭）、治国（治理国家）、平天下（使天下归于太平）”。

古之欲明明德于天下者，先治其国；欲治其国者，先齐其家；欲齐其家者，先修其身；欲修其身者，先正其心；欲正其心者，先诚其意；欲诚其意者，先致其知，致知在格物。

物格而后知至，知至而后意诚，意诚而后心正，心正而后身修，身修而后家齐，家齐而后国治，国治而后天下平。

什么是政治智慧？政治智慧就是理解、掌握、运用一切有利于维护统治的能力。简单地说，政治智慧就是指处事艺术和处事原则。

今天我就儒家思想与政治智慧这一主题给在座的青年朋友们谈点自己的认识。

（1）儒家思想中的“仁”，是指同情、关心和爱护的心态，即“仁爱之心”。“仁”最早的含义是“亲人”的意思，《说文解字》中说：“亲，仁也。”又说：“仁，亲也。”其主要是指家庭成员之间、氏族亲人之间要“亲爱”，这种“仁爱之情”最初仅仅局限于家庭成员和氏族亲人之间。随着历史的演变，“仁”的含义进一步得到扩展，由“亲人”发展到“爱人”，即孔子说的“仁者爱人”。（仁是会意字，从二人）孔子又说：“与，善仁。”意思是说与人交往要友爱，真诚，无私。孔子进一步说：“志士仁人，无求生以害仁，有杀身以成仁。”这里的“仁”已成为人生道德的最高境界。为了维护“仁”，可以“杀身”，即可以牺牲自己的生命来维护“仁”的道德理念。

孔子倡导“仁者爱人”“己所不欲勿施于人”，把“仁”作为人生道德的最高境界。

孔子是儒家思想的创始人，他的许多有关“仁”德言论永世相传，并且作为人们的行为准则加以倡导。孟子是儒家思想的继承人，他的许多言论也同样体现和推崇“仁爱之心”，其中典型的“老吾老以及人之老，幼吾幼以及人之幼”，2000多年来一直作为“仁爱”美德被人们所推崇和倡导。

孔子和孟子“仁爱”的儒家思想被世人发扬光大。比如人们对灾区的无私援助、对贫困生的爱心助学、对慈善机构的慷慨捐资、对鳏(guan)寡孤独及残疾者的帮助等都是“仁爱之心”的儒家思想在当今社会发扬光大的典型范例。

但是，现实生活中一边施“仁爱”，一边却伤“仁爱”的行为也时有发生。例如，《学习时报》登载了这么一篇文章，题目是《讹人者应当受到法律惩罚》。3月13日，一个老太太在公交车前摔倒，司机马爱平将其扶起并拨打报警电话，结果老太太坚持认为是司机关门太快导致其摔倒。警方出示的现场视频清楚显示，老太太是自己下车后前往站台时踩空摔倒。2013年4月18日上午，本溪市民卢阿姨和邻居到本溪市社保局办事，恰好目睹一个老太太摔倒在台阶上，于是卢阿姨和邻居赶紧上前将老人扶起。谁知，缓过神来的老太太却向女儿指认，就是卢阿姨将她推倒的，老太太的女儿及其他亲属要求卢阿姨带老太太上医院。报警之后，民警调取了事发地点附件的监控录像，录像显示，老太太就是自己摔倒的。看完录像，老太太的子女默不作声扭头就走。从上述两个例子不禁令人发问：这个社会怎么了？显然，这些讹人者的思想和行为与儒家的“仁爱”思想是格格不入的，也说明倡导儒家“仁爱”思想何其重要，呼唤道德回归多么刻不容缓！

2014年4月16日上午8时58分许，韩国一艘载有470余名乘客的“岁月”号客轮在韩国西南海域发生下沉事故。客轮中大多为韩国学生，船长李俊锡第一个出舱逃生，缺乏责任和仁爱。故人们称之为“李跑跑”。

2008年5月12日发生了8级汶川大地震，其时正值范美忠在教室给学生们上课，但在地动山摇的那一刻，范美忠丢下学生而不管，第一个跑到操场上，安然无恙。时隔一个星期，他竟在网上晒出微博说：“我从来不是一个勇于献身的人，我只关心自己的生命，在地动山摇的那一刻，只有为了我的女儿我才会去管，即使是我的父母我也不会去管。”此言一出，立即遭到网友炮轰，故人们称之为“范跑跑”。

在汶川地震6周年祭之际，有记者采访曾被称之为“范跑跑”的范美忠：“汶川地震距今已有6年，你是否曾为当初自己的行为而内疚？”范美忠说：

“回过头去看，首先我的行为没有损害别人，其次那是一瞬间的下意识，而非一个可以理性自控的过程或机会。本来我还可能有点内疚的，当看到将英勇牺牲当作应该的时候，反而激起了我逆反的心理。我可以内疚，但是我不能因为要求我内疚而内疚。从道德至高标准来看，我确实应该内疚。但这种标准一定是内心的一种自发的渴望，不是用来要求的。”

范美忠之所以认为“从道德至高标准来看”会感到内疚，就是因为作为一名老师，在那种生与死的关键时刻他缺失一种“责任”和“仁爱”。

“仁爱”思想、“仁爱”行为有的体现在原则大事上，有的却体现在平时生活细节中。比如某个同事、朋友生病住院或者家中遇到什么困难感到无助时，作为同事、朋友或者是领导的你如果出现在那个场合，体现的就是一种“仁爱”，人家会从内心里非常感激。

《大学》曰：“为人君止于仁；为人臣止于敬；为人子止于孝；为人父止于慈；与国人交止于信。”

止于至善。是以圣人常善救人，故无弃人；常善救物，故无弃物。是谓袭明。圣人常无心，以百姓心为心。善者，吾善之，不善者，吾亦善之，德善。

(2)儒家思想中的“义”，是指正当、正直和道义的气节，即“正义之气”。义的繁体字为“義”，从我从羊，它是一个会意字。古代崇尚羊的形象和涵养，意为要像羊一样温和、善良、美好。这里讲的“义”主要是指一种美好、善良的情感和气节。古人造字时如“鲜”“美”“善”这些美好的字眼都是用羊作为主要部首来构造的，这反映了人们对羊所具备的美好境界的追求，并把这种境界作为中国人应该追求的品行和应该提倡的美德。

史书记载孔子曾有“三泣”，反映了孔子的“仁德”和“义德”情怀。中国自古有“男儿有泪不轻弹”之说，但《论语》有2处记述了孔子的哭泣，其中一次是为丧主。“子食于有丧者之侧，未尝饱也。临丧哀，不甘。日哭，则不歌。”孔子早年曾治丧礼，他主持的丧礼应该很多，但如何一遇丧主在旁便食不甘味并哀伤哭泣？那一定是碰到孔子的痛。原来孔子3岁丧父，17岁丧母，有“终身慕父母”的情怀，而思及自己的际遇，难免伤感哭泣。孔子一生主张仁德，孔子说：“仁者人也，亲亲为大。”孔子认为爱自己的父母是最重要的，一个连自己父母都不爱的人又如何去爱他人？

《孔子家语》和《左传》都记载了孔子的又一次哭泣。子产卒，孔子闻之泣:“古之遗爱也。”子产,孔子闻其名未谋其面的郑国宰相,是一个执意改革的政治家。在孔子看来,郑国的子产和齐国的晏子都是施行仁道的君子。尽管孔子主张德治,子产铸刑鼎,主张“宽猛相济”,但是在修身齐家治国平天下的目的上都是一致的。这就是孔子主张的“君子和而不同,小人同而不和”。子产死后,“国人哀亡”,孔子闻之而泣,这次孔子哭泣与私情无关,而只关乎理想,关乎仁道。

《论语》还记载了孔子晚年的一次哭泣,为颜回。颜回早死,69 岁的孔子动真格地大哭了一场,眼泪肆无忌惮地流,以至在旁的门生见了都不知所措,说:“子恸矣。”孔子眼泪迷蒙地问:“我伤心了吗? 我哀伤到了极点,不自觉地哭成了这样,我不为这样的人伤心还能为谁伤心呢?”颜回的死像是在孔子的心上扎了一把刀。他仰天长叹:“噫! 天丧予! 天丧予!”“吾道之穷欤。”颜回的死,对于孔子不啻于是又一次的丧子之痛,68 岁时孔子的唯一儿子孔鲤死,《论语》并没有记载他的悲伤,只记载了孔鲤之丧有棺而无椁(guo)。仅隔 1 年,那个 13 岁入师门、“于吾言无所不说”又“视吾如父”的颜回先他而去,垂垂老矣的孔子不能自已。颜回就像他的一个影子,“夫子步亦步,夫子趋亦趋,夫子驰亦驰”。颜回“闻一而知十”,孔子喜爱不禁,对子贡说:“弗如,我与汝弗如也。”全不顾子贡是否承受得起。颜回对孔子来说是那样的不可或缺。孔子说:“自吾有回,门人益亲。”孔子周游列国时,不论是在陈绝粮,还是于蔡被困,颜回都陪伴在他的左右。在匡地颜回曾与大家走散,孔子心急如焚,对追上大伙的颜回说,“我还以为你死了呢?”颜回竟像膝前尽孝的孩子一样回答说:“子在,回何敢死?”一句话说得孔子心里暖洋洋的。在孔子的眼里,颜回是最接近理想人格的人,“用之则行,舍之则藏,唯我与尔有是夫”。于是,孔子向颜回讲述了自己最重要的思想观点,“克己复礼为仁,一日克己复礼,天下归仁焉”。这等于是把自己的梦想托付给了颜回。孔子预想着自己百年之后,由颜回掌门继续自己未竟的追求。

可是语声盈耳,晚生已逝。暮年的孔子再一次感到四顾茫然的孤独和寂寞,还有突然袭来的绝望、悲伤,泪水又怎能不肆意流淌? 当这位义重千金的颜回走后仅仅过去 4 年,这位至圣先师也走了。

孔子极为推崇“仁德”和“义德”,甚至主张“杀身以成仁”;而孟子也非常推崇“义德”和“仁德”,甚至主张“舍生取义”。可见,在“仁、义、礼、智、信”这

5大要素中最主要的就是“仁”和“义”。古人云:“仁则荣,不仁则辱。”“有义为荣,背义为辱。”于是,表示人格气节的名言有“宁可毁人,不可毁誉”“宁为玉碎,不为瓦全”“宁可站着死,不可跪着生”。这些都是“舍生取义”气节的生动写照。

《三国演义》实际上演绎的就是儒家文化中的“义”。《三国演义》开篇就是“桃园结义”,以“义”字开篇,以“义”字作为主题。实际上,它就是在演绎着儒家文化中那些核心的理念“仁义以制天”。

自古以来,多少仁人志士,为了民族和国家利益舍生取义:明朝顾炎武的“富贵不能淫,贫贱不能移,威武不能屈”、南宋文天祥的“人生自古谁无死,留取丹心照汗青”等名言都是“舍生取义”之民族气节的最好写照;在革命战争年代,夏明翰说“砍头不要紧,只要主义真,杀了夏明翰,还有后来人”;16岁的女共产党员刘胡兰,为了人民的利益,在敌人威逼利诱面前坚贞不屈,英勇就义,体现了共产党人“舍生取义”的英雄气节。他们都是儒家思想“舍生取义”的现代实践者,其精神永世长存。在现代生活中,见义勇为的事例举不胜举,如江西的“夺刀少年”柳艳兵和易政勇,于5月31日在放学回家途中的公交车上勇斗持刀歹徒。

在现代生活和经济交往中,人们追求信用,信奉“义”字,反对尔虞我诈、损人利己、见利忘义的“背信弃义”行为。

外交上,国与国之间重义守信,体现的是一个国家的信用度。就南海问题,菲律宾、越南两国频频挑事。针对越南外交部在4月23日的新闻发布会上提出的对西沙群岛所谓的“历史法理依据”,中国外交部发言人秦刚26日表示,中国人是西沙群岛无可争辩的主人。秦刚连用4个贬义词驳斥越南歪曲历史、否认事实、出尔反尔、背信弃义的行为。秦刚介绍说,20世纪70年代中期之前,越南一直公开和正式承认西沙群岛属于中国。而1975年后,越方背弃了以前的承诺,转而对西沙群岛提出主权要求。越南外交部23日的新闻发布会发表的言论,再次证明这个国家歪曲历史、否认事实、出尔反尔、背信弃义。越南的国际信用等级很低(世界排名173)。

(3)儒家思想中的“礼”,是指礼仪、礼貌和气节的规矩,即“礼仪之规”。“礼”最初是原始社会祭神祈福的一种习惯和仪式。随着社会的演进,“礼”的内容也有了变化。到了春秋战国时期,“礼”的内容又有了创造性的变化,开始将“礼”作为治国要求和道德准则加以倡导，孔子主张“为国以礼”，即用礼来治国。他说：“为政先礼，礼其政之本欤！”他认为治国首要的是礼，礼是治国之本。孔子还说：“克己复礼为仁，一日克己复礼，天下归仁焉。”这说明“礼”在治国和道德领域已经被摆在非常重要的位置上来加以规范和倡导了。

中国人向来把“礼”放在重要的位置上，以“礼仪之邦”来表明我们是文明的，不讲礼仪是不文明的。讲究礼仪礼节，在外交上显得尤为重要。“外事无小事”“彬彬有礼”“礼尚往来”“对等原则”都是“礼”的体现。

儒家思想中的“礼仪”思想在现实工作和生活中也显得非常重要。内化为每个人的人际关系、精神风貌、行为准则等，外化为每个人的言谈举止、公众形象等。

(4)儒家思想中的“智”，是指辨是非、明善恶和知己识人的能力，即“智谋之力”。“智”作为中华传统道德的基本要素之一，很早就出现在文字记载里。孔子曾说：“君子道有三：仁者不忧，智者不惑，勇者不惧。”《中庸》里有“智、仁、勇三者，天下之大德”。大家熟悉的《论语》中有这么一句：“知之为知之，不知为不知，是知也。”意思是讲一个人知识再丰富，总有不懂的问题，那么就应当有实事求是的态度，只有这样才能学到更多的知识，才是智慧和明智之举。这里讲的“是知也”，即“是智也”，解释为这才是明智的，这才是智者。

孔子在对事物认识的基础上，提升了“智”作为一种道德要求在道德规范中的地位，使之成为一个具有普遍意义的新的道德概念和价值取向，成为对人的思想道德和文明素质方面最基本的要求。

孔子为了提高整个社会的文化素质，即举“智谋之力”，主张“有教无类”。孔子门下人才会集，有3000弟子、72贤徒之说，如曾子、颜回(“闻一知十”，绝顶聪明，故与子贡说：“弗如，吾与尔弗如也。”)、子路、子贡、季康子都是非常出色的学生。

对“什么是领导力”的本质论断，孔子说：“为政以德，譬如北辰，居其所而众星共(通“拱”，环绕之意)之。”《论语》里孔子在对季康子问政时有答复：“其身正，不令而行，其身不正，虽令不从。”

对贤才的标准，孔子认为应该是“志于道，据于德，依于仁，游于艺”。

“志于道”，就是要有政治理想和奋斗目标；“据于德”“依于仁”，就是要有仁的精神和拥有高尚的品德；“游于艺”，就是能善于娴熟地运用业务知识和技能。简言之，贤才就是要有理想、有道德、有知识和有治国的才能。这是一个德才兼备人才的标准。

关于用“智谋之力”的政治智慧而取得国家尊严和外交家尊严的案例，在《晏子使楚》一文中被演绎得淋漓尽致。

楚人以晏子短，为小门于大门之侧而延晏子。晏子不入，曰：“使狗国者从狗门（洞）入，今臣使楚，不当从此门入。”傧者更道，从大门入。见楚王。王曰：“齐无人耶？使子为使。”晏子对曰：“齐之临淄三百闾（古代25户为一闾），张袂成阴，挥汗成雨，比肩继踵而在，何为无人？”（齐国首都临淄有七千多户人家，人挨着人，肩并着肩，展开衣袖可以遮天蔽日，挥洒汗水就像天下雨一样，怎么能说齐国没有人呢？）王曰：“然则何为使予？”晏子对曰：“齐命使，各有所主。其贤者使使贤主，不肖者使使不肖国。婴最不肖，故宜使楚矣。”

晏子将使楚。楚王闻之，谓左右曰：“晏婴，齐之习辞者也。今方来，吾欲辱之，何以也？”左右对曰：“为其来也，臣请缚一人，过王而行。”王曰：“何为者也？”对曰：“齐人也。”王曰：“何坐？”曰：“坐盗。”

晏子至，楚王赐晏子酒。酒酣，吏二缚一人诣王。王曰：“缚者曷为者也？”对曰：“齐人也，坐盗。”王视晏子曰：“齐人固善盗乎？”晏子避席对曰：“婴闻之，橘生淮南则为橘，生于淮北则为枳，叶徒相似，其实味不同。所以然者何？水土异也。今民生长于齐不盗，入楚则盗，得无楚之水土使民善盗耶？”王笑曰：“圣人非所与熙（开玩笑）也，寡人反取病焉（反而自取其辱了）。”

现代工作和生活中，从行政机关到企业，无不重视“智谋之力”而收罗“智谋之才”：如国家的“千人计划”、地方的“招聘人才”；如中国著名企业的“海尔集团”“长虹集团”，马云的“阿里巴巴”；如美国比尔·盖茨的“微软公司”、日本的“松下公司”；再如导弹之父钱学森无一不证明“智谋之才”所起的作用。当年美国海军的一位高级将领金布尔说：“钱学森（中国导弹之父）无论走到哪里，都抵得上5个师的兵力。”这也是“智谋之力”——人才的巨大作用。

平时人们总结人生得失经验时常说的"读万卷书不如行万里路，行万里路不如阅人无数，阅人无数不如高人指路"也是儒家思想中"智"的体现。但是，人生道路上有的东西不必太刻意，还是顺其自然、淡定一点的好。幸福指数与学历、地位、财富等往往是不呈正比的，学历高地位高不一定幸福指数就高，富有也不一定就幸福指数高。20 世纪七八十年代人们虽然不富有，但如果有一辆自行车就很珍爱，擦了又擦，很满足也很幸福。现在很多人虽然都拥有了小车，但幸福感远比不上那个时代拥有一辆自行车。现在地球上只有 4 个社会主义国家，古巴虽然贫穷，但生活在该国度里的人们幸福指数却很高，等级观念淡薄，人们几乎平等，总统、总理的小车，如果你想搭车，站在路边只要打招呼，小车就会停下来。

(5)儒家思想中的"信"，是指诚实守信，坚定可靠，相互信赖的品行，即"诚信之品"。"信"不是简单的诚实，信用才是"信"最基本的内涵。它不仅要求人们在自己行为举止上要诚实守信，也反映出人们对某一个事物、某一种理念的认识要坚定可靠，反映出人与人之间要相互信赖。关于"信"，早在远古时期，我们的祖先就认识了它，并且积极加以倡导，历代贤人圣哲关于"信"的强调不绝于书。《左传・僖公二十五年》记载："信，国之宝也，民之所庇也。"意思是统治者有"信"是老百姓得以生存的基础。孔子则把信用作为国家之根本。《论语》里有子贡问政一段对话。子曰："足食，足兵，民信之矣。"子贡曰："不得已而去之，于斯三者何先?"曰："去兵。"子贡曰："必不得已而去之，于斯二者何先?"曰："去食。自古皆有死，民无信不立。"孟子则把诚信看作是社会的基础和做人的准则，他说："诚者，天之道也。"唐代名相魏徵在《贞观政要》中说："德礼诚信，国之大纲。"《尚书》里道："信用昭明于天下。"所有像这样对"信"的认识，对"信"的倡导，对"信"的崇拜，从古到今像一棵常青树存活于中华民族生生不息、世代繁衍的思想文化沃土中，说明"信"作为中华民族传统道德的重要内容，历来为人们所肯定、所推崇。

有这么一则古文，说的是"曾子杀彘(猪)"的故事：有一次曾子妻子欲上街，其子闹着也要跟去。妻对孩子说"尔勿去，母归宰彘给尔吃"，孩子未闹，妻从市归，见曾子磨刀霍霍，妻问何故？曾子对曰"杀彘也"。又曰"何故杀彘?"对曰："践诺也!"妻曰："与儿戏也。"对曰："小儿岂可戏。"于是，曾子果宰彘，以示说话诚信。此为从小教育孩子操守信用的一个典型范例。

然而，诚信缺失者自古有之。“狼来了”就是典型一例，开始骗人，最终害己。人们没有忘记20年前的温州，制假售假十分严重，假冒伪劣产品充斥市场，“温州的电器不能用”“温州的皮鞋不能穿”。人们谈假色变。“假冒伪劣”一度成了温州的代名词，“失信”的切肤之痛给温州人的教训是深刻的，现在温州产品追求质量，信用至上已被人们所认可。

近年来我国相继发生的“毒奶粉”“瘦肉精”“地沟油”“染色馒头”等恶性事件，无不说明诚信缺失，道德滑坡已经到了何等严重的地步！电信诈骗、尔虞我诈等都是信用缺失的表现。一个伟人曾经说过：“一个国家，如果没有国民素质的提高和道德的力量，绝不可能成为一个真正强大的国家、一个受人尊敬的国家。”

李克强总理在在2014年全国两会上所作的《政府工作报告》中说到“让失信者寸步难行，让守信者一路畅通”。中国大民营企业家马云说：“总理说的‘让失信者寸步难行，让守信者一路畅通’，这个是我一直坚信的，而且我觉得应该成为全社会的共识。如果反过来，失信者一路绿灯，守信者举步维艰，那这个社会就麻烦了。我坚信，诚信是有价值的，是可以变成钱的，诚信是最大的财富，诚信是生产力。”

那么，如何看待中华民族传统道德中“仁、义、礼、智、信”5大基本要素呢？从5大要素的关系看，它们之间相互联系，相互依存，相互支撑，共同构成了中华民族传统道德大厦的根基，也可以说是道德大厦的支柱。从其基本内容来看，“仁”主要是人与人之间相互关系，相互尊重和相互爱护的情感，是世界万物共生、和谐相处、协调发展的一种道德规范；“义”是超越自我，正义正气，仗义公道的做人态度；“礼”建立人际关系和社会秩序的一种标准和规则；“智”是人们认识自我，了解社会，解决矛盾，处理问题的眼光和能力；“信”是人们交往和处事的道德准则。“仁、义、礼、智、信”是中华民族传统道德的核心价值理念和基本要求，是我们每个人都要很好遵守的最重要的5种社会道德规范。

除了“仁、义、礼、智、信”这5大要素外，在儒家思想中“和”也是其核心价值理念。在中华民族文化渊源中，“和”字有多种写法，标志着其特定的含义。“和谐”两个字就造得很好，虽然是形声字，但又是会意字。在百家争鸣的春秋战国时期，孔子主张“君子和而不同”，即主张有思想道德境界的人，尽管国家不同，价值观、人生观不同，但都应当和睦相处。2002 年，江泽民访问美国，跟时任美国总统布什说“君子和而不同”；2013 年习近平总书记访问美国时，对奥巴马总统也主张“君子和而不同”。“君子和而不同”不仅适用于国与国之间，也一样适用于人与人之间。

今天在党的群众路线教育实践活动中，弘扬社会主义核心价值观，即“富强、民主、文明、和谐；自由、平等、公正、法治；爱国、敬业、诚信、友善”。富强、民主、文明、和谐是国家层面的价值目标；自由、平等、公正、法治，是社会层面的价值取向；爱国、敬业、诚信、友善，是公民个人层面的价值准则。社会主义核心价值观与儒家思想的核心价值理念是相通的，因为它是对中华民族传统道德核心价值理念也即儒家思想核心价值理念的继承和发扬，只是社会主义核心价值观赋予了更多的时代内容、时代要求和时代的价值准则。

（2014 年 8 月 14 日在县委组织部举办的
庆元县青年干部培训班上的专题讲座稿）

关于党的十八届五中全会精神的解读

党的十八届五中全会于2015年10月26—29日在北京召开。这次全会是在协调推进“四个全面”战略布局、夺取全面建成小康社会决胜阶段召开的一次十分重要的会议。会议深入研究了“十三五”时期我国发展的一系列重大问题，审议通过了《中共中央关于制定国民经济和社会发展第十三个五年规划的建议》（以下简称《建议》），对今后5年经济社会发展做出全面部署。

全会通过的《建议》，确定了“十三五”时期我国经济社会发展的指导思想、目标任务、重大举措。《建议》充分体现了我们党对所肩负历史使命的深刻把握，体现了党的十八大以来我们党治国理政的一系列新理念新思想新战略，体现了全党全社会的思想共识和行动智慧，体现了创新、协调、绿色、开放、共享的发展理念，标志着我们党对中国特色社会主义道路的认识达到一个新高度。

《建议》是实现“两个一百年”奋斗目标第一个百年目标、全面建成小康社会的纲领性文件，是今后5年经济社会发展的行动指南，是同全面深化改革、全面依法治国相互配合的发展篇章，是关系我国发展全局的具有里程碑意义的马克思主义光辉文献。深入学习领会《建议》精神，全面贯彻落实全会做出的各项决策部署和工作要求，是当前和今后一个时期内全党全国的一项重要政治任务。

《建议》围绕创新、协调、绿色、开放、共享的发展理念谋篇布局、设计展开。除引言和结语外，共分8个部分，为3个板块。第一、第二部分构成第一板块，是总论，科学分析建成小康社会决胜阶段的形势，深刻阐述“十三五”时期经济社会发展的指导思想、主要目标和基本理念。第三至第七部分构成第二板块，是主体部分，按照5大发展理念来组合，从坚持创新发展、协调发展、绿色发展、开放发展、共享发展 5 个方面，具体部署经济社会的重要任务和重大举措。第八部分构成第三板块，阐述党的领导、政治保证、社会条件，强调加强和改善党的领导，为实现“十三五”规划提供坚实保证。

一、准确把握“十三五”时期经济社会发展的指导思想、主要目标和基本理念

(一)“十三五”时期我国发展的指导思想

高举中国特色社会主义伟大旗帜，全面贯彻党的十八大和十八届三中、四中全会精神，以马克思列宁主义、毛泽东思想、邓小平理论、“三个代表”重要思想、科学发展观为指导，深入贯彻习近平总书记系列重要讲话精神，坚持全面建成小康社会、全面深化改革、全面依法治国、全面从严治党的战略布局，坚持发展是第一要务，以提高发展质量和效益为中心，加快形成引领经济发展新常态的体制机制和发展方式，坚持战略定力，坚持稳中求进，统筹推进经济建设、政治建设、文化建设、社会建设、生态文明建设和党的建设，确保如期全面建成小康社会，为实现第二个百年奋斗目标、实现中华民族伟大复兴的中国梦奠定更加坚实的基础。

贯彻这一指导思想，必须遵循以下原则：一是坚持人民主体地位；二是坚持科学发展；三是坚持深化改革；四是坚持依法治国；五是统筹国内国际两个大局；六是坚持党的领导。

(二)全面建成小康社会新的目标要求

今后 5 年，要在已经确定的全面建成小康社会的目标要求的基础上，努力实现以下新的目标要求。

一是经济保持中高速增长。在提高发展平衡性、包容性、可持续性的基础上，到 2020 年国内生产总值和城乡居民人均收入比 2010 年翻一番。

二是人民生活水平和质量普遍提高。就业比较充分，就业、教育、文化、社保、医疗、住房等公共服务体系更加健全，基本公共服务均等化水平稳步提高。教育现代化取得重要进展，劳动年龄人口受教育年限明显增加。收

入差距缩小,中等收入人口比重上升。我国现代化标准下农村贫困人口实现脱贫,贫困县全部摘帽,解决区域性整体贫困。

三是国民素质和社会文明程度显著提高。

四是生态环境质量总体改善。

五是各方面制度更加成熟、更加定型。

(三)"十三五"时期经济社会发展的基本理念

实现"十三五"时期发展目标,破解发展难题,厚植发展优势,必须牢固树立创新、协调、绿色、开放、共享的发展理念。

理念是行动的先导,一定的发展实践都是受一定的发展理念引领的。发展理念是否对头,从根本上决定着发展成效乃至成败。实践告诉我们,发展是一个不断变化的进程,发展环境不会一成不变,发展条件不会一成不变,发展理念自然也不会一成不变。创新、协调、绿色、开放、共享的发展理念,是我们在深刻总结国内外发展经验教训的基础上形成的,也是在深刻分析国内外发展大势的基础上形成的,集中反映了我们党对经济社会发展规律认识的深化,也是针对我国发展中的突出矛盾和问题提出来的。

第一,创新是引领发展的第一动力。创新发展注重的是解决发展动力问题。要看到,我国创新能力不强,科技发展水平总体不高,科技对经济社会发展的支撑能力不足,科技发展对经济增长的贡献率远低于发达国家水平。

第二,协调是坚持健康发展的内在要求。协调发展注重的是解决发展不平衡问题。要看到,我国发展不协调是一个长期存在的问题,突出表现在区域、城乡、经济和社会、物质文明和精神文明、经济建设与国防建设等关系上。

第三,绿色是永续发展的必要条件和人民对美好生活追求的主要体现。绿色发展注重的是解决人与自然和谐问题。要看到,我国资源约束趋紧、环境污染严重、生态系统退化等问题十分严峻,成为突出的民生问题,人民群众对清新空气、干净饮水、安全食品、优美环境的要求越来越强烈。

第四,开放是国家繁荣发展的必由之路。开放发展注重的是解决发展内外联动问题。要看到,我国对外开放水平总体上还不够高,用好国际国内两个市场、两种资源的能力还不够强，应对国际经贸摩擦、争取国际经济话语权的能力还比较弱。

第五，共享是中国特色社会主义的本质要求。共享发展注重的是解决社会公平正义问题。要看到，在共享改革发展成果上，无论是实际情况还是制度设计，都还有不完善的地方。让广大人民群众共享改革发展成果，是社会主义的本质要求，我们必须坚持发展为了人民、发展依靠人民、发展成果由人民共享，使全体人民有更多的获得感。

二、全面落实中央确定的“十三五”时期经济社会发展各项任务和重大举措

《建议》全面贯彻落实党的十八大精神，围绕全面建成小康社会新的目标要求，以发展理念转变引领发展方式转变，以发展方式转变推动发展质量和效益提升，从坚持创新发展、协调发展、绿色发展、开放发展、共享发展 5 个方面，做出一系列重大部署。

（一）坚持创新发展，着力提高发展质量和效益

坚持创新发展，要做到：

一是培育发展新动力。推动大众创业、万众创新，释放新需求，创造新供给。需求侧“三驾马车”是指投资、消费、出口。供给侧“四要素”是指劳动力（开放二孩）、土地（农村土地改革）、资本、创新。我国经济发展下行压力很大，从过去的两位数，到后来的一位数，2014 年国民生产总值增长率为 7%，2015 年前两季度为 7%，第三季度为 6.9%，第四季度估计为 6.5%，2016 年估计保持 6.5%，但是李克强总理强调，不能低于 6.5%，否则就会影响到 2020 年翻一番、实现全面小康的目标。所以，现在党中央国务院都在强调要发展供给侧经济。创造新供给，推动新技术、新产业、新业态蓬勃发展，加快实现发展动力转换。当然，也需要重视需求侧发展，以发挥消费对增长的基础作用，发挥投资对增长的关键作用，发挥出口对增长的促进作用。

二是拓展发展新空间。拓展区域发展空间，拓展产业发展空间，拓展基础设施建设空间，拓展网络经济空间，拓展绿色经济空间。

三是深入实施创新驱动发展战略。发挥科技创新在全面创新中的引领作用，实施一批国家重大科技项目，推动政府职能从研发管理向创新服务转变，强化企业创新主体地位和主导作用，深化科技改革。

四是大力推进农业现代化。发展产出高效、产品安全、资源节约、环境友好的农业现代化。中央经济工作会议即将于12月中下旬召开，重点研究明年我国经济发展工作，即将发布中央一号文件(即关于农业发展现代化的文件)，2016年又是“十三五”规划开局之年。

五是构建产业新体系。加快建设制造强国，实施《中国制造2025》的战略文件。

六是构建发展新体系。加快形成有利于创新发展的市场环境、产权制度、投融资制度、分配制度、人才培养引进使用机制。

七是创新和完善宏观调控方式。实行总量调节和定向政策并举、短期和中长期结合、国内和国际统筹、改革和发展协调的方式。

(二)坚持协调发展，着力形成平衡发展结构

增强发展协调性，必须坚持区域协同、城乡一体、物质文明和精神文明并重、经济建设国防建设融合，在协调发展中拓宽发展空间，先加强薄弱领域再增强发展后劲。

坚持协调发展，要做到：

一是推动区域协调发展。深入实施西部大开发，推动东北地区等老工业基地振兴，促进中部地区崛起，支持东部地区率先发展，支持革命老区、民族地区、边疆地区、贫困地区加快发展，培育若干带动区域协调发展的增长极。加快庆元县的高速公路及衢宁铁路的开工建设。拟规划庆寿高速和庆景一级公路。

二是推动城乡协调发展。坚持工业反哺农业、城市支持农村，健全城乡一体化机制。推进以人为核心的新型城镇化，发展城乡公共资源均衡配置。

三是推动物质文明和精神文明协调发展。坚持“两手抓，两手都要硬”，坚持中国梦和社会主义核心价值观，凝聚共识、汇聚力量。

四是推动经济建设和国防建设融合发展。实施军民融合发展战略，构建能够打赢信息化战争的军事力量体系，加强全民国防教育和后备力量

建设。

(三)坚持绿色发展,着力改善生态环境

坚持绿色发展,要做到:

一是促进人与自然和谐共生。

二是加快建设主体功能区,比如上海自贸区、福建省自贸区、重庆市自贸区等。

三是推动低碳循环发展。加快能源技术创新,建设清洁低碳、安全高效的现代化能源体系。比如国家实施京津冀一体化战略为新能源汽车提供5万个充电桩。

四是全面节约和高效利用资源。比如安吉县的抽水至山顶蓄水发电,广东也在搞。

五是加大环境治理力度。2015年1月1日实施的《中华人民共和国环境保护法》被称为史上最严的保护法。不过现在京津冀雾霾依旧非常严重。

六是筑牢生态安全屏障。实施生态保护有偿保护机制。庆元县兰溪桥库区上游实行饮用水源生态保护政策,农民山林实行有偿补偿机制,让农民满意,让绿水青山真正变成金山银山。

(四)坚持开放发展,着力实现合作共赢

坚持开放发展,要做到:

一是完善对外开放战略格局。随着我国国际地位不断提升,我们的外交战略发生了很大的新变化,习近平总书记、李克强总理采取了积极主动的外交政策,赢得了主动权。

二是形成对外开放新体制。比如上海自贸区的建立,比如人民币加入SDR,成为除了美元、欧元、英镑、日元之后的第五种国际流通货币。

三是推进"一带一路"建设。惠及周边国家和世界上很多国家。

四是深化内地和港澳、大陆和台湾地区合作发展。

五是积极参与全球经济治理。比如加快实施自贸区战略。

六是积极承担国际责任和义务。比如在法国巴黎举办的全球气候治理大会上,习近平表态到2022年中国减少碳的排放量20%以上。

(五)坚持共享发展,着力增进人民福祉

坚持共享发展,要做到:

一是增加公共服务供给。加强义务教育、就业服务、社会保障、基本医疗和公共卫生、公共文化、环境保护等基本公共服务建设。

二是实施脱贫攻坚工程。必须充分发挥政治优势和制度优势,坚决打赢脱贫攻坚战,实施精准扶贫、精准脱贫。到2020年,使全国7000万贫困人口脱贫。可行措施有:(1)下山脱贫;(2)异地搬迁脱贫;(3)给予经济和技术辅导脱贫;(4)实行几帮一脱贫。

三是提高教育质量。“十三五”规划提出,今后普及高中教育,并且实现部分免费。

四是促进就业创业。

五是缩小收入差距。实行提高纳税工资档次,注重再次分配,缩小两极分化。

六是建立更加公平可持续的社会保障制度。从2016年起实行全民参保。

七是推进健康中国建设,提供人民健康质量。

八是促进人口均衡发展。全面实施一对夫妇可生育两个孩子政策。党的十八大后的2013年放开独生子女可以生育二孩后,“十三五”建议,开放一对夫妇可以生育二孩的政策。注重国家可持续发展战略。

(2015年11月给机关单位、乡镇宣传党的十八届五中全会精神的讲座稿)

开新局大讨论中心发言

——如何做一个称职的党校教师

在这次归零翻篇开新局主题大讨论中，党校班子安排我做个中心发言，题目是“谈谈怎样才能做一个称职的党校教师”。

我认为，作为一个党校教师，尤其是做到一个称职的党校教师，必须要在3个方面进行努力，概括起来就是做到三句话：即说好一句话；讲好一堂课；写好一篇文。

一、说好一句话

这句话就是党校姓党和党校教师姓党。

1995年颁布的《全国党校工作条例》第二条把党校定性为“三个阵地一个熔炉”。“三个阵地”，即党校是培训党员和党员领导干部的重要阵地，是学习、研究和宣传马克思列宁主义、毛泽东思想、邓小平理论和“三个代表”重要思想的重要阵地，是增强党员和党员领导干部党性修养的重要阵地。“一个熔炉”即党校是党员和党员领导干部锻炼的熔炉。

2008年修改并颁布的《全国党校工作条例》第二条把党校重新定性为：在党委直接领导下培养党员领导干部和理论干部的学校，是党委的重要部门，是培训、轮训党员领导干部的主渠道，是党的哲学社会科学研究机构。

各级党委要把党校办成培训、轮训党员领导干部，培养党的理论队伍，学习、研究和宣传马克思列宁主义、毛泽东思想、邓小平理论、“三个代表”重要思想以及科学发展观等重大战略思想的重要阵地，使之成为干部加强党性锻炼的熔炉。

2015年12月召开的全国党校工作会议上，中央七常委都参加，足以可见中共中央对党校工作的重视，同时也充分说明党校和党校工作的重要性，这在我党历史上是第一次。多次会议后制定出了26条全国党校工作指导意见。虽然新的全国党校工作条例现在还没有修改颁布出来，但是我想今后的党校工作条例一定会增加不少新内容来指导党校工作。指导意见第二十四条指出："选优配强党校领导班子。地方党委党校校长一般由同级党委书记或副书记兼任。选拔政治立场坚定、理论功底扎实、有实践经验、年富力强、开拓创新的优秀干部担任主持日常工作的副校长。地方党委党校主持日常工作的副校长可按同级党委部门正职领导干部选配并作为同级党委成员提名人选。主管教学、科研的副校长人选一般从教师队伍中选拔产生，防止把党校作为单纯照顾安排干部的地方。"

过去一段时间，有人认为党校可大可小、可强可弱。2009年从遂昌调到我们庆元县来任县委书记的陈景飞就是有这种想法的人。他在遂昌当县长时把遂昌县电大并到遂昌县委党校，到了庆元后又把庆元电大并到庆元县委党校。这种合并存在不少问题。党校的性质决定了党校的定位，党校是专门培训、轮训党员和党员领导干部的地方，而电大是高中生或者大专生接受学历教育获取高一级文凭的地方。由于培训对象不同，工作性质不同，一些工作关系比较难理顺。比如，原来电大的老师认为给主体班上讲座课，应当是原党校理论老师的事情，而原党校老师既要承担主体班上讲座课，又要担任电大的课程，甚至还要担任三四个电大班的班主任，工作细碎烦琐，无法兼顾。工作量的增加导致工作不专一，从而无形之中影响了每个教师的工作质量。总之，党校、电大合并的工作体制与新的党校工作指导意见的要求是背离的。

党校的定性决定了党校的性质，而党校的性质又决定了党校必须姓党，从而也决定了党校教师姓党。

所以作为党校教师，平时在讲课、发表文章、公开场合讲话时都不能忘记自己是一名党校教师，要做到思想上、言论上、行动上都应当与党中央保持一致。

二、讲好一堂课

1. 主体班次的课。

2. 社会宣讲的课。

根据讲课主题，收集材料，精心备课，讲课内容一定要理论联系实际，要有古今中外的例子，以增强知识性和可听性才能做到融知识性于可听性之中，才能使听众听有所获。讲课不仅是综合能力的体现，也是一门艺术。

三、写好一篇文

能写科研论文且在各级刊物上发表，是作为一个党校理论教员必不可少的基本功。文字刊物在过去没有手机、信息量少的年代，所起的作用确实是明显的，也是党校教师(除公务员外)评定职称必做的功课。从讲师到高级讲师的评定，都要求有发表的论文作为必备条件，并且高级讲师必须满足在省级以上公开刊物上发表的论文数量和专家、教授评审的质量的要求。每位教师必须写出有质量的科研论文，而评职称这个时期也许是写作热情最高和写作精力最旺盛的时期。现在情况不同了，因为人人都有手机，信息量很大，除了为评定职称需要继续发表文章外，更多的人是懒得再写文章。

我们党校成立的三个科研小组，虽然作为党校科研处出发点是好的，想让党校多出些科研成果，但我是保留不同看法的，因为科研小组干的都是闭门造车的事情，所起的作用是可想而知的。倒不如建议，与县政府联系，或者与发改委、建设局方面联系，看他们在本年度或者未来年度有什么合适的项目，以配合论证。论证时，可以组织一支可行性组和一支不可行性组进行论证，谁的被证伪，谁的就不可行。以下是本人担任政协委员期间的提案和调研的文章：

(1)2003 年，政协法制专委会搞一个集体调研报告，题目是“关于加强庆元城市基础设施建设”，由我执笔，其中专章写到关于“一溪两岸”建设；2010 年，《抓紧实施“一溪两岸”规划，加快推进“一溪两岸”建设》被列为一号重点提案。

(2)2009年,关于保护饮用水源的提案《政府牵头部门协同、切实解决饮用水源头投入治污的专项政策性资金,确保库区下游十万人口的饮用水安全》被列为一号重点提案。

(3)2006年,时任县长杜新林要求政协土地资源做个深度调研,由我执笔《关于有效利用土地资源,积极完善房地产市场培育和管理的调查报告》。

(4)2009年,政府班子里有人拟动议搬迁县政府,陈景飞书记要求政协和人大各搞一个深度调研,政协又让我执笔,列出10大理由,阻止搬迁动议。

(5)2011年,重点提案《建议启动府后街旧城改造列入庆元县"十二五"规划建设项目》。

(6)2005年,提案《重建濛洲廊桥应当缓行》。

(7)2009年,我于政协大会发言作了《政府与社会力量共融,加快大济古村旅游开发的步伐》的报告。

综上所述,作为党校教师,要做到说好一句话,讲好一堂课,写好一篇文,都离不开学习。不仅要学习历史知识,还要学习中文知识;不仅要掌握国内经济社会形势,还得了解和掌握国际社会知识。懂历史才有深度,有中文底蕴才有厚度,了解和掌握国际国内形势才有时度。

(2016年3月在党校学习会上的中心发言)

对“党的理论教育”的一点认识

各位好!

今天在此,就“党的理论教育”这一话题(主题)跟同志们交流一下自己的一点粗浅认识,主要谈3个方面的内容:一是对几个概念的解释;二是谈谈一个政党理论的成熟,标志着这个政党成熟;三是谈谈如何提高执政党的执政能力。

一、关于几个概念的解释

(1)什么是理论?理论就是人们从实践中概括出来的关于自然界和社会知识的有系统的结论。

(2)什么是实践?实践就是人们改造自然和改造社会的有意识的活动。

理论与实践的关系:理论来自实践,反过来又指导实践。

(3)什么是政党?政党就是代表某个阶级、阶层或集团并为实现其利益而进行斗争的政治组织。

(4)什么是执政党?执政党是公开掌握国家政权的政党。在实行两党制或多党制的资本主义国家,执政党又称“在朝党”,不掌握国家政权的政党称为“在野党”。“在朝党”通常是在议会选举中获得多数议席或在总统竞选中获得胜利、负责组织政府的政党。实行多党制的国家,有时内阁由几个政党联合组成,就有几个执政党。在有些资本主义国家中,中央政府的执政党与地方政府的执政党不一定是同政党。社会主义国家的执政党是无产阶级政党。1917年,俄国十月社会主义革命胜利,俄国共产党(布尔什维克)掌握了国家政权,在世界历史上确立了第一个无产阶级执政党。1949年,中华人民共和国成立，标志着中国共产党成了领导人民掌握全国政权的党，成为中国工人阶级的执政党。

(5)什么是党性修养？党性修养也称党性锻炼，是党员的自我教育、自我改造、自我完善；是对共产党的本质属性的内化；是党员在改造客观世界中自觉运用党性原则规范自己的行为，克服和抵制各种错误思想，不断改造主观世界，不断开创实践和认识新境界的过程；是党员自强和自律的统一。党性修养包括马克思主义的理论修养、政治修养、思想道德修养、业务修养等。实践表明，共产党员的党性是不可能自发地产生的，只有通过刻苦学习、认真改造世界观，才能逐步树立起来。我们党是执政党，共产党员理应成为全社会的表率，这就要求共产党员加强道德修养，提高党性水平。党员加强思想道德修养，最根本的是自觉实践全心全意为人民服务的宗旨，把为人民服务内化为自己的灵魂，作为自己一切行动的出发点和归宿。

(6)什么是执政能力？党的执政能力指的是党在领导国家政权过程中，完成自己的执政目标和任务、赢得最广大人民群众的信赖和拥护、适应外部环境挑战的能力。

十六届四中全会通过的《中共中央关于加强党的执政能力建设的决定》指出："党的执政能力，就是党提出和运用正确的理论、路线、方针、政策和策略，领导制定和实施宪法和法律，采取科学的领导制度和领导方式，动员和组织人民依法管理国家和社会事务、经济和文化事业，有效治党治国治军，建设社会主义现代化国家的本领。"这个论断，从党的执政理念、执政方略、执政方式、执政途径和执政目标来定义党的执政能力，既反映了执政党的一般要求，又体现了中国共产党自身的特点。

二、谈谈一个政党理论的成熟与否标志着这个政党成熟与否

中国共产党从1921年7月1日诞生时起到2016年7月1日已是95岁了。中国共产党从诞生之初只有50多名党员发展到今天拥有8700多万名党员的一个执政大党，是一个从无到有、从小到大、从不成熟到成熟的过程。从马克思主义在中国的传播运用到毛泽东思想的产生，从邓小平理论到"三个代表"重要思想的提出，从科学发展观到习近平总书记"四个全面"战略布

局的提出，是我党从社会主义革命到社会主义建设的过程中在不同历史阶段提出的理论，这就是中国共产党的理论发展的轨迹，也是一个从无到有、从不成熟到成熟的发展过程。

马克思主义是中国共产党的理论基础，中国共产党是马克思主义理论武器的倡导者、宣传者和组织者。我党从诞生之日起，就把马克思主义写在了自己的旗帜上。但是，马克思主义揭示的是人类社会发展的一般规律，而在中国具体条件下的运用，只有靠中国共产党人独立自主地探索中国革命道路，才能使马克思主义在中国获得发展。然而，我党在成立之时，由于马克思主义传入我国历史不长，而且更多地传播了属于科学社会主义范畴的阶级斗争原理，而对辩证唯物主义不够重视；加上当时中国是客观上革命形势很成熟的国家，要求中国革命者立即以全部力量从事实际的革命活动，无暇从事深入的理论研究与经验总结；又由于马克思主义理论的著作都是用欧洲的文字发表的，他们的著述中说到中国事情并不多，而中国社会历史发展的具体道路和欧洲相比则有更大的特殊性，要用马克思主义原理来指导中国社会的实践，就特别困难，因而造成了党创立之初的一大弱点，即理论不成熟。这种理论上的不成熟，除了表现在对马克思主义理论的学习和领会不够，甚至容易片面理解以外，更多地表现在对马克思主义理论与中国革命实践缺乏统一的、完整的理解，对于二者的结合缺少自觉认识，更谈不上形成自己的理论。这一弱点在很长一段时期内影响到党对中国革命道路的探索。党内右倾错误和三次“左”的错误，都源于不能把马克思主义的基本原理同中国革命的具体实际相结合，没有根据中国实际形成自己的理论并用这个理论去指导中国革命。

大革命失败后，直到遵义会议之前，就全党范围而言，党对中国历史状况和社会状况、中国革命特点、中国革命的规律都认识不够。只有在经历了大革命失败（1927 年 7 月 15 日汪精卫政变）后、土地革命（1929 年古田会议）前大的挫折之后，全党对马克思主义同中国革命实践相结合之重要性的理论认识，才达到了较为自觉、较为成熟的阶段。1938 年，中国共产党第六届六中全会在延安桥儿沟召开，这次大会上提出了把“马克思主义在中国具体化，使之在其每一表现中带着必须的中国特性”的任务，说明中国共产党对把马克思主义同中国实际相结合已经上升到理论上的自觉认识。经过延安整风，全党在思想上认清了教条主义与经验主义的危害，树立起实事求是的思想路线。以毛泽东为主要代表的共产党人把马克思主义同中国具体实际相结合，创立了新民主主义革命理论，实现了马克思主义同中国实际相结合的第一次历史性飞跃，并由此产生了这种结合的理论结晶——毛泽东思想。

实践是不断发展变化的，理论必须与实践同步发展，才能指导党的事业向前进。在党的十一届三中全会之前，由于对中国社会主义建设的基本规律没有真正认识，由于对马克思主义的某些基本规律没有真正了解，由于对马克思主义的某些论断做了教条主义的理解，因此党在什么是社会主义，怎样建设社会主义这一基本问题上走过一段曲折的道路。十一届三中全会（1978 年 12 月）后，我党解放思想，实事求是，1987 年的党的十三大制定了以“一个中心两个基本点”（以经济建设为中心，坚持四项基本原则，坚持改革开放）为主要内容的党在社会主义初级阶段的基本路线，回答了什么是社会主义、怎样建设有中国特色的社会主义问题，实现了马克思主义同中国实际相结合的第二次历史性飞跃，并由此形成了马克思主义同当代中国实际和时代特征相结合的成熟的科学成果——邓小平理论。

以江泽民为核心的党中央在科学把握世界发展形势和国内社会深刻变化的基础上，全面总结国际社会主义运动和中国共产党建党以来的历史经验，高瞻远瞩，系统地提出了中国共产党要代表先进生产力发展要求、代表先进文化前进方向、代表最广大人民根本利益的重要思想。江泽民关于“三个代表”重要思想的阐述，包括江泽民提出并阐述的依法治国基本方略，依法治国与以德治国结合起来的重要思想，科学兴国战略等一系列重要观点所形成的重要学说，全面揭示了党的正确领导与发展先进生产力、繁荣先进文化、实现人民群众根本利益之间的历史联系，鲜明地反映了我们党的性质、任务和宗旨，充分体现了我们党所领导的建设有中国特色社会主义伟大事业的本质要求。最为重要的是，科学地回答了新的历史条件下建设一个什么样的党、怎样建设党的根本性问题。“三个代表”的重要思想，是对我党先进性和革命性的精辟概括，丰富了马克思主义、毛泽东思想、邓小平理论的宝库，是我们党对于马克思主义在当代的创新和发展做出的又一次重大理论贡献，充分表明了中国共产党已经从成熟走向更加成熟。

在党的十六大以后，以胡锦涛总书记为核心的党中央看到全国各地有片面强调GDP增长数据的现象。面对纷繁复杂的经济形势，党中央、国务院见微知著，明确指出：增长是发展的基础，但增长并不简单等同于发展，不重视质量和效益，不重视经济、政治、文化、社会的全面发展，不重视人与自然的和谐，就会出现增长失调，从而制约发展的全局。由此，胡锦涛总书记提出了“坚持以人为本，树立全面、协调、可持续的发展观，促进经济社会协调发展和人的全面发展”的科学发展观。

习近平总书记在党的十八大报告中明确提出我们要自觉做到“理论自信、制度自信、道路自信”。习近平总书记于2014年11月到福建考察调研时提出了“三个全面”，时隔一个月后在江苏调研时则将先前的“三个全面”上升到了“四个全面”，即“协调推进全面建成小康社会、全面深化改革、全面依法治国、全面从严治党”，新增了“全面从严治党”。

本人认为，“四个全面”不只是中央治国理政的战略布局，更是我党治国方略理论的又一提升。

首先，“四个全面”可被理解并定义为一个理论。这个理论是以习近平为总书记新一届党中央集体智慧的结晶。“四个全面”简约而不简单，说其简约是因为只有4个字；说其不简单是因为“四个全面”包含了丰富的内涵，即包含了“全面建成小康社会、全面深化改革、全面依法治国、全面从严治党”这4个博大而精深的内涵。从逻辑角度讲，外延小，则内涵大，所以“四个全面”简约而不简单。“全面”是指纵向到底、横向到边全方位的“全面”。

其次，“四个全面”理论是一个新的重大理论，以深厚的认识论和方法论为基础，符合哲学的辩证统一思想和伟大战略思维。是高瞻远瞩的“全局视野”和“战略眼光”。

党的十八大之后的一个月中，习近平的4次活动引人关注——参观国家博物馆《复兴之路》展览、到改革开放前沿阵地广东考察、纪念“八二宪法”颁行30周年并讲话、制定“八项规定”。这4次活动，无一不构成和对应着“四个全面”。正如习近平所说的，四个全面“是从我国发展现实需要中得出来的，是从人民群众的热切期待中得出来的，是为推动解决我们面临的突出矛盾和问题提出来的”。因此，“四个全面”是一个新的重大理论。

最后,“四个全面”这个理论将指导当前和今后相当长时期我党工作的一个重大理论。“四个全面”,既有目标又有举措,既有全局又有重点,每一个“全面”都具有重大战略意义。发展是时代的主题和世界各国的共同追求,改革是社会进步的动力和时代潮流,法治是国家治理体系和治理能力现代化的重要保障,从严治党是执政党加强自身建设的必然要求。四者不是简单并列关系,而是有机联系、相互贯通的顶层设计。它兼顾中国特色和世界潮流,体现中国与世界的深刻互动,深化了对共产党执政规律、社会主义建设规律、人类社会发展规律的认识,是中国和中国人民阔步走向未来的关键抉择。“四个全面”将同邓小平理论、“三个代表”重要思想、科学发展观处于相同的政治地位。

“理论在一个国家实现的程度,总是决定于理论满足这个国家的需要的程度。”——(马克思《黑格尔法哲学批判导言》)

理论的自信来自理论的成熟,如果一个政党理论不成熟,何来理论自信?习近平总书记在党的十八大报告中提出我党要自觉做到理论自信,就充分说明我党理论的成熟,而一个政党理论成熟与否标志着这个政党成熟与否,从而证明中国共产党已经成为一个成熟的执政党。

三、如何提高执政党的执行力

习近平在党的十八大报告中明确提出了实现“两个一百年”的奋斗目标:到 2021 年中国共产党成立 100 周年时,全面建成小康社会;到 2049 年新中国成立 100 周年时,全面建成现代化国家,进入中等发达国家行列。

“十三五”期间要让全国 7000 多万人口实现脱贫,真正全面实现小康社会。

我党近期和中期要实现上述目标,就应当切实提高党的执政能力,本人认为应当做到以下 6 个“必须”:

第一,必须维护党中央权威,在任何时候任何情况下都要在思想上、政治上、行动上同党中央保持高度一致(这是习近平在十八届中央纪委五次会议上对党员干部提出的要求)。

第二,必须加强党员和党员领导干部的党性修养和党性锻炼。坚持党性原则；自觉做到理论自信、制度自信、道路自信；不贪不腐、廉洁自律；爱岗敬业、勤奋工作，做一个新时期的合格党员。

第三，必须按照“四个全面”的战略布局引领我党各项工作。每个党员和党员领导干部都要适应新形势新任务的要求，在实践中掌握新知识、积累新经验，增长新本领，把自己担负的工作与执政党的历史使命联系起来，为实现“两个一百年”的奋斗目标做出自己的贡献。

第四，必须加强民主政治建设增强党的活力，没有民主的党就没有活力，没有活力的党就不可能长期执政。增强党的活力，就必须发展党内民主，坚持和健全民主集中制，我们的各级党组织在政权建设中也有一个坚持民主的问题。我们议大事、办大事、搞决策，要使其科学、正确，就必须发扬民主、集思广益、透明决策，反对长官意志、武断作风和拒纳雅言。

第五，必须密切联系群众，依靠群众，搞好党群关系。党群关系的密切程度是党的执政能力强弱的根本标志，党的执政能力是通过各级党委和领导者执政能力来体现的，如果我们的领导干部不是密切了党群关系，而是疏远了群众，那就不能说有很强的执政能力，甚至可能威胁和危害执政地位。从这个角度讲，“执政”一词，表面看反映的是党和政府、党和公共权力的关系，本质上却是和党群关系密切相连的。马克思早就指出过，公共权力一旦形成，就有可能成为凌驾于社会之上的力量。因此，对于执政党来说，最大的危险是干部脱离群众。要防止这种现象出现，领导干部就必须善于在掌握权力、运用权力的同时，始终保持和群众的联系。领导干部的决策和行为是否得民心、受拥戴，党群关系是否密切，就看其行为是否真正代表了广大人民群众的根本利益，是否真正做到了“权为民所用、情为民所系、利为民所谋”。要做到这一点是不容易的，但这恰恰又是对领导干部执政能力的最直接的检验。

第六，必须处理好三个方面关系：一是执政党党委与国家权力系统（人大、政府）之间的关系；二是执政党与参政党，即中国共产党与各民主党派和无党派民主人士之间的关系；三是执政党与国际社会包括各国政党之间的关系。

（2016 年 5 月 27 日在党校学习会上的中心发言稿）

第五篇

撷择小文

愿有志者都成才

古今中外，大凡成才而有建树者，皆出有志，因为人非生而知之，而是学而知之，无志，岂能成才成事？

志，人人都有，人人都会立。然而，有志之人立长志，无志之人常立志，且有真志和假志之分。有的人立了志誓不移，不达目的誓不罢休；有的人也曾立过一番大志，但虎头蛇尾，半途而废，最终只能颓唐、哀叹而已。

有志者事竟成，这，古今有之。

战国时期的苏秦，为了实现自己的理想，“头悬梁，锥刺股”地用志攻克，最终成为六国宰相。

北宋的范仲淹，小时由于家境贫寒，无钱读书，他的母亲只能在沙地上教他写字识字，他用心用志，终成北宋伟大的政治家、文学家。他的“先天下之忧而忧，后天下之乐而乐”之名句，亦成千古之传唱。

“有志者事竟成，破釜沉舟，百二秦关终属楚；苦心人天不负，卧薪尝胆，三千越甲可吞吴。”清代文学家蒲松龄，虽然举士未成，但他用这首诗自勉且作为自己的座右铭，并以句中的两个历史典故激励自己，最终著成名著《聊斋志异》。

古人尚且如此，今天我们什么条件都比古人好、比古人优越，还有什么理由不立志成才，有为于社会、有为于人民呢？

在改革开放的今天，有多少人为了实现自己的志向和梦想，发愤求知，废寝忘食，给我们树立了榜样，如张海迪、袁雪强……不一而足。

“青云有路终须上，不登荣榜誓不休。”幸运总是眷顾有人生志向、有人生目标并为之努力奋斗的人！我想，只要有志，事会成的。愿有志者都成才！

（励志小文，于1984年5月）

笋

毛笋，它的名字于南方人来说或许并不陌生。而我对它则是更为熟悉的了，因为我是庆元山里人，我的屋后就生长着一片苍翠欲滴的毛竹。

据我父亲说，那是20年前，他去三济参观当地毛竹发展经验时带来的一株良种繁殖起来的。屋后的土壤恰是呈酸性的丘陵黄土，尤为适合毛竹生长繁殖。现在这里已经是一片苍翠茂盛的竹林了。

近年来，每每快到除夕，我就用那把“鹤嘴锄”到屋后竹林里去掘冬笋。然而，挖冬笋亦非易事，须具慧眼，循其规律。枝叶繁茂的毛竹，其下必定有笋，只要顺着它的尾部的倾斜方向掘去，找到竹鞭，金黄的冬笋便会随鞭而来。人们把这方法叫“掏鞭”法。但这方法对竹鞭及笋芽损伤太大，现在大都不用。更高明的方法是“见缝开刀”，即在地上看到裂缝，就沿缝挖下，亦必挖出笋来，这使竹鞭及笋芽都不会受到损伤。但山地裂缝密布，真假迷离，若无丰富经验，必然劳而无功。

挖笋既是一门技术，也是一种乐趣，有时一个上午，只能挖得三五个，但也会使你由衷地高兴。因为它潜生在地里，挖得它，无疑是一种“发现”啊。

这些冬笋以它那光滑的金色外壳，紧裹着身躯；以它那兰花根一样臃肿的根儿，去吸取营养。不管寒风凛冽，冰冻三尺，它只是默默无闻、悄然无声地潜伏在泥底里，一心倾听着春天的消息……几阵隆隆的春雷，几场啪啪的春雨，它就抖擞着身子，振作起精神，刷刷然地破土而出了。

别看这笋儿是那样稚嫩，它却具有千钧之力。你看，那块不下百十斤的扁平石块怎么倾侧了身子？我好奇地趴下一瞧，底下竟是一支茁壮的春笋，凭它那坚韧的意志，把压在身上的石块顶歪了。当时我并不曾去助它一臂之力，因为我倒要看看它终能怎样。两天后，岂料那大石块果真被彻底地翻开了。笋儿傲然稳立在那石块面前，抖擞着身子，显出一副胜利者的神情。啊！如果没有亲眼看见，谁能相信它会有如此顽强的毅力、坚忍不拔的意志和执着向上的精神，冲破重压，来投奔春天呢？

（寓意散文写于1984年，发表于1995年《庆元纵横》第2期）

“同济新村”命名取意

宜将上坑灾民安置小区命名为“同济新村”。

“济”(jì)字,《辞海》注释义项有四:①渡。如:同舟共济。②接济。如:济困扶危。③有益、有利。如《易经·系辞下》:“万民以济。”④成功。如《书君陈》:“必有忍,其乃有济。”

根据上述四个义项,“同济”的“济”字所选为第一个义项“渡”。据此,再进一步引申开来,命名“同济新村”,取意有三:

(1)该村系2006年8月10日超强台风“桑美”灾后由政府统一组织搬迁安置而建置的新村,是党和政府的直接关怀才使其成为可能,也是全社会共同关心的结果,从而寄寓着“风雨同舟、和衷共济”之意;

(2)从地理方位上看,其与对面的历史名村——大济村遥相对应,从字面命名上有同又有不同,对称对偶,谐字谐义;

(3)上海同济大学为我国一所名牌大学,培养了大批对国家有用之人才。“同济新村”也寄寓着该村从此将孕育出一批批聪明学子,培养出一批批国家有用人才。实为吉祥地名也。

(经县领导及专家无记名投票,“同济新村”被选中为上坑安置小区地名)

“翔龙佳苑”小区命名取意

取意有二：

一、“翔龙”，“翔”是盘旋地飞而不扇动翅膀，“翔”通“祥”，为吉利解。例如：“丰其屋，天地翔也。”——《易丰》；“翔风起，甘露降。”——《论衡·是应》。据民间传说，拱瑞堂后山即为真正的石龙山，起自福州，来至浙江庆元，龙脉深远有力。从侧面观之，石龙山驼峰起伏，栩栩如生，犹如一条腾翔的巨龙——翔龙。

二、“佳苑”，“佳”是美好、美丽的意思，“苑”是指古代的花园、花圃。现代也含住宅区等义。庆元县人民政府将“佳苑”（美好的住宅区）——庆元县公共租赁住房（暨人才公寓）安置在“翔龙”地脉上，作者将该住宅小区命名为“翔龙佳苑”，寄寓着该“翔龙佳苑”将孕育出一批批聪明学子，为国家培养出一批批如龙有为的栋梁之材。

（2012年6月12日经专家评审，“翔龙佳苑”被选中为庆元县公共租赁住房（暨人才公寓）小区名）

关于对“如”字释义的一点商榷

据史料记载，庆元县举水乡月山村的“如龙桥”是一座重修于明天启五年(1625)距今有着400多年历史的国宝级木拱廊桥，它横亘村尾水口，通济东西两岸，为月山村一大风景亮点，亦为外来宾客必游之所。

举水“如龙桥”

无论是当地导游的解说，还是旅游推介传媒，抑或游客自己解读，对“如龙桥”的“如”字理解多有歧义。有人认为“如龙桥”就是“同龙一样的廊桥”。笔者曾看到庆元县一家旅行社印制的宣传庆元古廊桥的立式台历里面，附有一幅彩色的“如龙桥”图案，佐以文字解说，其中将“如龙桥”理解为“像龙头一样下倾”，明确把“如”字释义为“像，相似，同什么一样”，似感有点牵强附会，笔者不敢苟同，故而作一商榷。笔者认为“如龙桥”的“如”字，应作

“往;去”等动词解。依据有三:

其一,《辞海》对“如”字的解释第④义项作“往;去”解。例如,《左传·隐公五年》中“公将如棠观鱼者”,即鲁隐公打算到棠邑去观赏捕鱼;又如西汉史学家司马迁的《鸿门宴》中有“坐须臾,沛公起如厕”,即坐了一会儿,沛公(刘邦)站起身去(往)厕所。上述中的“如”字就作动词“往;去”解。

其二,与“如龙桥”对应的上游还有一座名为“来凤桥”的古廊桥,来凤桥始建于清道光十八年(1838),距今也有177年的历史。古人对文字的推敲运用比今人更加讲究:“如龙桥”的“如”字(往;去)与“来凤桥”的“来”字均属动词;“如龙桥”与“来凤桥”动词对动词,名词对名词,对应对仗。

其三,古人起桥名,是有其深刻寓意的。“龙凤”暗喻有才能的男女。“如龙桥”寄寓着举水月山村将孕育出如“龙”一样大有作为的人才,并且“龙”不能困在月山小村而成为“困龙”,必须往外飞,飞到月山天外的大世界去施展自己的才能,成就一番大事业,古人命名月山村的“如龙桥”寄意就在于此。故“如龙桥”的“如”字应作动词“往;去”解,而不能以“廊桥后山(月山)像龙身,廊桥像龙头”句中作“像,相似”解。再说,廊桥后面的月山形似半边月而不像龙身,廊桥也不像龙头。“来凤桥”则寄寓着月山村是一块吉祥地,能招凤来栖,故古人命名“来凤桥”寄意也在于此。还有,“来凤桥”附近还有一座“步蟾桥”,也同样寄寓着前人“蟾宫折桂”的心愿,因为“蟾宫折桂”与“金榜题名”属同义词,蟾宫即月宫,蟾宫折桂就是攀折月宫桂花,即借喻科举时代应考得中而金榜题名。至此,足以清楚证明,举水月山村对这些古廊桥的命名,并非以外貌特征来命名,而是饱含着月山村人的美好寓意来命名的。

古时的月山村多出名人,是一个具有深厚文化和历史底蕴的古村;如今的月山村,借着政府投以巨资,已成为美丽新农村建设的典范,每年游客纷至沓来。“如龙桥”系古廊桥中的国家级名片,成为宾客必游之所。因此,当地导游在作“如龙桥”景点解说时,应当考究并正确解释“如龙桥”中“如”字的真正含义,避免牵强附会,以讹传讹。

(刊载于2015年4月8日《菇乡庆元·副刊·人文版》)

后　记

北宋范仲淹说:“居庙堂之高则忧其民;处江湖之远则忧其君。是进亦忧,退亦忧。然则何时而乐耶?其必曰‘先天下之忧而忧,后天下之乐而乐’乎。”南宋陆游说:“位卑未敢忘忧国。”每每思及这些古贤人在其诗文中体现的胸襟和情怀,我就会深受激励与鞭策。

我是一个原则性很强的人且性格耿直,不擅圆滑,故适合做学者,做律师。自1987年从荷地区委调到县委党校后,我就安心接受党校工作环境和传道授业解惑的职业。1996年,我考取律师资格成为一名执业律师后,做兼职执业律师,在经济社会里,体现和发挥着我的人生价值与社会价值。

我任县政协委员20年间所提出的几个重点提案,如今已经得以遂愿:比如,加快一溪两岸健身休闲步道建设、拓展石龙山和龙山游步道建设、加强城镇基础设施建设和城市管理、做好兰溪桥库区饮用水源质量安全保护等。履职期间的资政建言能够得到县委和县政府的重视并付诸实践,甚感荣幸。

2016年12月我从县委党校退休后,便在浙江百山祖律师事务所从事专职律师职业。我觉得退休后继续拥有一份自己热爱而执着的事业,让人充实而不空虚。

其实,我早就想过把之前所写的文稿编辑成书,只是因手头案件较忙以至一拖再拖。幸在朋友督促下,终挤时间辑成,并予付梓。

本书的出版得到了好友们的厚爱与支持;浙江工商大学出版社的领导、专家们给予了认真负责的审阅;特别是责任校对为本书做了十分精心细致的专业校正，付出了辛勤的劳动。在此一并表示衷心的感谢！

由于出书经验不足，加之政治理论水平有限，书中难免有疏漏与错误之处，诚望批评指正。

吴传户
2020年7月